Droemer Knaur®

Andreas Mihailescu

Umweltsünden-Katalog

Was heute jeder tun kann für die Welt,
in der wir morgen leben

Mit einem Vorwort von
Wolfgang Engelhardt

Droemer Knaur

Mit Beiträgen von
M. O. Bruker, Erich Huster, Heinz Kaminski,
Anton Schneider und Hubert Weinzierl

1. bis 10. Tausend

Umschlaggestaltung: Franz Wöllzenmüller
Satz: acomp, Wemding
Druck und Einband: Freiburger Graphische Betriebe
Printed in Germany
ISBN 3-426-26096-4

Inhalt

Vorwort

Auch der größte Zweifler muß heute erkennen, daß unsere natürliche Umwelt in höchster Gefahr ist. Dies gilt für unseren gesamten Planeten, also auch für unsere Heimat. Den vielen Hiobsbotschaften, die die Massenmedien tagtäglich bringen, kann sich wohl niemand mehr verschließen. Die Veränderungen der natürlichen Umwelt kann jeder in seiner nächsten Umgebung beobachten. Und den meisten von uns ist klargeworden, daß sie sich dieser Entwicklung nicht mehr entziehen können.
Der heutige Zustand unserer natürlichen Umwelt ist in der Geschichte der Menschheit ohne Beispiel. Gewiß hat der Mensch schon immer der Natur Schaden zugefügt, aber die Zerstörungen durch unsere Väter und Vorväter waren zeitlich und räumlich begrenzt. Die Aufgabe, die wir heute zu bewältigen haben, hätten sich unsere Vorfahren nicht einmal vorstellen können. Wir selbst erkennen erst seit kurzem den vollen Umfang der Probleme, die sicher unsere ganze Einsicht, unsere ganze Kraft und auch unseren Mut zum Handeln fordern werden.
Vielleicht muß man sich zurückerinnern. Der Mensch hat im Laufe der Jahrhunderte und Jahrtausende die Natur bezwungen. Er hat Wälder gerodet, Bodenschätze gehoben, Dörfer und Städte gebaut. Er hat die natürliche Umwelt und die Zusammenhänge in der Natur tiefgreifend verändert.
Der Mensch hat sich im Laufe der Jahrhunderte »die Erde untertan« gemacht. Doch wir müssen heute erkennen, daß

wir Menschen nur ein Teil dieser Natur sind und daß wir die Natur nun um unser selbst willen vor uns schützen müssen. Denn wenn wir so weitermachen, zerstören wir unsere natürlichen Lebensgrundlagen – und damit auch die Grundlage einer menschenwürdigen Existenz in der Zukunft.

Erst im Laufe der letzten Jahrzehnte haben die technischen und wirtschaftlichen Entwicklungen Sachverhalte geschaffen, sogenannte Sachzwänge, die wir auf Kosten der Natur lösen wollten. Heute stellen wir fest, daß dies oft die falschen Wege waren, ja, daß wir nicht selten geradezu den Teufel mit dem Beelzebub ausgetrieben haben. Zugegeben, oft geschah dies gutgläubig und unwissend. Doch das Wissensdefizit haben die Fachleute in den letzten 10 bis 15 Jahren weitgehend abgebaut. Daß es heute nicht schon eine Wende zum Besseren gibt, liegt an jahrzehntelang eingeschliffenen Denk- und Verhaltensmustern, an Gewöhnung und Gleichgültigkeit.

Die älteren Mitbürger erinnern sich sicher, welche Vielfalt von Pflanzen und Tieren es noch vor 40 Jahren gegeben hat, und erschrecken, wie arm unsere Natur inzwischen geworden ist: Eine Wiese im Juni – Margeriten, Glockenblumen, Kuckucks- und Lichtnelken, Schaumkraut, Wiesensalbei und viele, viele andere Blumen – heute nur noch zwei oder drei Futtergräser, Löwenzahn und Hahnenfuß!

Etwa 77 000 Pflanzen- und Tierarten leben gegenwärtig, zum Teil allerdings nur noch in geringer Individuenzahl, in etwa 110 natürlichen oder naturnahen Öko-Systemen Mitteleuropas. Die moderne Landwirtschaft arbeitet dagegen nur mit etwa 20 Arten von Kulturpflanzen und 7 Arten von Haustieren.

Monokulturen aber sind nicht nur äußerst nachteilig für die natürliche Tier- und Pflanzenwelt, sondern müssen auch »behandelt« werden – mit Düngemitteln und Umweltgiften. Wer von uns weiß aber schon, daß beispielsweise Düngemaßnahmen in den an sich nährstoffarmen natürlichen

Öko-Systemen über 90% aller Pflanzen- und Tierarten vernichten, ein Magerrasen oder eine Streuwiese dabei gänzlich zerstört werden?
Wer weiß schon, daß sich der Biozidverbrauch seit 1955 etwa verzwanzigfacht hat, daß etwa 20 000 Tonnen Herbizide pro Jahr in der Bundesrepublik abgesetzt werden und daß etwa 30% unserer Landesfläche damit »behandelt« werden – bei den Ackerflächen sind es gar 85%!
Vor den Menschen (zumindest vom Gesetzgeber) geschützt sind in der Bundesrepublik etwa 1300 Gebiete. Die Hälfte davon ist kleiner als 20 Hektar, was bedeutet, daß diese Flächen für den Biotopschutz einfach zu klein sind. Übrigens umfassen alle Naturschutzgebiete zusammen nicht einmal 0,8% der Landfläche der Bundesrepublik.
Außerdem gibt es in unserem Lande weniger als 110 Gebiete mit einer Fläche von 10 × 10 km, die nicht durch einen größeren Verkehrsweg erschlossen sind. Obwohl die Bundesrepublik mit etwa 500 000 km Außerortsstraßen zu den verkehrstechnisch am besten erschlossenen Staaten der Erde zählt, sollen weitere 3000 km Autobahnen und zusätzliche Straßenverbindungen geschaffen werden.
Dies aber ist nur eines von hundert möglichen Beispielen für jene Art von »Fortschritt«, der immer noch nicht akzeptieren will, daß wir nur mit der Natur, aber nicht gegen sie leben können! Die Sterbelisten unserer Tier- und Pflanzenarten, die sogenannten Roten Listen, signalisieren Erschreckendes; denn sie belegen, daß in steigendem Maße unsere Böden vergiftet, unsere Luft verschmutzt und unser Wasser verseucht wird!
Sicherlich ist die stete Veränderung der Umweltbedingungen und der Lebensformen die dauerhafteste Erscheinung auf dem Planeten Erde überhaupt. Aber die Tatsache, daß allein in Mitteleuropa rund 30% der Farn- und Blütenpflanzen sowie rund 40% der Wirbeltierarten innerhalb von nur etwa 50 Jahren mehr oder weniger nahe an den Rand des Ausster-

bens gekommen sind, ist alarmierend. Denn es dreht sich nicht nur darum, daß unser Feldblumenstrauß immer armseliger wird, nein, die wildwachsenden Pflanzen und wildlebenden Tierarten sind die zuverlässigsten Anzeiger für die Lebenskraft unserer Umwelt und damit für den Zustand und die absehbare Entwicklung unserer natürlichen Lebensgrundlagen.

Die oft gehörte beschwichtigende Argumentation, auch die Saurier und vor und nach ihnen zahllose Pflanzen- und Tierarten seien im Verlauf der Erdgeschichte ausgestorben, und der Mensch habe es trotzdem herrlich weit gebracht – diese Aussage ist unglaublich töricht! Denn sie vernachlässigt den Zeitfaktor. Der moderne Mensch glaubt keine Zeit zu haben, er arbeitet und rechnet mit immer kürzeren Zeitabständen. Das gilt ganz besonders auch für seine Maschinen, mit denen er die Natur umgestalten und selbst große Landschaftsräume innerhalb kürzester Frist unwiederbringlich zerstören kann. Die Natur »arbeitet« dagegen mit sehr langen Zeitspannen. Besonders die Anpassung der Lebewesen an eine veränderte Umwelt benötigt (durch die Auswahl geeigneter Mutanten) meist lange Zeit. Der Zeitfaktor ist also von entscheidender Bedeutung, wenngleich es sich letztlich nur um einen relativen Unterschied handelt. Früher ist etwa eine Organismenart je Jahrhundert ausgestorben, heute sind es rund 850 in der gleichen Zeit.

Evolution, die Entwicklung von Lebensformen, ist weder umkehrbar noch wiederholbar. Jede Pflanzen- und Tierart ist eine einmalige Erscheinung: Für wirklich Einmaliges gibt es keinen gleichwertigen Ersatz.

Wer von uns wird einmal seinen Kindern oder Enkeln erklären können, was eigentlich in unseren Köpfen und Herzen vorgegangen ist, als wir unsere Heimat zerstörten und ihnen für ihre Zukunft nichts übriggelassen haben außer fast unlösbaren Problemen?

Denn es ist doch eine Binsenweisheit, daß es nicht nur ein

kulturelles Erbe unserer Gesellschaft und der Menschheit zu bewahren, zu pflegen und weiterzugeben gilt, sondern auch ein natürliches Erbe. Unsere Lebensgrundlagen, die wir heute so brutal nutzen, sind auch die unserer Kinder und der nachfolgenden Generationen. Wir müßten sie bewahren, pflegen, treuhänderisch verwalten und im besten Zustand schließlich an unsere Nachkommen weitergeben. Wer gegen diesen Grundsatz verstößt, ihn gar leichtsinnig verspielt, handelt in höchstem Grade unmoralisch!

Zwar hat der Staat durchaus seine Verantwortung für unsere Umwelt erkannt. Es gibt eine Reihe brauchbarer und wirkungsvoller Gesetze und Verordnungen. Auch die Investitionen der Wirtschaft und der öffentlichen Hand für den Umweltschutzbereich sind beachtlich und nehmen zu. Auf der anderen Seite aber wachsen auch die Umweltprobleme ständig – das Stichwort »Waldsterben« kennzeichnet dies genügend.

In der jetzigen Lage mag sich der einzelne fragen, was er für den Schutz unserer Umwelt tun kann. Und so banal es klingt: Der Schutz der Umwelt fängt bei jedem einzelnen selbst an. Das ist weder ein billiges Abschieben der Verantwortung auf den Bürger noch eine bloße Beruhigung des Gewissens, sondern ein konkreter Hinweis mit Folgen. Jeder kann sich dies ganz einfach vorstellen: Er spart durch den sorgsamen Umgang mit Wasser täglich leicht 3 Liter ein; er verwendet im Garten keine Herbizide mehr; er benutzt keine Plastiktüten. Wie stark könnte wohl allein dieses Verhalten unsere Umwelt entlasten, wenn alle Bundesbürger so handeln würden? Man soll nicht sagen, das ginge nicht!

Tausende von Menschen haben bereits bewiesen, daß ein Beispiel mehr bedeutet als viele Worte.

Doch diese Tatsache ist noch nicht Allgemeingut, zu gering ist noch die Aufklärung und die Motivation der Bürger. Denn zahlreich sind die Interessengegensätze, die schließlich für jeden von uns zum Problem werden – beispielsweise

zwischen Naturschutz und Wohnqualität, zwischen Landwirtschaft und Naturschutz, zwischen Verkehrsbedürfnissen und Naturschutz.
Konkret heißt dies dann, daß wir als Konsumenten und Benutzer in der jeweiligen Situation fragen müssen, was mehr wert ist: unsere Bequemlichkeit, etwa der Wunsch nach einer schnellen Verkehrsanbindung – oder der Verzicht auf die neue Straße; die Annahme auch fleckiger und schrumpeliger Äpfel – oder der Verzicht auf den Einsatz von Chemikalien in der Landwirtschaft; der Fortbestand eines gesunden Waldes – oder der Verzicht auf allzuviel Energieverbrauch durch den Einsatz zahlreicher Elektrogeräte, des Autos usw. Auch die oft wiederholte Mahnung an Wanderer und Spaziergänger, keine Papierchen, Flaschen oder Dosen wegzuwerfen, gehört hierher.
Aufklärung der Bürger ist also dringend geboten, um die Einsicht in die Zusammenhänge herzustellen. Nur dann kann Verständnis für die notwendigen und geforderten Verhaltensänderungen erreicht werden.
Denn daß wir unsere Umwelt für uns, unsere Kinder und Enkel erhalten wollen – das steht ja für die überwiegende Mehrheit völlig außer Frage. Nur wie? Es gibt ja bereits Abertausende wissenschaftlich bestens ausgearbeiteter Veröffentlichungen über Detailprobleme. Wenige Publikationen aber versuchen, für den nicht fachlich Vorgebildeten eine Zusammenschau der augenblicklichen Situation zu geben, samt Hinweisen, was der einzelne noch zur Rettung unserer Umwelt beitragen kann. Denn ein gewisses Basiswissen ist erforderlich, um dem Bürger Einsicht und Motivation zu vermitteln. Erst mit einem Verständnis für die Zusammenhänge wird er mit seinem persönlichen Beitrag zum Umweltschutz beginnen und auch bei oft düsteren Erfolgsaussichten mit der notwendigen Hartnäckigkeit und Geduld daran arbeiten, bis ihm Erfolg winkt oder es ihm zur lieben Gewohnheit geworden ist.

Ich verhehle nicht, daß die Aufgabe riesengroß ist, doch ich hoffe, daß sich ihr die Mehrheit unserer Mitbürger stellt. Deshalb hoffe ich auch, daß dieses Buch dem Leser Zusammenhänge erschließt, die ihm vorher nicht geläufig waren, und ihn anspornt mitzuhelfen, unseren Kindern eine gesunde Umwelt und damit eine lebenswerte Zukunft zu sichern.

Wolfgang Engelhardt

Prof. Dr. Wolfgang Engelhardt, Jahrgang 1922, ist Präsident des Deutschen Naturschutzringes e.V. (DNR), Bundesverband für Umweltschutz, Bonn. Der DNR vertritt als Dachverband zur Zeit 94 Organisationen des Umwelt- und Naturschutzes mit zusammen 3,5 Millionen Mitgliedern. Hauptberuflich ist Professor Engelhardt Generaldirektor der Staatlichen Naturwissenschaftlichen Sammlungen Bayerns und lehrt außerdem an der Ludwig-Maximilians-Universität sowie der TU München die Fächer Ökologischer und Technischer Umweltschutz und Landschaftsökologie. Auch als Autor zahlreicher Veröffentlichungen weist er schonungslos auf die wachsenden Umweltprobleme hin.

Einleitung

Umwelt in unseren Händen

Immer mehr Menschen der zivilisierten und industrialisierten Länder ängstigen sich vor den wachsenden Umweltgefährdungen. Gedankenloser Konsum, Produktion von minderwertigen oder gar überflüssigen Gebrauchsgütern, Energieverschwendung, Ausbeutung von knappen Rohstoffen und die zunehmende Belastung der Umwelt mit Chemikalien und radioaktiven Strahlen kennzeichnen eine Gesellschaft, die nur auf Leistung und Wachstum ausgerichtet ist. In den siebziger Jahren begann sich allmählich ein Umweltbewußtsein zu entwickeln, das anfangs noch recht allgemein, mehr emotional geprägt war. Nun ist die Zeit gekommen, in der die Fortgeschrittenen dieser Bewußtseinsbewegung ihre Anschauung den Mitbewohnern ihrer gefährdeten Lebensräume nicht nur mit Plaketten und Autoaufklebern demonstrieren wollen. Vielmehr suchen sie mit viel Idealismus Wege, auf denen sich die Menschen aus der verfahrenen Situation herausmanövrieren können. Demonstration, politisches Handeln und Denken ist und bleibt eine wichtige Säule ihrer Aktivitäten. Der Wunsch aber, direkt und unmittelbar Umweltschutz zu betreiben, zeichnet sich unübersehbar ab.

Die Zukunftsaussichten scheinen trübe. Die Bürde, welche man den nachfolgenden Generationen auflastet, ist unerträglich groß geworden und schon heute in ihrer vollen Tragweite nicht mehr zu übersehen. Zu viele voneinander abhängige Situationen und Gifte kumulieren sich in der Natur und im menschlichen Organismus zu immer bedrohlicheren Zuständen.

All diese aufgerüttelten Menschen verspüren intensiv die Paradoxie unserer Zeit: ihre Kinder zu lieben und gleichzeitig deren Lebensgrundlage zu zerstören. Sie halten sich zum Beispiel vor Augen, daß sich Erdöl innerhalb von 500 Millionen Jahren gebildet hat und daß nun nach einer kurzen Zeitspanne von wenigen Jahrzehnten die gesamten globalen Vorräte verbraucht sein werden. Sie wissen aber auch, daß die von Politikern und Wirtschaft propagierte Alternative, die Atomenergie, ihren Nachkommen über mehrere zehntausend Jahre hinweg radioaktiven Müll und somit ein tödliches Erbe beschert.

Viele der heute Lebenden wollen etwas tun – für sich selbst und für ihre Kindeskinder. Im großen werden sie sich weiter gemeinsam wehren und etwa mit Bürgerinitiativen versuchen, in der Politikerwirtschaft wesentliche Veränderungen herbeizuführen oder auch nur gröbste Unbill hier und da zu verhindern. Im kleinen aber, in ihrem privaten Bereich, möchten sie umweltbewußt leben und haushalten. Sie wollen beispielgebend sein. Sie denken global und handeln lokal. Sie wissen, daß die Tropfen auf den heißen Stein der Anfang eines großen Regens sein können.

Was oder wieviel jeder einzelne in seinem Alltag verwirklichen kann oder will, bleibt ihm selbst überlassen. Man wird irgendwo anfangen, sein äußeres Leben bewußt zu erfahren; vielleicht an einem ganz unscheinbaren Punkt. Und wer erst einmal zum Beispiel unter der Spüle mehrere Mülleimer für die verschiedenen Abfälle aufgestellt hat, um diese in die entsprechenden Kreisläufe zurückzuführen, oder wer immer konsequenter die nicht regenerativen (nicht beliebig erneuerbaren) Energieträger sparsamer einsetzt – solche Menschen fühlen bald auch den Drang, noch mehr bewußt für ihre (Um-)Welt zu tun.

Dieses Buch möchte genau hierfür Anregungen geben und

die zahlreichen Möglichkeiten des einzelnen in seinem kleineren oder größeren Haushalt aufzeigen. Ausschließlich nach diesem Gesichtspunkt habe ich die folgenden Kapitel ausgewählt.
Bei den genannten Wegen und Lösungen handelt es sich sowohl um die Beschreibung alternativer Produkte als auch um Energiespar- und Verbrauchertips. Aber manchmal – etwa bei den regenerativen Energieträgern – kann hier nicht erschöpfend ins Detail gegangen werden. Gerade für Bastler ergibt sich jedoch in diesem und auch in anderen Bereichen ein großes Betätigungsfeld. Im Literaturverzeichnis am Ende des Buches findet daher jeder die weiterführenden Publikationen, die er dazu braucht; ferner ein Adressenverzeichnis, wenn er sich innerhalb von Verbänden oder anderen Institutionen aktiv betätigen möchte (Naturschutzvereine, Bürgerinitiativen, Verbraucherschutzorganisationen, Arbeitsgemeinschaft Dritte-Welt-Läden usw.).

Für alle Menschen, die den (umwelt)bewußten Weg in diesem Leben eingeschlagen haben oder sich für ihn entscheiden wollen – für all jene möchte ich dieses Handbuch für den Alltag geschrieben haben.
Es gibt keine Schuld, nur Unwissenheit. Daher werde ich es auch bei den folgenden Darlegungen über unsere derzeitige Umweltsituation vermeiden, von Schuld zu reden. Nicht die Betreiber der Atomkraftwerke sind schuld an dieser oder jener Misere, nicht der Chemieindustrie kann man Giftskandale und Umweltzerstörung anlasten. Der Mensch lebt genau in der Welt, die er für seine Entwicklung braucht. Und da heute die mannigfaltigen Umweltgefahren zu eskalieren drohen, kommen auch immer mehr Menschen dahin, sich darüber Gedanken zu machen, zu handeln, an sich zu arbeiten, um die globale Katastrophe abzuwenden. So wandelt sich Unwissenheit in Erfahrung. Und der vermeintlich Schuldige war der Schlüssel dazu.

Da es sich bei den vielen Hinweisen für ein umweltgerechtes, das heißt naturgemäßes und sinnvolles Handeln und Leben um Möglichkeiten für eigene Bewußtseinsschritte handelt, wird auch nirgendwo zu lesen sein: »Man *muß* oder *soll* dies oder jenes befolgen!« Jeder *kann* dies oder das andere oder vieles für sich, für sein ureigenes Leben verwirklichen. Wir haben die Möglichkeiten – wir dürfen.

Die äußeren Verhältnisse sind das Spiegelbild unserer inneren seelisch-geistigen Verfassung. Sich dessen bewußt zu werden heißt auch, die Bedeutung des Seins erfahren zu haben. Jeder kann diese Erfahrung machen. Sie wird ihm ganz von alleine zufallen, wenn die Zeit dafür reif ist. Er wird dann plötzlich spüren und wissen, daß der Mensch nicht das Maß aller Dinge ist. Er wird sich dann wieder als Teil der Natur, als winziges Molekül im Makrokosmos begreifen lernen.

Die Zeit ist reif zum Handeln: Für unser Leben, für das Leben schlechthin, denn »wir alle haben den Planeten Erde für eine endliche Zeit irdischen Lebens von unseren Kindern nur geborgt«. Werden wir bewußt. Laßt uns Verantwortung tragen, damit niemand mehr das traurige Schlagwort von der »No-Future-Generation« in den Mund nehmen kann.

Ich glaube kaum, daß der französische Dichter Antoine de Saint-Exupéry in der ersten Hälfte dieses Jahrhunderts an die zu lösenden Umweltprobleme dachte, als er die nachfolgenden Zeilen schrieb. Ganz sicher bin ich aber, daß er in diesem Zusammenhang heute dasselbe sagen würde, weil er eine allgemeingültige Wahrheit des Lebens formuliert hat:

»Was ich am tiefsten verabscheue, das ist die traurige Rolle des Zuschauers, der unbeteiligt tut oder ist. Man soll nie zuschauen. Man soll Zeuge sein, mittun und Verantwortung tragen. Der Mensch ohne Verantwortung zählt nicht.«

Ich danke allen, die mich mit Rat und Tat bei diesem Buch unterstützt haben: Ing. Chem. Elmar Eich, Klaus Gerosa (Journalist), Lothar Höfler (Energieberater für sparsame und regenerative Technologien), Gisela Mihailescu (Journalistin), Dipl.-Chemiker Horst Sill.
Mein Dank gilt auch den Autoren, die mit ihren Beiträgen das Thema Umwelt aus den verschiedensten Blickwinkeln beleuchten.

I. Leben mit Energie

Unabhängige Fachleute sind sich einig: Die sogenannte Energiekrise ist selbstgemacht. Unsere derzeitige Energiepolitik ist auf fehlerhaften Prognosen aufgebaut. Ein neues Konsumverhalten läßt selbst bei Wirtschaftswachstum, wie die unmittelbare Vergangenheit gezeigt hat, den Elektrizitäts- und Erdölverbrauch stetig sinken.

Der Primärenergieverbrauch betrug 1982 in der Bundesrepublik nur noch 362,5 Millionen Tonnen SKE (Steinkohleneinheiten) und lag somit niedriger als 1974, trotz kontinuierlichem Wirtschaftswachstum bis einschließlich 1980. In jenem Jahr ging zum Beispiel bei einem Wirtschaftswachstum von 1,8% der Primärenergieverbrauch um 4% zurück! 1981 verbrauchten wir Deutsche immerhin noch 373 Millionen Tonnen SKE und 1979 sogar noch 408,2 Millionen Tonnen SKE.

Alle Bedarfsrechnungen für die Zukunft, die diese Entkoppelung von Wachstum und Energieverbrauch nicht erkannt und berücksichtigt haben, bedürfen einer Berichtigung. Das müßte auch eine sofortige Konsequenz in der Praxis miteinschließen. Bislang scheinen jedoch die Verantwortlichen in Politik und Wirtschaft davon keine Notiz nehmen zu wollen.

Bei der Betrachtung des ungeheuren Energiekonsums in den Industrieländern fragt sich aber mancher, ob denn auch der einzelne Haushalt mit einem beispielgebenden Verhalten etwas zu verändern vermag. Und ob er kann!

Nicht nur, indem sich die Industrieproduktion durch bewußtes Kaufen beeinflussen läßt, vielmehr besteht bei den Haushalten und Kleinverbrauchern seit jeher auch das größte Potential, Energie einzusparen: Laut dem Bundesministerium für Wirtschaft entfielen 1940 44% des gesamten Energieverbrauchs auf unsere Haushalte und Kleinverbraucher; 35% des gesamten Mineralöls wurden hier verbraucht, davon mehr als 80% für Heizung.

Seit Menschen auf dieser Erde leben und für den alltäglichen Überlebenskampf ihren Verstand einzusetzen vermochten, benutzten und brauchten sie Fremdenergie. Für Jahrtausende verwendeten sie hierfür erneuerbare (regenerative) oder beliebig verfügbare Energieträger wie zum Beispiel Holz, Wind oder Laufwasser.

Die Entwicklung des industriellen Zeitalters ist gleichzusetzen mit der Entdeckung und Förderung der fossilen Brennstoffe Kohle, Erdöl und Erdgas. Parallel dazu wurden Maschinen und Motoren erfunden, die eben jene neuen Energieträger zum Antrieb benötigten. Der vehement zunehmende Verbrauch dieser nicht erneuerbaren und nur für eine begrenzte Zeit zur Verfügung stehenden Rohenergien führt heute, nach nicht einmal 200 Jahren, zu einer Energiekrise.

Zu dieser (wieder lösbaren) Krise mußte es zwangsläufig kommen, weil ein übermäßig reichliches Energieangebot die Menschen der Industrieländer zu hemmungslosem und ständig steigendem Energiekonsum verführte und sie davon abhängig machte. Die Krise besteht vor allem in dem plötzlich einsetzenden Bewußtsein der Abhängigkeit. Wir alle sind Sklaven unserer selbstgemachten Bequemlichkeit. Ohne Energie können wir nicht mehr leben.

Fiele in den Industriestaaten der Strom aus, käme es in den Städten zu chaotischen Zusammenbrüchen bei der Versorgung ihrer Bewohner, psychische und soziale Probleme

(Angst, Kriminalität usw.) würden panikartige Zustände hervorrufen. Und auch auf dem Land, wo früher die einst unabhängige und nahezu autark arbeitende Landwirtschaft im Gegensatz zu heute mehr Energie aus den Produkten herausholte als sie hineinsteckte, wäre die Katastrophe perfekt. Die Kühe können heute nicht mehr mit Hand gemolken werden, Tiermastbetriebe sind zur Zeit auf Gedeih und Verderb von Fremdenergie abhängig, obwohl gerade hier mittels alternativer Technologien Energie-Autarkie auf hohem technischen Niveau erreicht werden könnte.
Wir alle leben nicht *mit*, sondern in fatal abhängiger Weise *von* der Energie.
Jeder sollte sich einmal vorstellen, wie eine normale Arbeits-, Haushalts- oder Freizeitwoche aussehen würde, wären plötzlich alle nicht erneuerbaren Brennstoffe (Kohle, Öl, Gas, Uran) nicht mehr einsetzbar.

Bequemlichkeit auf Kosten unserer Kinder

Halten wir uns vor Augen: Unsere Erde ist etwa 4 Milliarden Jahre alt. Die fossilen Brennstoffe haben sich in Jahrmillionen entwickelt. Sie sind umgesetzte Sonnenenergie. Uran, einziger nicht fossiler Energieträger, lagert schon seit Milliarden Jahren auf der Erde.
Und innerhalb weniger Jahrzehnte, spätestens aber nach einigen hundert Jahren werden alle diese Energiereserven unwiederbringbar abgebaut und verbraucht sein! Doch die Erde existiert weitere Millionen oder Milliarden Jahre und mit ihr auch menschliches Leben. Die Zukunft unserer Kinder und Kindeskinder wird somit entscheidend von verfügbarer Energie abhängen. Schon heute ist Erdöl eigentlich zum Verbrennen viel zu schade, denn wichtige Kunststoffe und pharmazeutische Präparate werden ausschließlich aus diesem Rohstoff hergestellt.

Der Energiebedarf aller Menschen kann in Zukunft nur mit regenerativen, also ständig mehr oder minder beliebig erneuerbaren Energieträgern befriedigt werden. Und weil schon heute die Technologien, mit denen sich Energie aus unerschöpflichen Quellen gewinnen läßt, bekannt und beherrschbar sind, ist deren Entwicklung und Einsatz nur noch eine Frage der Zeit.

Zugegeben, diese Frage betrifft die gegenwärtig lebenden Verantwortlichen, die unsere Wirtschaft und Politik lenken und prägen, nicht unmittelbar. Ihren Kindern und deren Enkeln wird das Problem schon nähergehen, sie sind direkt betroffen. Und sie werden mit Sicherheit bestürzt auf das entscheidende 20. Jahrhundert zurückblicken, in dem ihre Väter, Groß- und Urgroßväter auf rücksichtslose Weise die organischen Grundstoffe plünderten.

Lassen wir ihnen doch noch etwas Erdöl, Erdgas und Kohle für ihre chemische Industrie übrig, lassen wir den nachfolgenden Generationen noch eine Chance, damit sie sich von der Abhängigkeit der nicht erneuerbaren Energieträger lösen und die neuen technischen Alternativen für ihre Zukunft verbessern und perfektionieren können!

Luft ist leider nicht nur zum Atmen da

Zweiter, ebenso wichtiger Grund, Primärenergie zu sparen und sie gezielter und umsichtiger einzusetzen, ist die mit ihrer Verbrennung verbundene Luftverschmutzung. Ein ganz aktuelles Beispiel hierfür ist der sogenannte *saure Regen.*

Bereits Anfang der sechziger Jahre las und hörte man in Deutschland – allerdings noch ganz unbesorgt – von schwefligen Niederschlägen auf Skandinavien. Der Säuregehalt von Seen und Flüssen in den nordischen Ländern stieg von Jahr zu Jahr an; man registrierte ein vermehrtes und ständig zunehmendes Fischsterben in jenen unberührten Ge-

wässern, die sonst Naturfreunde und Erholungssuchende in den Ferien aufzusuchen pflegten.
Nicht ganz 20 Jahre später stehen allein in Schweden von 100 000 Seen 20 000 unwiderruflich auf der Todesliste. Schwefel und Salpetersäure, die Hauptauslöser des sauren Regens, kommen vornehmlich aus England und Deutschland. Auf das südliche Norwegen rieselten 1979 mit dem Regen 250 000 Tonnen schweflige Säure; die dortigen kalkarmen Moränenböden können das saure Gift nicht neutralisieren.
Und plötzlich erregen sich auch bei uns die Gemüter, Angst und Besorgnis treten an die Stelle des bisher eher gleichgültigen Nachrichtenkonsums. 1982 schlugen deutsche Forstleute und Naturschützer Alarm. Führten sie noch 1975 die beobachteten Waldschäden auf die damalige Dürreperiode zurück, so nehmen sie heute an, daß die Ursache für das festgestellte Waldsterben im überhöhten Schwefeldioxydgehalt der Luft liegt.
Aufgrund einer umfangreichen Expertise der nordrhein-westfälischen Landesanstalt für Immissionsschutz (LIS) in Essen stellte Ende 1982 der Arbeits- und Gesundheitsminister des Landes, Professor Farthmann, die neue und ungewöhnliche These auf, daß weniger das Schwefeldioxyd, sondern vielmehr die Stickoxyde – sie stammen größtenteils aus dem Kraftfahrzeugverkehr und aus Feuerungsanlagen – und die dadurch vermehrt gebildeten schädlichen Ozonverbindungen zum Baumsterben führen. Diese These steht im Widerspruch zu der bisher allgemein anerkannten Annahme, der saure Regen sei der Hauptübeltäter dieses rasant um sich greifenden Öko-Dramas. In vergleichenden Versuchen mit gesunden und kranken Tannen und Fichten konnte erstmals der Holzbiologe Professor Josef Bauch nachweisen, daß in übersäuerten Böden die feinen Wurzeln der Bäume geschädigt werden. Mit steigender Säurebelastung aber vermindert sich die Regenerationsfähigkeit biologischer Systeme.

Wie dem auch sei, aller Wahrscheinlichkeit nach kommen hier verschiedene schädigende Umwelteinflüsse zusammen. Denn waren vor nicht allzulanger Zeit fast ausschließlich die Tannen von diesem Baumsterben betroffen, so hat der saure Regen mittlerweile nahezu alle wichtigen Baumarten erfaßt. In Ostbayern soll nach pessimistischen Schätzungen schon mehr als die Hälfte des Waldbestandes erkrankt sein. Sonst immergrüne Fichten werden im Sommer plötzlich feuerrot, Buchen lassen ihre Blätter schon im Juli fallen, Tannen stehen mit entnadelten Ästen kahl da.

Allein in Westdeutschland beträgt der jährliche Schwefeldioxydausstoß über 4 Millionen Tonnen, rund 2,5 Millionen Tonnen Stickoxyde gehen pro Jahr als Stickstoffdioxyd in die Luft! Experten befürchten schon in den nächsten Jahren großflächige Waldschäden. Der Münchner Waldbiologe Schütt warnte davor, daß das erste zusammenhängende Waldgebiet bereits »in 7 oder 8 Jahren umkippen« und biologisch am Ende sein könnte.

Wie das Endstadium des schleichenden Waldsterbens aussieht, kann man bereits im Erzgebirge besichtigen, wo auf einer Fläche von etwa 40 000 ha fast alle Bäume abgestorben sind. In wenigen Jahren werden dort, so wird befürchtet, auf insgesamt 170 000 ha nur noch Baumskelette in den Himmel ragen.

Mit dem Verlust der Vegetation allein ist es damit jedoch nicht getan, denn unabsehbare Folgeschäden für Grundwasser, Klima und Luft verdeutlichen den biologischen Raubbau, an dem wir alle Tag für Tag beteiligt sind. Daß dabei die empfindlichen Nadelwälder als die wirksamsten Abgas- und Staubfilter am stärksten betroffen sind, beschleunigt die ökologische Krise nur noch.

Über 20 Millionen Tonnen Gifte (nicht eingerechnet die 30 Millionen Tonnen des hochgiftigen Kohlenmonoxyds) werden in der Bundesrepublik jährlich in die Luft geblasen. Sie schaden aber nicht nur der natürlichen Umwelt, sondern belasten das ganze System mit vermehrten Krankheiten der Bewohner, mit Leistungsabfall, Produktionsausfall und Korrosion.

Luftverschmutzende Stoffe haben die Zusammensetzung unserer Atmosphäre stark verändert. Aber immer noch ist der Mensch gezwungen, täglich rund 20 m^3 Luft einzuatmen. Er verbraucht dabei relativ wenig Sauerstoff, ohne den er aber nicht lebensfähig wäre (rund 0,5 m^3).

Größte Sauerstoffverbraucher sind hingegen Großfeuerungsanlagen und Motoren. Wenn zu frühmorgendlichen oder abendlichen Stoßzeiten in einer mittleren Großstadt 100 000 Autos die Straßen verstopfen, verbrauchen sie in 1 Stunde ungefähr eine Sauerstoffmenge, die ausreichen würde, um in der gleichen Zeit 75 Millionen Menschen mit diesem gasförmigen Lebenselixier zu versorgen. Während die Menschen aber beim Ausatmen nur Kohlendioxyd in die Luft abgeben, verpesten Motoren, Heiz- und Kraftwerksanlagen die Umwelt zusätzlich mit zahlreichen Giftstoffen. Und zu allem Überfluß werden die großen Sauerstofferzeuger und natürlichen Schmutz- und Abgasfilter – die tropischen Regenwälder – weltweit von Tag zu Tag immer weiter abgeholzt.

Energiequellen – Grundlagen für zivilisiertes Leben

Folgender Übersicht, in der alle heute und morgen nutzbaren Energiequellen aufgeführt sind, möchte ich zum besseren Verständnis eine kurze Begriffsbestimmung voranstellen.

- *Primärenergieträger:* Dabei handelt es sich um in der Natur vorhandene Rohenergien (primär von lat. primus = der erste). Sie sind von den Menschen keiner chemischen oder physikalischen Umwandlung unterworfen worden.
- *Energieumwandlung:* Wenn ein Energieträger in seiner

chemischen und/oder physikalischen Struktur verändert wird, spricht man von Energieumwandlung. Es entsteht dabei eine Energieform, die durch die Art des Verbrauchs bestimmt ist, zum Beispiel Benzin aus Erdöl.
Wird Strom aus Kohle gewonnen, besteht die Energieumwandlung in der Verwandlung von Wärmeenergie in mechanische Energie.
Bei jeder Energieumwandlung entstehen Energieverluste. Diese sogenannten Umwandlungsverluste betragen nach dem derzeitigen Stand der Technik im Durchschnitt rund ein Viertel der eingesetzten Primärenergie. Um aber beispielsweise mit dem Auto 1 Energieeinheit nutzen zu können, muß die 14fache Menge Primärenergie (Rohöl) aufgewandt werden. Dabei ist die aufgebrachte Energie bei der Gewinnung des Rohöls, bei der Verarbeitung in der Raffinerie, während des Transports und bei der Verteilung mit berücksichtigt.
- *Sekundärenergieträger:* Sie sind die Produkte aus der Energieumwandlung.

1. Primärenergieträger

Fossile Brennstoffe

Diese Brennstoffe sind im Verlauf der Erdgeschichte durch Ablagerung und Versteinerung (Sedimentation und Fossilisation) aus Pflanzen und Tieren entstanden. Ihr Vorrat ist begrenzt. Sie sind aber zur Zeit, vom Torf abgesehen, unsere wichtigsten Energieträger. Das Wissen um ihre begrenzte Verfügbarkeit, deren Ende schon jetzt abzusehen ist, führte zu dem ängstlichen Bewußtsein, das wir heute Energiekrise nennen. Fossile Brennstoffe sind:
- *Kohle* (Braunkohle, Steinkohle)
- *Erdöl*
- *Erdgas*
- *Torf*

Nichtfossile Brennstoffe

- *Uran, Thorium:* Atomenergie, Grundlage der Kernspaltung. Auch diese Vorräte sind begrenzt und können nur übergangsweise der Energieversorgung dienen.

Erneuerbare Energiequellen

Es handelt sich hier um regenerative Energieträger, die direkt oder indirekt von der Sonnenstrahlung abhängen. Sie sind die Energiequellen der Zukunft; ihre konsequente Nutzung ist die Alternative zu den nur auf Zeit verfügbaren fossilen und nichtfossilen Energieträgern. Auch wenn sie heute noch nicht »wirtschaftlich« nutzbar sind, was jedoch nur zum Teil stimmt, werden die Menschen langfristig gezwungen sein, auf sie zurückzugreifen.

- *Sonnenlicht (Solarenergie):* Es gibt zwei Möglichkeiten, die Wärmestrahlung der Sonne für uns zu nutzen:

a) *thermisch* zur unmittelbaren Wärmegewinnung. Die Energie wird dabei entweder aktiv oder passiv gewonnen. Bei der aktiven Nutzung läßt man dezentral in einem Sonnenkollektor Wasser oder Öl erwärmen und führt es der Heizung oder dem Brauchwasser (zum Beispiel im Bad) zu. In großen, zentralen Sonnenkraftwerken hingegen erzeugt man Wasserdampf, mit dessen Hilfe dann wie bei einem Atomkraftwerk ein Generator zur Stromerzeugung betrieben werden kann. Von einem passiven Sonnenenergieeinsatz spricht man, wenn aufgrund einer entsprechenden Architektur die Sonnenstrahlen in ein Haus gelangen können (Sonnenauge) oder in einer Klimawand aufgefangen und gespeichert werden.

b) *photovoltaisch* zur direkten Umsetzung in elektrischen Strom. In Zukunft wird auf der Erde dezentral und zentral mit Solarzellen immer mehr Strom erzeugt werden können.

- *Windkraft:* Die Sonne verursacht in unserer Atmosphäre Druck- und Temperaturunterschiede – Voraussetzung für die Entstehung von Luftströmungen. Wind ist ein alter und dennoch moderner »Treibstoff«, der auf dem Land und zu Wasser genutzt werden kann.

- *Wasserkraft:* Auch die Nutzung dieses alten Energieträgers wird mit völlig neuen Technologien zukunftsweisend sein. Zentral mit großen Wasserkraftwerken, denen aber wegen des erforderlichen Baus von Stauseen und Flußregulierungen ökologische Grenzen gesetzt sind; dezentral mit kleinen Wasserkraftwerken, die zur Eigenstromversorgung beitragen oder aber direkt zur Wärmegewinnung dienen. Der Wasserkreislauf wird durch die mit der Sonneneinstrahlung verbundene Wasserverdunstung aufrechterhalten.
- *Umweltwärme:* Auch Luft, Wasser und Erdreich werden von der Sonne erwärmt. Diese Wärmeenergie kann man mit Hilfe von Wärmepumpen nutzen. Solche Geräte nehmen die Wärme niederer Temperatur auf und geben sie mit höherer Temperatur wieder ab. Sie benötigen jedoch Zusatzenergien, zum Beispiel in Form von Dieselöl, Gas oder Strom. Die Erneuerung der abgesaugten Umgebungswärme braucht relativ viel Zeit. Dieser Energieträger ist aus den beiden zuletzt genannten Gründen von geringerer Bedeutung.
- *Biomasse:* Nicht nur Holz, auch viele andere pflanzlichen Biomassen werden einen nicht unerheblichen Teil des zukünftigen Energiebedarfs decken. Biomasse ist durch Photosynthese genutzte Sonnenenergie. Holz und Stroh können in modernen, wirtschaftlichen Heizungsanlagen mit automatischer Brennstoffzufuhr verbrannt werden; bestimmte Pflanzen dienen der Gewinnung von Alkohol, der als Benzinbeimischung Erdöl einsparen hilft und gleichzeitig das hochgiftige Blei ersetzt; ferner kann Wasserstoff aus Algen, und Öl aus verschiedenen Pflanzen gewonnen werden.

Viele Pflanzen werden in Zukunft in weit größerem Ausmaß als heute der pharmazeutischen und chemischen Industrie als nahezu unerschöpfliches Rohstoffreservoir dienen. Die Abhängigkeit vom Erdöl, die in jenen Industriezweigen zur

Zeit besonders groß ist, kann auf diese Weise nach und nach abgebaut werden. Ethisches Problem dabei: der Anbau von Pflanzen für die Energie- und Rohstoffbeschaffung statt zur Deckung des Nahrungsmittelbedarfs. Solange Menschen an Hunger sterben, solange werden sich die Verantwortlichen mit diesem Widerspruch befassen müssen.

- *Organische Abfälle:* Faulschlamm aus Kläranlagen und Dung aus der Viehhaltung sind für die Zukunft ganz bedeutende Primärenergieträger. Die biologische Zersetzung dieser wertvollen Abfälle führt einerseits zur Bildung des Sekundärenergieträgers Biogas, andererseits zu einem hochwertigen Naturdünger, der zudem geruchsfrei ist.

2. Sekundärenergieträger

Leitungsgebundene Sekundärenergien

- *Elektrizität:* Strom kann aus allen Primärenergieträgern gewonnen werden (Umweltwärme ausgenommen). Bei dieser Energieumwandlung sind die Verluste sehr hoch und werden durch den weiteren Transport bei der zur Zeit überwiegend zentralen Erzeugung zusätzlich erhöht. Gegenwärtig gewinnt man in der Bundesrepublik nur rund 5% des erzeugten Stroms aus erneuerbaren Energieträgern (Wasserkraft). 95% erhält man weiterhin durch den Einsatz der nur begrenzt vorhandenen Brennstoffe Stein- und Braunkohle (56%), Heizöl und Gas (27%) und durch Atomenergie (12%).
- *Fernwärme:* Dabei wird Wärme im Niedertemperaturbereich (bis etwa 200° C) von einem zentralen Kraftwerk bis zu 100 km zum Verbraucher geleitet. Als Wärmeträger kann Wasser, Dampf oder Gas eingesetzt werden. Bei der Stromerzeugung fällt normalerweise sehr viel Abwärme an, die nutzlos an die Umwelt abgegeben wird. Gewinnt man nun diese Abwärme und leitet sie über sogenannte Fernwärmenetze in Haushalte, Gewerbe oder Industrie, spricht man

von einer Kraft-Wärme-Kopplung. So kann zum Beispiel ein Heizkraftwerk mit einer elektrischen Leistung von 100 MW »so ganz nebenbei« 25 000 Wohnungen beheizen, wenn man diesen die ausgekoppelte Fernwärme zuführt. Der dabei notwendige Brennstoffmehraufwand liegt bei nur 20%, das heißt, es können auf diese Weise rund 50 Millionen Liter Heizöl (!) eingespart werden. Fernwärmenetze haben Zukunft und können vor allem schon heute ganz wesentlich Energie sparen helfen.

- *Biogas:* Besteht zu ca. 65% aus Methan und entspricht somit in etwa dem Erdgas. Es ist aber im Gegensatz zum Erdgas ein beliebig erneuerbares Naturprodukt, das unter dem Einfluß von Mikroorganismen aus organischen Abfällen entsteht. Vor allem in der dezentralen Energieversorgung der Landwirtschaft hat das Biogas für die Wärme- und/oder Stromerzeugung große Zukunft.
- *Stadtgas:* Ein giftiges Kohleprodukt, das früher in kommunalen Gaskokereien produziert wurde und heute vom Erdgas fast völlig verdrängt ist. Es wird gegenwärtig nicht mehr ausgebaut. Da aber die Kohle wegen ihres großen Vorkommens als letzter fossiler Energieträger übrigbleiben wird, könnten Gaskokereien in Zukunft mittelfristig eine Energielücke schließen helfen.

Veredelungsprodukte aus fossilen Rohstoffen

- *Briketts* (aus Stein- oder Braunkohle hergestellt)
- *Koks* (aus Steinkohle gewonnen)
- *Treib- und Heizstoffe* wie Benzin, Dieselöl, Heizöl usw. (Herstellung auf Erdölbasis, auch durch Kohleverflüssigung möglich).

Abfallstoffe

- *Haus- und Industriemüll:* In der Bundesrepublik dienen gegenwärtig 39 von insgesamt 43 Müllverbrennungsanlagen der Strom- oder Fernwärmeerzeugung. Durch diese Müllverwertung kann der Primärenergieverbrauch zu 0,4% gedeckt werden. Im Abfall enthaltene Eisenteile scheidet man aus und verwertet sie weiter. Verschiedene Verbrennungsrückstände lassen sich als Bauhilfsstoffe beim Straßenbau verwenden. Energiegewinnung aus Haus- und Industriemüllverbrennung ist das Ergebnis unserer ganzen problembeladenen »Abfallwirtschaft«; die Energiegewinnung als solche steht daher im Hintergrund und hat wenig Bedeutung, zumal zwangsläufig die Abfallmenge in der Zukunft radikal reduziert werden muß.

3. Alternative Energieträger, die von der Sonne unabhängig sind

Neben der Sonnenenergie und ihren verschiedenen Nutzungsmöglichkeiten gibt es weltweit zwei weitere für den Menschen unerschöpfliche Energiequellen, die es zukünftig noch besser zu erschließen gilt. Man zählt sie zu den Primärenergieträgern:

- *Geothermische Energie:* Bis zu einer Tiefe von 10 000 m wird die Erdtemperatur im Weltdurchschnitt alle 100 m um 3° C wärmer. In Deutschland herrschen an vielen Stellen 1000 m unter der Erdoberfläche sogar rund 50° C; in 7000 m Tiefe sind es vielfach schon über 200° C. Gebiete mit höherer Temperatur in geringerer Tiefe lassen sich leichter erschließen und sind dann noch wirtschaftlicher. Frankreich, das die geothermische Ortsnetzheizung ähnlich ehrgeizig verfolgt wie sein Atomkraftprogramm, will bereits Ende der achtziger Jahre über 500 000 Wohnungen, Kaufhäuser, Büros und Schulen mit Heizungsenergie aus dem Erdinnern versorgen. Neuesten geologischen Erkenntnissen zufolge läßt sich in Zukunft die Geothermik viel intensiver und umfangreicher nutzen als bisher angenommen.
- *Gezeitenenergie:* Ausgereifte Techniken ermöglichen es schon heute, den Unterschied zwischen Ebbe und Flut an den Küsten der Weltmeere für die Energiegewinnung zu

nutzen. Große Gezeitenkraftwerke erzeugen hierbei mit Hilfe eines Staudammes und spezieller Turbinen elektrischen Strom. In der Bucht von St. Malo an der nordfranzösischen Atlantikküste hat der Betrieb eines 240-MW-Gezeitenkraftwerks gute Erfahrungen gebracht. Berechnungen ergaben, daß man an dieser Stelle aufgrund des starken Tidenhubs ein noch viel größeres dieser besonders umweltfreundlichen Meerwasserkraftwerke mit einer Leistung von 10 000 MW bauen könnte. Das entspräche der Leistung von 8 Atomkraftwerken!

Würde man nur die Hälfte der zur Zeit technisch machbaren Gezeitenprojekte an den bekannten günstigen Stellen bauen, ließe sich nach Ansicht von Fachleuten eine elektrische Leistung erzeugen, die genauso hoch wäre wie der gegenwärtige Weltverbrauch an elektrischer Energie. Auch die Deutschen könnten zwei große Gezeitenkraftwerke an der Nordseeküste realisieren.

4. Sonstige Alternativenergien

Es gibt bereits eine Vielzahl alternativer Energieträger, deren Nutzung aber entweder bei den derzeitigen Erdölpreisen noch zu teuer ist oder denen die technische Reife fehlt. Nachfolgend eine Auswahl der wichtigsten Energieträger, die langfristig an Bedeutung gewinnen können.

- *Wasserstoff:* Für die Zukunft wird vermutlich Wasserstoff Basis einer völlig neuen Versorgungstechnologie sein. Dieses brennbare, farb-, geruch- und geschmacklose Gas läßt sich theoretisch aus Wasser in unbegrenzten Mengen gewinnen. Man kann mit Wasserstoff Otto- und Dieselmotoren antreiben und damit den allzu begrenzten Energieträger Erdöl ersetzen. Außerdem ließe sich mit wasserstoffbetriebenen Heizungskraftwerken Strom und Wärme gleichzeitig erzeugen (Wärme-Kraft-Kopplung). Wasserstoffbetriebene Motoren erzeugen während des Verbrennungsvorganges nahezu keine schädlichen Abgase, sondern haupt-

sächlich Wasserdampf. Der Wasserstoffspezialist Professor Eduard Justi nennt diese Art des besonders umweltfreundlichen Verbrennungsrückstandes mit Recht eine »göttliche Müllabfuhr«.
Wasserstoff als Treibstoff der Zukunft wird noch etwas auf sich warten lassen. Noch immer müssen einige technische Probleme gemeistert werden. Zur Gewinnung des Wasserstoffs aus Meer- oder Flußwasser mittels der Elektrolyse benötigt man zur Zeit noch sehr viel Elektrizität. Bei der chemischen Düngemittelproduktion und anderen chemischen Verfahren wird jedoch ebenfalls Wasserstoff frei.
Amerikanische Wissenschaftler der Texas A & M University unter der Leitung des Chemieprofessors John Bockris haben bereits ein neues, verbilligtes Verfahren entwickelt, bei dem mit Hilfe von Sonnenlicht Wasser in Wasserstoff und Sauerstoff aufgespalten wird. Sie sind damit ihrem Traum, billigen Wasserstoff zu erzeugen, »um einen Quantensprung« näher gekommen. Verglichen mit der aufgewandten Energie liegt bei ihrem Verfahren die Ausbeute schon bei rund 13%. Der Weg für die Zukunft ist jedenfalls geebnet.
Wasserstoff ist aber auch aus anderer Perspektive interessant. Da man in jedem Fall zu seiner Gewinnung Elektrizität benötigt, große Sonnenkraftwerke sich aber oft nur an Stellen realisieren lassen, an denen die erzeugte Strommenge gar nicht benötigt wird, ließe sich hier Wasserstoff produzieren, den man in Pipelines sicher transportieren könnte. Deutsche Chemiewerke und Raffinerien im Ruhrgebiet sind bereits seit fast 50 Jahren mit einer über 200 km langen Wasserstoff-Pipeline verbunden, bei der es noch nie zu einem Unfall oder Schaden gekommen ist.
Für den Kraftfahrzeugverkehr wird zur Zeit ein sogenannter Metall-Hydrid-Speicher entwickelt, der die Lagerung im Auto unproblematisch werden läßt. Die Wasserstoffnutzung bedeutet nicht nur Unabhängigkeit vom Erdöl, sie ermöglicht auch einen leichteren Verzicht auf Kernkraft.

- *Meeresströmungen:* Es ist langfristig denkbar, die Fließströmung des Meerwassers mit Hilfe verankerter Kraftwerke zu nutzen. Dies wäre zum Beispiel im Golfstrom sowie bei Strömungen in Meeresarmen zwischen Inseln und Festland möglich.
- *Wellen- und Brandungsenergie:* Mit Meereswellen und Brandung liegt weltweit noch ein beachtliches Energiepotential brach. An geeigneten Küsten kann entweder das hochgestiegene Brandungswasser vor dem Zurückfließen in speziellen Kammern aufgefangen und über Turbinen eines Küstenkraftwerks wieder ins Meer geleitet werden – ein sehr kostspieliges, weil technisch aufwendiges Verfahren, das aber jederzeit zu verwirklichen wäre. Oder aber man installiert längs der Küste Schwingkörper, wie sie von den Japanern entwickelt wurden, und erzeugt auf diese Weise elektrischen Strom.

Länder mit langen Küstenstrichen, zum Beispiel Großbritannien und Frankreich, könnten mit diesem Verfahren nach Meinung von Experten mehr elektrische Energie gewinnen als sie verbrauchen.

- *Temperaturgradient im Meer:* In tropischen Meeren herrscht ein verhältnismäßig großer Temperaturunterschied zwischen Wasseroberfläche und tieferen Schichten. Ein unter Wasser installiertes Kaltdampfkraftwerk könnte diese Wärmedifferenz nutzen und Strom erzeugen. In der Nähe von Honolulu (Hawaii) gibt es ein solches Forschungskraftwerk, das 50 kW leistet. Die bislang dort gewonnenen Erfahrungen bestätigen die Machbarkeit dieses Experiments.

Die Probleme mit den fossilen und nuklearen Brennstoffen

Der größte Teil unserer alltäglich genutzten Energie wird aus den Primärenergieträgern Kohle, Erdöl und Erdgas so-

wie aus den nuklearen Brennstoffen Uran und Thorium gewonnen.
1981 verzeichnete die Bundesrepublik einen Primärenergieverbrauch von 373 Millionen Tonnen SKE (Steinkohleneinheiten; 1 SKE = Wärmeinhalt von 1 kg Steinkohle = 7000 kcal). Er setzte sich wie folgt zusammen:

- 44,5% Mineralöl
- 21,2% Steinkohle
- 10,8% Braunkohle
- 15,9% Erdgas
- 4,6% Atomenergie
- 3,0% Wasserkraft und sonstige Energiequellen

232,8 Millionen Tonnen SKE (62,4%) mußten aus dem Ausland herangeschafft werden. Die größte Importabhängigkeit besteht beim Erdöl mit rund 95%, gefolgt vom Erdgas mit einem Importanteil von 60%.
Damit jeder seinen Anteil dazu beitragen kann, daß diese begrenzten, nicht erneuerbaren Energieträger möglichst lange reichen und die Atomkraft erst gar nicht notwendig wird, möchte ich die allgemeine Situation der fossilen und nuklearen Brennstoffe etwas näher beleuchten. Zu viele falsche Zahlen (Unwissenheit) und vor allem zuviel Emotion auf beiden Seiten (die immer wieder zu Aggression und Starrköpfigkeit führt) charakterisieren die heutige Energiekrise und -diskussion. Dabei muß man sich stets vor Augen halten, daß die Rohstoffvorräte und deren Verfügbarkeit stets nur annähernd geschätzt werden können; es sind daher verschiedene Zahlen im Umlauf, die man jedoch grob auf einen Nenner bringen kann.
Darüber hinaus benötigt die Energiediskussion dringendst eine übergeordnete Betrachtungsweise, die auch zukünftiges Leben grundsätzlich berücksichtigt und eine kurzsichtige »Eintagspolitik« ausschließt.
Es ist daher zum Beispiel unverständlich, daß der Steuerzahler mit vielen Milliarden Mark die unwirtschaftliche

nukleare Brütertechnologie finanzieren muß, während die Energieversorgungsunternehmen sich aus Kostengründen gegen die Rauchgasentschwefelungsanlagen für alte Kohlekraftwerke wehren und das Gesetz die dringend notwendigen Filteranlagen lediglich für neue Kraftwerke ab einer Größe von 175 MW vorschreibt. Das ist kaum eine fundierte Basis für eine zukunftsweisende Energiepolitik, bei einem solchen Verhalten läßt sich der saure Regen und das damit verbundene Baumsterben nicht verringern bzw. ganz aufhalten.

1. Kohle

Kohle ist mit Abstand der weltweit meistvorhandene fossile Energieträger. 33% des Weltenergiebedarfs werden heute mit Kohle gedeckt. Nach einer Erhebung der Weltenergiekonferenz machen die Kohlevorräte auf der ganzen Erde rund 10 000 Milliarden Tonnen SKE aus, davon sind ca. 687 Milliarden Tonnen SKE mit den heutigen technischen Mitteln wirtschaftlich nutzbar. Bei einem derzeitigen globalen Jahresverbrauch von 2,8 Milliarden Tonnen SKE würden demnach die Kohlevorräte rund 250 Jahre zur Energiedekkung ausreichen. Alle Ausblicke in die Zukunft sind jedoch Planspiele am grünen Tisch. Trotzdem, irgendeinen Anhaltspunkt möchten viele haben:
Ließen sich – mit wesentlich höherem technischen Aufwand und entsprechender Verteuerung der nutzbaren Energie – 5000 Milliarden Tonnen SKE aus den Kohlevorräten gewinnen und müßte man den *gesamten* Weltenergieverbrauch damit bestreiten, reichte die Kohle weltweit ca. 600 Jahre lang. Aber der vollständige Ersatz von Öl durch Kohle bedingt große Aufwendungen und Investitionen und brächte wegen der Energieumwandlung erhebliche Verluste mit sich. Da die Rechnung dies unberücksichtigt ließ, ist sie nicht realistisch.
Mit rund 90 Milliarden Tonnen nutzbaren SKE ist Westeu-

ropa relativ reich mit Kohle gesegnet. Die Deutschen können einen Großteil davon für sich beanspruchen. Unsere einheimischen Vorräte reichen ebenfalls für einige Jahrhunderte. Bei stark steigendem Verbrauch ließe sich damit der Energiebedarf voraussichtlich jedoch nicht länger als 100 Jahre lang decken.

In der Bundesrepublik werden zur Zeit 55% des Stroms aus Kohle erzeugt. Unter bestimmten ökologischen Voraussetzungen ist der Kohle als Hauptenergieträger mittelfristig Vorrang zu geben. Der folgende Auszug aus dem Zehn-Punkte-Katalog des Bundes für Umwelt und Naturschutz Deutschland e.V. zeigt Wege für eine umweltfreundliche und zukunftsweisende Kohlenutzung auf:

»1. Das Energiewirtschaftsgesetz von 1935 muß geändert werden. Die Elektrizitätsversorgungsunternehmen müssen verpflichtet werden, neben dem Strom auch die Wärme zu nutzen. Erst auf der Basis einer Kraft-Wärme-Kopplung läßt sich eine optimale Nutzung des Energieträgers Kohle vorstellen. [Ohne Kraft-Wärme-Kopplung werden rund 60% der eingesetzten Energie als Abwärme in Luft oder Wasser verschwendet.]

2. Die Monopolstellung der Elektrizitätsversorgungsunternehmen muß durch eine schrittweise Auflösung der Demarkations- und Konzessionsverträge aufgebrochen werden ... Den Gemeinden muß die Möglichkeit gegeben werden, solche Verträge vorzeitig zu kündigen, um kommunale Kraft-Wärme-gekoppelte Kohleanlagen aufzubauen ...

3. Die Leitungsnetze sind unter öffentlicher Kontrolle zu führen ...

4. Der Kohlepfennig darf nicht für den Ausbau der Kernenergie umgewidmet werden, sondern muß zur Förderung der Wirbelschichttechnologie, der Kraft-Wärme-Kopplung und der Anwendung neuester Umweltschutzstandards bei der Kohlenutzung verwendet werden.

5. Die Rauchgasentschwefelung bei Kohlekraftwerken muß für alle Kraftwerke gelten. Sie darf nicht erst bei Kraftwerken mit 175 MW beginnen, wie es zur Zeit der Fall ist. [Mit Wirbelschichtfeuerung und Rauchgasentschwefelungsanlagen lassen sich bis zu 99% der besonders umweltbelastenden Schwefeldioxydemissionen verhindern.]
6. Über 70% der in Betrieb befindlichen Kohlekraftwerke entsprechen nicht mehr dem neuesten Stand der Technik. Durch ein großes Altanlagen-Sanierungsprogramm müssen alte Kohlekraftwerke ersetzt werden.
7. Neue Kohlekraftwerke dürfen nur genehmigt werden, wenn sie eine Abwärmenutzung nachweisen können.
8. Bei der Novellierung der TA-Luft müssen schärfere Vorschriften insbesondere für die Emission von Schwefeldioxyd und Stickstoffoxyden erlassen werden.
9. Die sogenannte Kohleveredelung bringt für die Energieversorgung der Bundesrepublik Deutschland keinen Gewinn, sondern nur umwelt- und energiepolitische Belastungen. Die Kohlevergasung und die Kohleverflüssigung in kommerziellem Ausmaß ist daher abzulehnen. [Auch dabei gehen rund 60% der eingesetzten Energie verloren.]
10. Die dadurch frei werdenden Mittel in Milliardenhöhe sollten für eine umweltfreundliche Kohlenutzung bereitgestellt werden, insbesondere für die Markteinführung der Wirbelschichttechnologie. [Optimale Energieausbeute bei geringerer Schadstoffemission.]«

2. Erdöl

Bei Kohle und Erdöl besteht ein krasses Mißverständnis zwischen Nutzungs- und Reservenstruktur. Die Menschheit besitzt an Erdöl und Erdgas die geringeren Reserven, deckt aber gegenwärtig allein mit dem fossilen Öl nahezu die Hälfte ihres Primärenergieverbrauchs. Seit 1859 in Amerika die erste ergiebige Ölquelle erbohrt wurde, war man über

die globalen Mineralölvorräte uneinig. Heute lassen sich jedoch genauere Zahlen nennen:
Laut Professor Heinz Beckmann, Inhaber des einzigen deutschen Lehrstuhls für Erdölgeologie an der Technischen Universität Clausthal, betragen die sicheren Ölreserven knapp 90 Milliarden Tonnen (1 Öltonne = 1,454 Tonnen SKE). Bei den unsicheren Reserven gehen die Meinungen der Fachleute auseinander. Die Ölmenge, die man ihrer Schätzung nach beim derzeitigen Stand der Technik und unter weltpolitisch relativ normalen Bedingungen fördern könnte, beträgt bei den größten Pessimisten 175, bei den größten Optimisten 350 Milliarden Tonnen. Die Weltenergiekonferenz nannte bei ihren veröffentlichten Zahlen nur den bekannten Ölvorrat von 127 Milliarden Tonnen SKE.
Würde der Ölverbrauch auf dem jetzigen Niveau bleiben, reichten diese sicheren Reserven rund 30 Jahre.
Man wird zukünftig aber in der Lage sein, auch die sogenannten nichtkonventionellen Ölvorräte zu erschließen. Das sind Lagerstätten, bei denen das Öl mit den heute bekannten technischen Verfahren überhaupt nicht oder nur äußerst unwirtschaftlich zu gewinnen wäre. Dazu zählen Ölschiefer, Teersande und Öl aus dem Untergrund von Meeresstellen, die über 200 m tief sind. Spekulanten rechnen hier mit bis zu 300 Milliarden Tonnen verstecktem Öl. Damit ließe sich der Ölbedarf 100 Jahre lang decken, aber unter völlig anderen, höchst komplizierten Vorbedingungen.
Allen Voraussagen und Spekulationen zum Trotz – eines ist sicher: Das Erdölzeitalter, wie wir es in den letzten 100 Jahren erlebt und genossen haben, wird in wenigen Jahrzehnten zu Ende sein. Dann nämlich, wenn die bekannten, relativ leicht erschließbaren Lagerstätten erschöpft sind und die energiehungrigen Menschen gezwungen werden, ihr Öl aus den heute unwirtschaftlichen Reserven zu gewinnen. Die Ära des billigen Öls wird dann für immer und ewig vorbei sein; dann handelt es sich bei diesem Naturprodukt wirklich

um »schwarzes Gold«. Heute verwendet man Erdöl noch verschwenderisch als Treibstoff für Kraftfahrzeuge, ein erheblicher Anteil wird weiterhin großzügig in Heizungsanlagen verbrannt. Der Chemieindustrie dient es jedoch auch als Rohstoff für die Herstellung von Düngemitteln und Kunststoffen, und die Gewinnung von Eiweiß aus Öl für die menschliche Ernährung haben sich die Mineralölkonzerne zur – neuerdings gemeisterten – Aufgabe gemacht.
Die Bundesrepublik ist nicht sehr reich an Erdöl. Von den 1981 verbrauchten 166 Millionen Tonnen SKE Öl mußten 158,5 Millionen Tonnen eingeführt werden. Die unsichere Weltpolitik und eine krisengeschüttelte Wirtschaft, unter der mittlerweile alle Staaten der Erde leiden, können wichtige Energieträger von heute auf morgen zu einem politischen Machtinstrument werden lassen. Da wir uns gegenwärtig in einer fatalen Energieabhängigkeit befinden, wären die Folgen eines Ölboykotts der Förderländer entsprechend ...

3. Erdgas

Beim Erdgas, das sich meist in der Nähe von Erdölquellen befindet, ist die globale Situation ähnlich wie beim Mineralöl. Die Erdgasreserven betragen insgesamt rund 89 Milliarden Tonnen SKE und würden bei gleichbleibendem Verbrauch noch 40, höchstens 50 Jahre ausreichen. Trotzdem stellt Erdgas rund 23% der Weltenergieversorgung. Größter Verbraucher der westlichen Welt ist neben den USA und Japan vor allem Westeuropa.
Allein in die Bundesrepublik wurden 1981 über 40 Millionen Tonnen SKE Erdgas eingeführt, aus eigenen Quellen stammten rund 19 Millionen Tonnen SKE. Das Erdgas dient vorwiegend der Wärmegewinnung (Heizung, Warmwasser usw.), ist aber auch wichtiger Rohstoff der Petrochemie.

4. Nukleare Brennstoffe

Die nukleare Energieerzeugung ist heute bereits zu einem

Problem geworden, das Gegner und Befürworter in zwei weltanschaulich geprägte Lager teilt. Die Eskalation der hitzigen Kontroverse ist verständlich, läßt sich doch die Atomkraft nicht mit der Einführung der ersten Dampflokomotive vergleichen (ein beliebtes Argument der Befürworter, weil damals in Fürth die verängstigten Bürger ebenfalls den Teufel an die Wand malten). Und die von keiner seriösen Seite bezweifelten Probleme, die mit der Atomenergie zwangsläufig einhergehen, müssen in unserer aufgeklärten, naturwissenschaftlich ausgerichteten Zeit zweifellos viel ernster genommen werden als die eher irrationalen Befürchtungen der damaligen Eisenbahngegner.

Was mich als Laie immer wieder irritiert, ist die Feststellung, daß die meisten befürwortenden Experten mehr oder minder von der Atomlobby abhängig, das heißt beruflich mit atomaren Entwicklungsprojekten verbunden sind oder im Dienst der Atomindustrie stehen, die Mahner und entschiedenen Gegner hingegen in der Regel unabhängige Wissenschaftler sind. Aus diesem Grund habe ich auch den Kernphysiker Professor Erich Huster gebeten, für dieses Umweltbuch einen Beitrag über die Wirtschaftlichkeit der Atomkraftwerke aus seiner unabhängigen Sicht zu schreiben (siehe Seite 58 ff.). Seinen Worten gebe ich mehr Gewicht als den Arbeitnehmern von Kernforschungszentren oder anderen durch ihre Interessen gebundenen Experten, Journalisten und Politikern.

Mit Steuergeldern in Höhe von 29 Milliarden DM haben unsere Regierungspolitiker in den letzten zwei Jahrzehnten einseitig die Atomenergie gefördert. Die Entscheidung für diesen strammen Atomkurs erfolgte aufgrund der falschen Energiebedarfsprognose der sechziger Jahre. Die mittlerweile absehbaren horrenden Folgekosten der Atomenergie (Wiederaufbereitung, Endlagerung, Brütertechnologie usw.) waren noch unerkannt, viele der auch heute noch nicht lösbaren Probleme hoffte man schnell in den Griff zu bekommen.

Die gesamte westliche Welt hat in die einst als »Energie der Zukunft« gerühmte Atomenergie über 250 Milliarden DM investiert. Und noch heute, wo der Widerstand gegen die Atomkraftwerke stetig wächst, wo die Wirtschaftlichkeit dieser riskanten Energieerzeugung in Frage gestellt werden muß, wo selbst der größte Stromerzeuger der USA, die Tennessee-Valley-Authority (TVA), eine drastische Kürzung ihres Atomkraftwerk-Bauprogramms beschlossen hat, weil die Nachfrage nach elektrischer Energie weit hinter ihren Voraussagen zurückblieb – selbst heute setzen unsere Politiker und die Wirtschaft weiterhin blindlings auf Atomkraft.
Für 1983 strich die Bundesregierung zugunsten des Ausbaus der Atomenergie und der Brütertechnologie 50 Millionen DM bei der alternativen Energieforschung. Kein Politiker möchte die Verantwortung für einen sofortigen Stopp der Atomenergieforschung auf sich nehmen und der Öffentlichkeit gegenüber zugeben, daß Milliardenbeträge falsch investiert worden sind. Statt dessen werden bei uns mit ungeheurem finanziellen Aufwand der Schnelle Brüter und der Hochtemperaturreaktor weiterentwickelt, wobei die Einsatzreife beider Reaktortypen noch überhaupt nicht in Sicht ist.

Die nukleare Energiesituation sieht grob umrissen wie folgt aus:
Die friedliche Nutzung der Atomenergie beruht heute überwiegend auf der Spaltung der Atomkerne des Schwermetalls Uran in den sogenannten Leichtwasserreaktoren. Im Natururan finden sich 0,71% spaltbares Uran-235 und über 99% nichtspaltbares Uran-238. Jedes Gramm Uran-235 gibt beim Zerfall eine Wärmeenergie frei, die 2,6 Tonnen SKE entspricht. Eine feine, saubere Sache, gibt doch ein Atomkraftwerk keine schädlichen Abgase an die Umwelt ab! Mit dieser schnellen Schlußfolgerung möchten die konserva-

tiven unserer verantwortlichen Politiker auch das aktuelle Problem des Waldsterbens lösen. »Kein Schwefeldioxyd durch Atomkraft« lautet ihre Parole. Ihre Rechnung geht aber nicht auf, die Sache ist wesentlich komplizierter und vielschichtiger.

Insgesamt machen die Weltvorräte an Natururan etwa 5 Millionen Tonnen aus. Davon entfallen knapp drei Viertel auf die USA, Kanada, Südafrika und Australien. Dieses Natururan enthält mit seinem Anteil an Uran-235 eine Energiemenge, die 70 Milliarden Tonnen Mineralöl entspricht. Das ist weniger als die sicheren Erdölvorräte. Auf diese Weise können die fossilen Brennstoffe also nicht einmal mittelfristig ersetzt werden.

Das ist der Grund, weshalb die Atomlobby auf der Entwicklung des mittlerweile jedem bekannten *Schnellen Brüters* beharrt. Mit dieser neuen Art von Atomreaktor wollen die Betreiber bei knapper werdenden Natururanreserven die Atomspaltung längerfristig gewährleisten. Denn wenn im Brüter das herkömmliche Uran-235 zerfällt, wird gleichzeitig das nichtspaltbare Uran-238 in spaltbares Plutonium umgewandelt. Aus ihm lassen sich dann neue Brennelemente herstellen, die wieder im Brutreaktor eingesetzt werden können. Den erbrüteten Überschuß von ca. 12% will man den »normalen« Leichtwasser- und Druckwasserreaktoren zuführen. Auf diese Weise ließe sich die potentielle Nuklearenergiemenge ungefähr um das Sechzigfache erhöhen.

Schnelle Brüter bergen aber nach Ansicht zahlreicher unabhängiger Experten noch viel größere Risiken als konventionelle Atomkraftwerke. Die Folgen eines möglichen Unfalls, bei dem das Plutonium verdampfen würde, wären unvergleichbar katastrophaler. Es könnte zu Explosionsstärken kommen, die den gesamten Reaktor bersten ließen. Das hochgiftige Plutonium ist Atomwaffensprengstoff!

Zur Herstellung neuer Brennelemente aus den im Brüter erzeugten Spaltstoffen braucht man *Wiederaufbereitungsanla-*

gen. In der Bundesrepublik hält die Diskussion darüber noch an. Nach dem Ja zum Brüter muß aber zwangsläufig auch der Bau einer solchen Wiederaufbereitungsanlage erfolgen, deren Herstellungskosten auf rund 10 Milliarden DM geschätzt werden.

Nicht wenige Wissenschaftler warnen schon heute vor der radioaktiven Gefährdung unserer Biosphäre durch diese Atomfabriken. Außerdem fallen bei der Wiederaufbereitung in den Abgasen radioaktives Jod und Krypton an. Sie gelten als besonders gefährlich, weil sie bislang nur unvollständig zurückgehalten werden konnten. Mittels riesiger Schornsteine will man jene Gase über die umliegenden Dörfer und Städte verteilen. Die auf diese Weise freigesetzte Radioaktivität ist bei Wiederaufbereitungsanlagen 100- bis 1000mal höher als bei Atomkraftwerken. Und diese geben im Normalbetrieb ständig mehr als 100 verschiedene radioaktive Stoffe an die Umwelt ab!

Daß auch die Betreiber von Atomkraftwerken dies wissen, zeigt die Bemühung einiger Politiker der CDU und CSU, den Anwohnern jener Energiefabriken einen Belastungsbonus einzuräumen. Gemeint ist ein billiger Stromtarif, wie ihn bereits seit 1980 die französischen Stromkunden im Umkreis von 10 km eines Atomkraftwerks erhalten. Auf die Dauer von 10 Jahren kommen diese Stromabnehmer in den Genuß eines Tarifnachlasses von 50%.

Doch mit solchen »Zitterprämien« oder »Risikorabatten« werden weder der eventuelle Strahlentod noch die unabsehbaren Folgeschäden einer ständigen Niedrigstrahlung erträglicher. Die derzeit für den Strahlenschutz vorgeschriebenen Dosismittelwerte bieten keine ausreichende Sicherheit. Neueren Forschungen zufolge sollen sogar die kleinen, kontinuierlichen Strahlendosen erheblich zerstörender wirken, als bislang angenommen wurde.

Zusammen mit den Giften aus den Atombombentests werden die unkontrolliert in unseren Lebensraum ausgestoßenen Radionuklide (radioaktive Elemente) in Nahrungsketten und organischen Geweben gespeichert und konzentriert, wobei Jahre bis Jahrzehnte verstreichen können, bis ihre Wirkung im Organismus ersichtlich wird.

Bei der permanenten Niedrigstrahlung auf die Bevölkerung sind also zu berücksichtigen:

- die radioaktive Belastung der Atmosphäre und der Gewässer,
- der Transport über die Nahrungsketten (zum Beispiel Gras – Kuh – Milch) in den Körper der Menschen,
- das physiologische Verhalten im menschlichen Organismus.

Mit dem letzten Punkt ist der Zusammenhang zwischen Radioaktivität und Krebs gemeint. (Physiologisch gesehen handelt es sich beim Krebs um eine Allgemeinerkrankung des Organismus, die auf eine Stoffwechselentgleisung zurückzuführen ist. Man kam zu dieser Erkenntnis mit der Entdekkung, daß die Zellen der Tumoren keine normale Atmung besitzen. Diese Zellen können keinen Sauerstoff aus den roten Blutkörperchen entnehmen; die Sauerstoffatmung schlägt in einen Gärungsstoffwechsel um.)

Die wichtigste physikalische Ursache der krankhaften Veränderung einer Körperzelle sind Strahlen verschiedenster Art. Sie sind eine der wesentlichsten Voraussetzungen der Krebsentstehung. Am heimtückischsten und vermutlich auch am bedeutendsten sind dabei die besonders kurzwelligen Strahlen, die mit den menschlichen Sinnesorganen nicht unmittelbar faßbar sind: die Röntgenstrahlen (Gammastrahlen), die ultrakurzen kosmischen Strahlen, die energiereichen Teilchenstrahlen, die beim Zerfall von Atomkernen in den Atomkraftwerken entstehen (Alpha- und Betastrahlen) sowie terrestrische Strahlen (aus der Erde kommend).

Es handelt sich dabei um ionisierende, also radioaktive Strahlen, die man ihrer Entstehung nach in künstlich erzeugte und natürlich vorhandene Strahlen unterscheiden muß.

Von den oben genannten Strahlen sind die kosmischen und terrestrischen radioaktiven Strahlen die natürlichen. Man kann sie als eine Art Grundstrahlung betrachten, der die Menschen schon immer ausgesetzt waren und die die Ursache der immer schon vorkommenden Krebsgeschwülste sind. Die natürlichen Strahlungen betragen durchschnittlich nicht viel mehr als 4 Röntgeneinheiten jährlich, eine Dosis also, die schon mit einer einzigen Röntgenstrahlung überschritten wird. Man weiß inzwischen auch, daß in Gebieten mit verstärkter natürlicher Strahlung mehr Krebserkrankungen vorkommen.

Was die gesamte Strahlenbelastung angeht, so sieht die Situation heute völlig anders aus. Bei den vermehrt künstlich erzeugten Strahlen (Röntgenstrahlen und Radioaktivität durch die Atomspaltung) handelt es sich um neue, ständig in die Umwelt abgegebene radioaktive Substanzen, die im menschlichen Organismus eingelagert werden. Wegen der Dauerbelastung durch die zunehmende radioaktive Niedrigstrahlung kann man nach Ansicht von Fachleuten die Krebsgefahr nicht wirkungsvoll eindämmen. Im Gegenteil, da erst nach einer Latenzzeit von zwei bis drei Jahrzehnten die ersten Krebssymptome spürbar werden, läßt sich nur ahnen, was in naher Zukunft auf die heute lebenden Menschen noch zukommen wird, von den unvermeidlichen Erbschäden der Nachfolgegenerationen ganz abgesehen.

Die Bundesrepublik ist das einzige Land der Erde, das sich den Luxus leistet, zwei völlig neuartige Atomkraftwerke zu entwickeln. Neben dem Schnellen Brüter in Kalkar wird nämlich zur Zeit noch an einem weiteren Brütertyp gearbeitet: dem *Hochtemperaturreaktor* im westfälischen Hamm. Dieser Reaktor soll aus Thorium spaltbares Uran erzeugen und neben Strom auch Wärme liefern. Das weiche Metall Thorium kommt in der Natur etwa doppelt so häufig vor wie Uran. Rein theoretisch wäre mit dem Bau und Betrieb von entsprechend vielen der beiden Brüterreaktoren selbst

bei steigendem Verbrauch die Energieversorgung für mindestens 200 Jahre gesichert. Doch bis heute ist weder der Schnelle Brüter noch der Hochtemperaturreaktor einsatzreif entwickelt. Und selbst wenn sie es wären, würde ihr Betrieb nur Verluste bringen (siehe den Beitrag von Professor Huster auf Seite 58 ff.).
Trotz eines beträchtlichen Störfalles in einem Vorläufermodell bauen derzeit die Franzosen den größten Schnellen Brüter der Welt. »Superphénix« soll schon 1984 Strom liefern. Auch er ist äußerst unwirtschaftlich und kann über Jahrzehnte keinen billigen Strom erzeugen. Nach 10 bis 20 Jahren muß aber auch er aus Sicherheitsgründen stillgelegt werden und zwangsläufig das zubetonierte Ruinenschicksal mit allen anderen abgeschalteten und verwendungsunfähigen Atomkraftwerken teilen.
Doch Strom ist den Franzosen nur ein Nebenprodukt. Sie haben es auf das Plutonium abgesehen, das sie im »Superphénix« produzieren können. Mit dem erbrüteten Plutonium wird Frankreich in der Lage sein, Jahr für Jahr etwa 60 Atombomben zu bauen.
Die Deutschen greifen ihren Nachbarn dabei finanziell tüchtig unter die Arme. Der größte europäische Stromkonzern, das halbstaatliche Rheinisch-Westfälische Elektrizitätswerk (RWE), ist mit über zwei Dritteln an der deutschen Schnelle-Brüter-Kernkraftwerksgesellschaft (SBK) beteiligt. Und diese wiederum hat 16% der Baukosten für den gigantischen »Superphénix« übernommen. Das RWE hat Schätzungen zufolge schon rund 1 Milliarde DM in diesen Reaktor investiert. Sicher wissen die wenigsten RWE-Kunden, daß sie die Atombombenproduktion unserer französischen Nachbarn mitfinanzieren.

Atomenergie ist nicht unproblematisch. Sie ist nach Meinung vieler Kritiker sogar äußerst riskant, unwirtschaftlich und lebensbedrohlich. Mit dem radioaktiven Müll, dessen

Entsorgung noch heute völlig ungeklärt ist, bürden wir unseren Nachkommen ein gefährliches Erbe auf, dessen Annahme sie nicht verweigern können. Es handelt sich dabei um

- schwachaktiven Abfall (Arbeitskleidung, Geräte, Werkzeuge, Putzlappen usw.),
- mittelaktiven Abfall (ausgewechselte Anlagenteile, Filter usw.),
- hochaktiven Abfall (abgebrannte Brennelemente).

Der schwach- bis mittelaktive Abfall wird im Meer versenkt, in Wüsten oberflächig gelagert, im Erdboden vergraben oder in Salzstöcken deponiert.

Hochaktiver Atommüll, wie er auch in den Wiederaufbereitungsanlagen anfällt, muß erst mehrere Jahre in ständig gekühlten Tanks zwischengelagert werden. Weiter ist man bei uns noch nicht gekommen. Es ist geplant, die Abfälle dann mit Glas oder keramischen Massen zu verschmelzen und in Salzstöcken endzulagern. Ein problematisches Unterfangen, weil die Behälter jahrelang an der Oberfläche auf etwa 350° C aufgeheizt werden und damit die Stabilität des Salzstockes ändern können. Der Inhalt bleibt Jahrtausende tödlich radioaktiv.

Bei der Technik ist menschliches Versagen nie auszuschließen. In Harrisburg kam es zu jenem dramatischen Unfall, weil wegen mangelhaft isolierter Kabel, die in Brand gerieten, die Bedienungsmannschaft die Herrschaft über den ganzen Reaktor verlor. Das Notkühlsystem fiel aus, und es war mehrere Tage völlig ungewiß, ob der Reaktor platzen würde oder nicht. Daß er es nicht tat – darin sind sich heute alle einig – war reines Glück und keine menschliche Meisterleistung.

1980 flossen im Atomkraftwerk Brunsbüttel 150 000 Liter leicht radioaktives Wasser ins Reaktorgebäude. Selbst das zuständige Ministerium erfuhr davon erst durch die Presse. Wegen der vielen Pannen laufen die betriebsfähigen

deutschen Atomkraftwerke mit einer Leistung von nur 54%.
1981 meldeten die Amerikaner bei ihren insgesamt 70 Atomkraftwerken 4000 kleine Unfälle. In 40 Kraftwerken gab es Probleme mit dem Dampferzeuger, so daß radioaktiver Dampf in die Umwelt abgegeben wurde.
Ein ganz normaler Reaktor, wie zum Beispiel ein Block in Biblis, enthält nach einem Betriebsjahr eine Gesamtradioaktivität, die der von rund 1000 Hiroshimabomben entspricht. Größte Schwierigkeit bei Atomkraftwerken: Man kann sie nie vollständig abschalten. Auch wenn die Kettenreaktion bei Gefahr gestoppt werden kann, muß die Nachwärme ständig ausreichend gekühlt werden. Ist dies nicht mehr möglich, reicht sie aus, um den 200 Tonnen schweren Reaktorkern in Minuten zum Schmelzen zu bringen. Das Betonfundament des Reaktors wäre in kurzer Zeit durchgefressen und Erdreich sowie Grundwasser für Jahrtausende radioaktiv verseucht. Käme es darüber hinaus zu Explosionen, weil der geschmolzene Reaktorkern mit dem Grundwasser chemisch reagiert, bestünde die Gefahr der Zerstörung des Reaktorgebäudes. Damit würde die gesamte Radioaktivität in die Umwelt freigesetzt werden. Um diesen theoretisch möglichen Unfall zu vermeiden, sind alle Atomkraftwerke mit Notkühlsystemen ausgerüstet, die innerhalb von Sekunden funktionieren müssen. Unter wirklichkeitsnahen Bedingungen konnten diese aber noch nie getestet werden.
Viele amerikanische Reaktorunfälle haben jedoch bewiesen, daß es durch kleinste Anlässe menschlichen oder technischen Versagens zu folgenschweren Unfällen kommen kann.

Die mannigfachen Probleme der Atomenergiegewinnung konnte ich hier nur andeuten. Letztlich muß jeder Befürworter dieser Energieart die gesamten mit der Atomindustrie verbundenen Risiken berücksichtigen: Uranbergbau – Urananreicherung – Atomkraftwerke – Wiederaufbereitungsan-

lagen – Atommüllager – Stillegung abgenutzter Atomkraftwerke – und immer wieder Transport.
Ganz unerwähnt blieben natürliche (Erdbeben) und menschliche Gefahrenquellen (Krieg, Terrorismus). Einer Notiz der Londoner »Times« zufolge sind 1981 in England mehr als 10 kg Plutonium auf unerklärliche Weise verschwunden. Diese Menge reicht aus, um eine Atombombe zu bauen.

Gretchenfrage: Kann uns die Atomenergie von der Erdölabhängigkeit befreien?
Es ist mittlerweile allen klargeworden, daß die Industriestaaten über kurz oder lang von Erdölimporten unabhängig werden müssen. Viele Politiker wollen den Wählern ihre eigene Atomeuphorie begründen, indem sie behaupten, durch Atomkraftwerke könne man das Öl einsparen. Die Wirklichkeit sieht jedoch anders aus!
Wenn jemand behauptet, die Atomenergie könne das Erdöl ersetzen, müßte er aus Gründen der Ehrlichkeit auch einige Hintergrundinformationen beisteuern, damit eine eigenständige Meinungsbildung der Betroffenen ermöglicht wird. Zum Beispiel:
- Atomkraftwerke können lediglich Strom liefern.
- Aber nur rund 5% unseres elektrischen Stroms werden zur Zeit mit Heizöl erzeugt. Und das lediglich in sogenannten Spitzenlastkraftwerken, die immer nur dann zur Stromerzeugung eingeschaltet werden, wenn man kurzfristig sehr viel Strom benötigt.
- Atomkraftwerke sind aber allein von ihrer Konzeption her Grundlastwerke, die ständig Strom produzieren müssen, weil man sie nicht kurzfristig an- und abschalten kann. Zur Deckung plötzlich einsetzender Strombedarfsspitzen kann man sie also nicht hernehmen. Dazu eignen sich nur Heizöl oder Erdgaskraftwerke.
- Bei der derzeitigen Energieumwandlung von Wärme in

Strom gehen über 70% der eingesetzten Primärenergie ungenutzt als Abwärme verloren. Mit den heute bekannten modernen, nichtnuklearen Technologien läßt sich aber mittels Wärme-Kraft-Kopplung der Wirkungsgrad bei der Stromerzeugung auf bis zu 85% steigern. Die dabei gewonnene Wärmeenergie (Fernwärme) kann man dann zum Beispiel für das Beheizen von Wohnungen benutzen. Bei herkömmlichen Atomkraftwerken ist diese Wärme-Kraft-Kopplung nicht möglich. Man strebt sie mit dem Hochtemperaturreaktor an, dessen Entwicklung letztlich mindestens 4 Milliarden DM, wenn nicht mehr kosten wird. Selbst wenn der erste Prototyp, dessen Fertigstellung aber noch überhaupt nicht abzusehen ist, tatsächlich zum Laufen käme, wäre er völlig unwirtschaftlich.

- Solange der Gesamtnutzungsgrad bei der Stromerzeugung unter 30% liegt (wie eben auch bei den Atomkraftwerken), solange ist die elektrische Energie eine verschwenderische, unzeitgemäße und teure Energie, deren Verbrauch besser einzuschränken statt zu erhöhen wäre.

Weil auch die Industrie dies schon längst erkannt hat, ist sie seit Jahren bemüht, den Sekundärenergieträger Strom soweit wie möglich durch Primärenergieträger zu ersetzen. Gleichzeitig verstand sie es durch energiesparende Maßnahmen, ihren Energieverbrauch drastisch zu reduzieren.
Heute ist der Stromkonsum in der Industrie rückläufig, während er in den privaten Haushalten ständig zunimmt. Da die Großindustrie ihren Strom zudem meist selbst herstellt, liegt es letzten Endes beim Kleinverbraucher, ob noch mehr Kraftwerke gebaut werden oder nicht.
Den Stromversorgungsunternehmen, die mit Milliardeninvestitionen auf Atomkraftwerke gesetzt haben, geht es allein um steigenden Stromverbrauch. Nur dann können sie neue Kraftwerke vertreten, nur dann haben sie Argumente für ihren blinden Atomkurs in der Hand.

Darum plädieren sie mit großangelegten Werbekampagnen für einen verstärkten Einsatz von Strom in den Haushalten. Mit äußerst unseriösen Anzeigen und Argumenten fordern sie zum Beispiel den Verbraucher auf, mit Strom zu heizen – unsinnigster Stromeinsatz überhaupt, der größte Verluste mit sich bringt. Bei modernen Heizungsanlagen (etwa bei dieselbetriebenen Wärmepumpen) liegt der Primärenergieverbrauch rund sechs Siebtel unter dem der Stromheizung.

Es geht bei dem ganzen Energieproblem doch darum, daß eine Energie benutzt wird, die möglichst wenig Umwandlungsverluste erleiden mußte. Daher ist die elektrische Wärmepumpe einer diesel- oder gasbetriebenen auch hoffnungslos unterlegen. Trotzdem stieg der Absatz der elektrisch angetriebenen Wärmepumpen in den letzten Jahren sprunghaft an, ein Zeichen für den Werbeerfolg der Elektrizitätsversorgungsunternehmen, die natürlich diese Wärmepumpe gerne als alternative Entwicklung propagieren. Sie ist es nicht und kann es auch niemals werden, denn die Wärmepumpe mit Elektroantrieb braucht 1 kW Strom, um 2 kW Heizwärme zu erzeugen. Das Kraftwerk, das diesen benötigten Strom erzeugt, muß aber wiederum für jedes kW Strom 2,5 bis 3 kW Primärwärme aus Kohle aufwenden. Handelt es sich um ein Atomkraftwerk, braucht es sogar über 3 kW. Für die mittels Wärmepumpe gewonnenen 2 kW Heizwärme muß das Atomkraftwerk also fast 7 kW Primärwärme aufbringen. Unrentabler und umständlicher geht es nicht mehr.

Mit der Warmwasserbereitung verhält es sich ähnlich: Es ist einfach absurd, radioaktive oder luftverschmutzende Brennstoffe bei einer Temperatur von 300 bis 600° C zu verbrauchen, um Wasserdampf zu erzeugen, der einen stromproduzierenden Generator antreibt; den gewonnenen Strom dann über Hunderte von Kilometern mittels Hochspannungsleitungen weiterzuleiten, um dann Wasser auf 60° C zu erhit-

zen, damit man schließlich mit einer Wassertemperatur von etwa 36° C baden oder duschen kann ...!
Die deutsche Stromwirtschaft will wachsende Gewinne mit wachsender Verschwendung erzielen. Sie gibt das jedoch nicht ehrlich zu, sondern behauptet, daß ohne Atomkraftwerke in Zukunft »die Lichter ausgehen« werden. Dabei hat sie schon heute Probleme, Überschußkapazitäten loszuwerden, und weigert sich standhaft, Überschußstrom aus Industriekraftwerken ins öffentliche Netz einzuspeisen.
Lichter gehen in Zukunft keine aus. Mit richtigen Hintergrundinformationen geht aber vielleicht so manchem ein Licht auf!
Jeden Tag sendet die Sonne verschwenderisch 15000mal mehr Energie auf unseren Planeten, als die gesamte Weltbevölkerung verbraucht. Es wäre wirklich sinnvoller, sich auf die Nutzung dieser ungefährlichen, erneuerbaren Energie zu konzentrieren, statt sich mit der noch ungelösten Brütertechnologie und den gesamten anderen Problemen der atomaren Energiegewinnung herumzuschlagen.
Dr. Ludwig Bölkow, Mitinhaber des Unternehmens Messerschmitt-Bölkow-Blohm, Luft- und Raumfahrtexperte und einer unserer bedeutendsten Ingenieure, prangerte in einem 1982 in München gehaltenen Vortrag die deutsche Energiepolitik an als »irrational, demagogisch beeinflußt und fehlgeleitet, auch bei Politikern«. Die Energieversorgungsunternehmen sparte er nicht aus. Mit dem Satz: »Die Spinner haben recht behalten« stellte sich Bölkow eindeutig auf die Seite jener, die sich schon seit Jahren und Jahrzehnten für alternative Energien einsetzen, und erteilte der Atomindustrie eine klare Absage. Die Mitglieder des konservativen »Peutinger-Collegiums« mußten glauben, den falschen Redner eingeladen zu haben. Bölkow weiter: »Die Menschheit steht an der Schwelle zum Sonnenzeitalter. Doch nirgends wird so viel desinformiert wie auf diesem Gebiet. Meines Erachtens ist das eine für uns folgenschwere

Mischung zwischen kultureller, wirtschaftlicher und politischer Fehlentwicklung.«

Auch das Ökoinstitut in Freiburg (Institut für angewandte Ökologie e. V.; 1977 von besorgten Wissenschaftlern und Bürgern gegründet) ist der Frage nachgegangen, ob die Energieversorgung der Bundesrepublik ohne Atomenergie und Erdöl gewährleistet wäre. Die Antwort kann jeder in einer umfangreichen Studie nachlesen. Nachfolgend das Fazit, zitiert aus der Kurzfassung dieser Energiestudie, die auf einer mehr als einjährigen Untersuchung basiert und in Zusammenarbeit mit ähnlichen Projekten in anderen Industrieländern durchgeführt wurde:

»Die Bundesregierung wäre gut beraten, wenn sie nicht nur an den Sparwillen der Verbraucher appellierte, sondern der besseren Energienutzung konsequent oberste Forschungs- und wirtschaftspolitische Priorität einräumen würde. Denn dann könnte – bei Wirtschaftswachstum und erheblichen Wohlstandssteigerungen

- schon in den 1980er Jahren der Energieverbrauch der Bundesrepublik wieder zu fallen beginnen; er könnte im Jahre 2000 deutlich unter dem heutigen Verbrauch liegen und im Jahr 2030 nur noch 60% des jetzigen Verbrauchs betragen.
- Der Verbrauch von nicht erneuerbaren Energieträgern könnte bis zur Jahrhundertwende beträchtlich unter das heutige Niveau gesenkt werden und bis 2030 auf etwa ein Drittel des heutigen Verbrauchs fallen, indem in wachsendem Maße auch Energieträger eingesetzt werden, die sich erneuern.
- Auf den Einsatz von Atomenergie könnte schon kurzfristig verzichtet werden; die Option auf eine nichtnukleare Zukunft bliebe erhalten.
- Gleichzeitig könnte der Einsatz von Erdöl und Erdgas für energetische Zwecke (gegenwärtig etwa 90% des ge-

samten Einsatzes) bis zur Jahrhundertwende fast auf die Hälfte gesenkt und bis 2030 vollkommen überflüssig gemacht werden.

- Der bei dieser Entwicklung notwendige Einsatz von Kohle wäre in den nächsten Jahrzehnten ungefähr gleichbleibend und würde sich vom heutigen Verbrauch nicht nennenswert unterscheiden.
- Die Bundesrepublik könnte sich bis zum Jahr 2030 in der Energieversorgung so gut wie völlig von Importen unabhängig machen und ihren Primärenergiebedarf etwa je zur Hälfte aus heimischer Kohle und sich erneuernden Energiequellen decken.
- Die für diese nichtnukleare Zukunft notwendigen neuen Energie(nutzungs)technologien sind selbst nach konventionellen Wirtschaftlichkeitskriterien weitaus kostengünstiger als der Zubau entsprechender Systeme auf der Basis der Atomkrafttechnologie.
- Würde die Strategie, Energie besser zu nutzen und vorrangig sich erneuernde Energiequellen einzusetzen, weltweit verfolgt, so könnten sich auch alle anderen Länder von der Energieversorgung her im Jahr 2030 ungefähr soviel materiellen Wohlstand pro Kopf leisten wie die Bundesrepublik, ohne daß der Weltverbrauch an fossilen Energieträgern über das heutige Niveau stiege oder die Atomenergie zum Einsatz käme.«

Albert Einstein, der die Grundlagen der modernen Atomphysik entscheidend geprägt hat, hinterließ am Ende seines Lebens im Hinblick auf die friedliche und militärische Nutzung der Atomenergie seiner Nachwelt diese Mahnung: »Erinnert Euch Eurer Menschlichkeit – und vergeßt alles übrige!«

Erich Huster

Sind Atomkraftwerke überhaupt wirtschaftlich?
Beobachtungen und Überlegungen eines von der atomaren Lobby unabhängigen Kernphysikers

(Prof. Dr. Erich Huster, Jahrgang 1910, war von 1959 bis 1978 Direktor des Instituts für Kernphysik der Universität Münster. Er ist unablässig bemüht, Politiker und Bürger über die wahren Hintergründe und Gefahren der Atomenergie aufzuklären.)

In meinen Vorlesungen, Vorträgen und Schriften habe ich bisher überwiegend die eingetretenen und zu erwartenden Gefahren für Gesundheit und Leben behandelt, die der Kernindustrie notwendig eignen; von der Förderung und Aufbereitung des Uranerzes über die Anreicherung des Uran-235, Brennelementherstellung, Reaktoren der 1. und vor allem der 2. Generation (Brüter, Hochtemperaturreaktor), Wiederaufbereitung, bis hin zur Endlagerung des Atommülls – im Normalbetrieb und bei Unfällen. Auf allen diesen Stufen der Kernindustrie werden radioaktive Stoffe abgegeben, die zunehmend Leukämie, Krebs und Erbschäden erzeugen. Ein schwerer Unfall kann das Ende der Bundesrepublik bedeuten. (Man halte dies nicht für übertrieben.) All das ist von fachkundigen Wissenschaftlern aus aller Welt in zahlreichen Arbeiten warnend dargestellt worden.
Deshalb möchte ich hier zunächst einiges zur Ökonomie der Kernindustrie sagen. Das weit herausragende Beispiel gewissenloser Verschwendung von Steuergeldern ist der Schnelle Brüter SBR-300 bei Kalkar. Veranschlagt auf 0,5 Milliarden DM, hat er bisher über 5 Milliarden verschlungen, er wird sicher 7, vielleicht 10 Milliarden DM kosten. Machen wir jetzt einige völlig utopische Annahmen:

- Der fertige Brüter mit 300 MW = 300 000 kW laufe störungsfrei unter Vollast 7000 Stunden/Jahr. Erzeugung: 2,1 Milliarden kWh.
- Der Strom koste ab Werk 0,10 DM/kWh. Ertrag also 0,21 Milliarden DM/Jahr.
- Der Brüter arbeite ohne jegliche Betriebskosten! Das heißt Personal, Brennstoff, Reparaturen, Zinsendienst: alles kostenlos.
- Wiederaufbereitung (Plutoniumgewinnung!), Abbruch, Endlagerung von Atommüll (inkl. radioaktivem Abbruchschutt) kosten ebenfalls keinen Pfennig.

Dann, unter diesen utopischen Voraussetzungen, muß der Brüter, kostet er 6,3 Milliarden DM, 6,3/0,21 = 30 Jahre, kostet er 8,4 Milliarden DM, 8,4/0,21 = 40 Jahre störungsfrei laufen, bis der erste Groschen verdient ist!

Die Betreiber aber schätzen die Lebensdauer eines Brüters auf 10 Jahre. In 40 Jahren wären 3 bis 4 Neubauten erforderlich, ebenfalls zum Preise Null! Und dann hätte diese Folge von Brütern in 30 bis 40 Jahren bestenfalls genug Plutonium für einen neuen Brüter erzeugt! Freilich ist fraglich, ob der Brüter (falls er jemals funktioniert) 10 Jahre lebt. Bei Leichtwasserreaktoren erwartete man 40 Jahre Lebensdauer. Gundremmingen und Lingen starben beide nach 10,5 Jahren.

Außerdem: Wie man das (vielleicht) erbrütete Plutonium aus den Brennelementen herausholt, weiß niemand. Bisher funktioniert ja weltweit nicht einmal die Wiederaufbereitung bei unseren Leichtwasserreaktoren. Beim Brüter ist sie ungleich schwieriger und gefährlicher. Und: Dazu angegebene Rezepte sind keine Fabrikationsverfahren.

Die Kosten einer solchen Anlage dürften erheblich über denen bei einer Anlage für Brennelemente aus Leichtwasserreaktoren liegen. Die hierfür in Hessen geplante Wiederaufbereitungsanlage sollte 1979 noch 4 Milliarden DM kosten, jetzt spricht man bereits von 8 bis 10 Milliarden. (Zu den Gefahren nur dies: Die vergleichsweise winzige Wiederauf-

bereitungsanlage im Kernforschungszentrum Karlsruhe gab mehr radioaktive Stoffe ab als jede andere kerntechnische Anlage in der Bundesrepublik; siehe Bericht der Bundesregierung vom 24.4. 1978.)
Kommen wir zum Hochtemperaturreaktor THTR-300 (bei Hamm) mit der gleichen elektrischen Leistung. Zu erwartende Baukosten 3, wahrscheinlich 4 Milliarden DM. Unter den gleichen Phantasieannahmen wie oben muß dann der THTR-300 störungsfrei 14,3 bzw. 19 Jahre unter Vollast laufen.
Hier aber ist jede Prognose über die Lebensdauer unmöglich. Jeder Techniker, der die Schnittzeichnung sieht und die Materie kennt, schreit: »Fehlkonstruktion!« Denn man hat (»integrierte« oder »Einkavernen«-Bauweise) die Dampferzeuger mit in den Reaktorbehälter eingebaut. Ist der Reaktor angelaufen, kann der Behälter wegen der Radioaktivität nicht mehr betreten werden. Das hat Dr. H. Krolewski, Direktor der VEW Westfalen, schon 1976 in einem Vortrag nachdrücklich betont: »... die Vielzahl von Einzelteilen innerhalb des Behälters – einige tausend – die unwiderruflich nicht mehr erreichbar sein werden.« Knapp 2 Monate nach diesem Vortrag wurde triumphierend gemeldet, der Druckbehälter sei fertiggestellt. Man kann also kaum annehmen, daß am Bauplan noch Wesentliches geändert werden konnte. Die Dampferzeuger (Wärmeaustauscher) mit ihren langen Schweißnähten sind die Schwachstelle jedes Reaktors. Reißt am THTR eine solche Naht, so ist eine Reparatur unmöglich. Außerdem schlägt dann der Wasserdampf des Turbinenkreises (160 atm) durch das Helium im Reaktorkreis (40 atm) auf die glühenden Graphitkugeln. Über die möglichen Folgen reden die Betreiber Beruhigendes. Professor D. Smidt, Institut für Reaktorsicherheit im Kernforschungszentrum Karlsruhe, aber spricht in seinem Buch »Reaktortechnik«, Bd. 2, S. 220 f., von »schwerwiegenden« Folgen. Auf Grund seiner Tätigkeit muß man Professor Smidt als kundigen Fachmann einstufen.

Wie die Brennelemente des THTR (Graphitkugeln von 6 cm Durchmesser, darin eingelagert 1 g Uran-235 und 10 g Thorium-232) wieder aufgearbeitet werden sollen, weiß niemand genau. Aber selbst die Betreiber betonen, daß ohne Wiederaufbereitung der THTR nicht wirtschaftlich sei. Nun, wie gezeigt: Er ist es ohnehin nicht.
Arbeiten aber wenigstens die bereits laufenden Reaktoren mit Gewinn? Werke wie Biblis, Brokdorf usw. mit 1 300 MW müssen unter den gleichen utopischen Voraussetzungen wie oben bei den heutigen Baukosten von 4 Milliarden DM 4,5 Jahre laufen, bis 1 Pfennig verdient ist. Wie lange sie unter realen Bedingungen arbeiten müßten, läßt sich kaum abschätzen. Jedenfalls gilt: Ein modernes Kohlekraftwerk mit Wirbelschichtfeuerung, ohne Emission von Stick- und Schwefeloxyden, kostet, bezogen auf 1 300 MW, knapp halb soviel wie ein Atomkraftwerk, erzeugt keinen radioaktiven Müll, kostet auch bei schwersten Unfällen nur wenige Menschenleben und kann nicht ganze Landstriche für Jahrzehnte oder Jahrhunderte unbewohnbar machen.
Aber deutsche Politiker scheinen (wie schon des öfteren) am einmal begonnenen Unsinn hartnäckig festzuhalten. Den Brüter bezeichnete Professor Eugen Wigner (USA), Reaktorspezialist und Nobelpreisträger, am 24.10. 1974 im Physikalischen Kolloquium an der Universität Karlsruhe als so »gefährlich wie 3 Tonnen Typhusbazillen«. Und Professor Edward Teller, der »Vater der Wasserstoffbombe«, sagte am 10.10. 1980 in Garching bei München dem Sinne nach: Hat man für ein Projekt wie den Brüter solche ungeheuren Mengen an Geld und theoretischen Leistungen investiert und dabei so wenig Fortschritte erzielt, sollte man sich endlich etwas anderes überlegen.
Zum Thema zurück: Atomstrom ist weitaus teurer als jeder andere industriell erzeugte Strom. Setzt man weiter auf ihn, wird unsere Wirtschaft konkurrenzunfähig. Sie muß endlich regenerierbare Energien, wie die vielen Formen der Sonnenenergie, mit aller Kraft vorantreiben. Das kostet we-

sentlich weniger Zeit und Geld als bei der Atomenergie und ist wirklich umweltfreundlich. Die Gefahr besteht, daß auch hier wieder andere Völker schneller sind als wir. Die Japaner berichten von Siliciumzellen, die fast 25% der Energie des Tageslichtes in Strom verwandeln. (Wirkungsgrad der Atomkraftwerke ohne Netzverluste und ohne Stillstandszeiten: bis 32%. Außerdem ist Uran teuer, während Tageslicht nichts kostet.) Hier gäbe es die Arbeitsplätze, die die Atomindustrie nicht liefern kann.

Ebenso wichtig aber ist die Frage: Liefert ein Atomkraftwerk »unterm Strich« überhaupt Energie? Man hält das meist für selbstverständlich. Aber: Die RWE haben in einem ihrer Prospekte mitgeteilt, wieviel Beton, Stahl und andere Materialien in Biblis A verbaut wurden. Der Ingenieur Richard Wahl (WSL), Trier, hat anhand technischer Literatur berechnet, wieviel Energie für Herstellung, Transport und Einbau dabei aufzuwenden war. Ergebnis: Das Werk muß 29 Jahre störungsfrei arbeiten, um die vorher aufgewandte Energie wieder zu erzeugen.

29 Jahre aber hat noch kein Atomkraftwerk gelebt. Gundremmingen und Lingen liefen 10,5 Jahre, der Schwerwasserreaktor Niederaichbach lieferte 13 Tage Strom. 1981 wurde die Stillegung aller vier noch verbliebenen Siedewasserreaktoren angeordnet (Würgassen, Philippsburg I, Brunsbüttel, Ohu). Die Rohre und Ventile im nuklearen Teil(!), hergestellt aus ungeeignetem Feinkornstahl, sollen ausgewechselt werden. Das kostet Milliarden. Geschätzte Reparaturzeit: über 1 Jahr. Nun, von Reparatur hat man früher auch bei Niederaichbach und Gundremmingen, ja sogar bei Harrisburg geredet. Deshalb ist bei Großreparaturen im radioaktiven Teil Skepsis angebracht. Vielmehr dürften wir hiermit in der Bundesrepublik sieben Ruinen kommerzieller Atomkraftwerke haben. Die verbauten Milliarden sind abzuschreiben. Der Abbruch dürfte in etwa 100 Jahren möglich sein, mit unbekannten Kosten. Bis dahin muß man die Ruinen bewachen, was auch nicht gerade billig ist.

Soviel zur Rentabilität des Atomstroms!

Aber: Bringt nicht der Export von atomaren Anlagen Riesengewinne (und Arbeitsplätze!)? Dazu nur die beiden Beispiele Iran und Brasilien.

- Der Schah bestellte in der Bundesrepublik 2 Atomkraftwerke für 8 Milliarden DM. Mit seinem Sturz war das Geschäft jedoch zu Ende. Iran hat sehr viel Erdöl. Man darf deshalb schließen, daß der Schah die Atombombe im Auge hatte. Indien hatte sie ja auch über ein von Kanada geliefertes Atomkraftwerk bekommen. Wäre der Verkauf der Anlagen an Iran somit auf die Lieferung von Hyperwaffen in ein Spannungsgebiet hinausgelaufen? Manche fragen das.
- Brasilien bestellte im Jahr 1974 Atomkraftwerke mit Zubehör (Wiederaufbereitung, Anreicherung usw.). Auftragsbestand 1979: 45 Milliarden Dollar! »Vollbeschäftigung bei KWU für viele, viele Jahre!« lautete die Parole. Die USA protestierten anfangs, dann schwiegen sie. Sie wußten früher als unser Außenminister, daß Brasilien nicht zahlen konnte. Richtig, als 300 Millionen Dollar verbaut waren, ging der erste Wechsel über 2,5 Millionen DM zu Protest. Siemens und KWU schwiegen. Sie waren durch Hermes-Kredite abgesichert, mit 95%(!); im Fall Iran waren es 80%. Das bedeutet: die Reaktorruinen bezahlt der deutsche Steuerzahler.

Wir und viele Generationen nach uns werden noch mit den Folgen zu kämpfen haben, die uns der leichtfertige Ausbau der Atomenergie eingebracht hat und weiter einbringt. Man wollte und will ja den Atommüll zu Bestandteilen geeigneter Gläser machen und die Glassäulen in Salzstöcken versenken, »sicher für Jahrtausende«. Dazu hätte man jedoch nicht inkompetente »Experten« oder Theoretiker fragen sollen, sondern Fachleute, das heißt Geowissenschaftler. Von Mineralogen hätte man dann erfahren, daß das Salzgemisch in einem Salzstock zu den besten Mitteln gehört, Gläser »chemisch aufzuschließen«, das heißt löslich zu machen. Damit aber müssen deren radioaktive Bestandteile früher oder später in die Biosphäre gelangen. Das hat die Geowissenschaftler schließlich veranlaßt, sich ungefragt zu äußern. Hätte man diese Fachleute rechtzeitig gefragt und auf sie gehört, so hätte der Staat sich die teuren Bohrungen und seinen Bürgerkrieg bei Gorleben ersparen können. Und bevor man hohe Prämien für die Zerstörung von Kohlezechen zahlte, hätte man Geologen fragen sollen, wie lange das Erdöl reicht. Man hätte auch bedenken müssen, daß wir auf Kohlevorräten sitzen, Öl (und Uran!) aber in politisch sehr instabilen Gebieten liegt.

Fazit:

- Atomstrom ist der teuerste Strom überhaupt. Die in Entwicklung und Ausbau gesteckten Milliardenbeträge fehlen für vernünftige, brauchbare und ungleich weniger gefährliche Projekte. Das ruiniert unsere Volkswirtschaft. Und: Was soll eine Energietechnik, die keinen Gewinn bringt und mehr Energie verbraucht als sie erzeugt?
- Das Problem der Entsorgung ist nicht gelöst, ein brauchbarer Ansatz nicht in Sicht. Man weicht in Kompakt- und Zwischenlager für abgebrannte Brennelemente aus und schiebt so das Problem der Zukunft zu. Das ist die Bankrotterklärung, zumal man weiß, daß in wenigen Jahren unsere Brennelemente unverarbeitet aus La Hague zurückkehren werden.

Als der seinerzeitige Innenminister Maihofer die Lösung der Entsorgungsfrage nach dem Verursacherprinzip verlangte, bevor neue Atommeiler genehmigt werden könnten, konnte man (ein wenig) aufatmen. Denn unter Entsorgung verstand man damals die endgültige Beseitigung des Atommülls. Jetzt aber hat man umdefiniert: Die Entsorgung eines Atomkraftwerks gilt als »nachgewiesen«, wenn angegeben werden kann, wo und wie die in den nächsten 6 Jahren anfallenden Abbrände gelagert werden können! Das aber heißt doch nichts anderes als: »Nach uns die Sintflut!« Man kann den Katzenjammer so zwar hinausschieben, aber nicht

ohne ihn zu vergrößern. Und auf dieser Basis genehmigt man den Bau weiterer Atomkraftwerke, den Weiterbau von Brüter und Hochtemperaturreaktor, ja, jetzt auch noch den Bau einer Anreicherungsanlage für Uran-235 in Gronau, von vornherein eine – de facto – auf Riesenverluste programmierte und zudem sehr gefährliche Anlage!
Ich bin darauf gefaßt, daß meine Ansichten bei den »Betroffenen« auf Widerspruch stoßen werden. Erforderlich aber wäre Widerlegung in der Sache.
Aus meinem Aufsatz zu Harrisburg muß ich wiederholen: Unsere Regierenden haben auf das Grundgesetz geschworen, welches das Recht auf Leben und körperliche Unversehrheit garantiert. Sie sind verpflichtet, Schaden von unserem Volk abzuwenden. Förderung der Atomindustrie ist Bruch dieses Eides!
Das Schlimmste aber ist: Seit dem NATO-Beschluß zur »Nachrüstung« rechnen Politiker bei uns ernsthaft mit einem Krieg gegen den Osten. Nicht wenige sprechen ganz unverhohlen von einem »atomaren Erstschlag«. Weiß man denn bei uns immer noch nicht, was die NATO-Führung seit vielen Jahren weiß? Die Bundesrepublik ist wegen ihrer Atomkraftwerke gar nicht zu verteidigen!
Das gilt schon für einen konventionellen Krieg. Wird ein Atomkraftwerk oder eine Wiederaufbereitungsanlage durch Bomben, Granaten, eine einzige Neutronenbombe, einfache Sabotage oder Flucht des Bedienungspersonals »stillgelegt«, was geschieht dann? Ohne sorgfältige Dauerüberwachung arbeitet ein Atomkraftwerk nur ganz kurze Zeit. Bald fällt die Wasserkühlung aus, der Reaktorkern schmilzt. Die radioaktive Schmelze von 3000 °C frißt sich schnell durch Stahl und Beton ins Grundwasser, eine riesige Dampfexplosion treibt den radioaktiven Inhalt ins Freie. Über die Folgen lese man nach in »Die Auswirkungen schwerer Unfälle in Wiederaufbereitungsanlagen und Atomkraftwerken« (zu beziehen bei BBU-Info-Versand, Hostackerstr. 24, 6700 Ludwigshafen). Darin werden die aus dem Jahr 1976 stammenden – zur Geheimsache

erklärten – Berichte Nr. 290 und 293 des Kölner Instituts für Reaktorsicherheit abgedruckt und kommentiert. Ergebnis: Ein Großunfall kann, je nach Windrichtung, allein in der Bundesrepublik 30 Millionen Menschen qualvoll in kurzer Zeit sterben lassen. Der Rest stirbt, noch qualvoller, später.

Wege, Möglichkeiten und Rezepte für den energiesparenden Haushalt

Heute für uns und für unsere Nachkommen morgen gilt es in erster Linie

- den Verbrauch aller fossilen Brennstoffe stetig zu verringern und
- elektrischen Strom überlegt und sparsam einzusetzen.

Halten wir uns nochmals vor Augen:

- 44%, knapp die Hälfte des gesamten Energieverbrauchs, entfallen in der Bundesrepublik auf Haushalte und Kleinverbraucher,
- der Strombedarf steigt zur Zeit nur in den privaten Haushalten, in der Industrie ist er rückläufig.
- Energie sparen und sie ökologischer nutzen können also vor allem die Haushalte, das heißt, jeder einzelne ist aufgerufen, seinen Tropfen für den heißen Stein beizusteuern. Daß dieser nicht einfach wirkungslos verdampft, davon zeugt zum Beispiel die Tatsache, daß der Heizölverbrauch in den Haushalten zwischen 1979 und 1981 um rund ein Viertel zurückgegangen ist. Und das, obwohl die Zahl der neugebauten Wohnungen weiter zunahm und auch der Heiz- und Warmwasserkomfort noch gesteigert werden konnte. Die kleinen Tropfen können also wirklich der Anfang eines großen Regens sein ...

Im folgenden möchte ich zeigen, was schon heute jeder dafür tun kann. Und zwar im Bereich von

1. Heizung
2. Warmwasser
3. Waschen, Spülen, Trocknen, Bügeln
4. Kochen, Backen
5. Kühlen und Gefrieren
6. Beleuchtung
7. Auto
8. alternative dauerhafte Energiequellen.

1. Heizung

Von der gesamten Energie, die in den privaten Haushalten verbraucht wird, macht die Heizung mit über 80% den größten Posten aus. Hier wurde schon viel gespart, aber es kann noch sehr viel mehr eingespart werden. Die Möglichkeiten, die dem einzelnen zur Verfügung stehen, sind jedoch sehr unterschiedlich, jeder muß daher entsprechend den individuellen Umständen seinen eigenen Weg finden. Dabei hängt es vor allem davon ab,

- ob man zum Beispiel im 20. Stock eines Hochhauses zur Miete wohnt
- oder als Besitzer eines Mehrfamilienhauses vor der Frage steht, mit welcher Art von Zentralheizung die Mietwohnungen am besten zu beheizen sind,
- oder sich als Eigenheimbesitzer mit dem Energiesparen auseinandersetzt,
- wo man lebt (Stadt, Dorf, Einöde, nahe von großen Wäldern, an einem Bach, in der Ebene usw.).

Denn auch die örtlichen Gegebenheiten können die Frage nach der Heizungsart entscheidend mitbeeinflussen. So sind beispielsweise viele Landbewohner in der Lage, auf den heimischen Energieträger Holz zurückzugreifen. Selbstredend können nicht alle Menschen in unserem dichtbesiedelten Industriestaat mit Holz heizen. Aber je nach Umgebung, persönlicher Neigung oder entsprechendem Angebot in der

forstwirtschaftlich bearbeiteten Natur hat Holz in gewissem Ausmaß teil an der Deckung unseres Energiebedarfs.
Der Heizwert des jährlichen Holzzuwachses in der Bundesrepublik schwankt zwischen dem von 8 bis 15 Millionen Tonnen Heizöl. Damit könnte man theoretisch zwischen 3,1 und 4,6% unseres gesamten Primärenergiebedarfs decken. Und selbst wenn nur Schwachholz und Holzabfälle der Forst- und Holzwirtschaft verheizt würden, ließen sich mit wirksamen Feuerungsanlagen immer noch bis zu 3 Millionen Tonnen Heizöl pro Jahr einsparen. Das würde für die Beheizung von rund 750 000 Einfamilienhäusern ausreichen und entspräche 1,2% des gesamten Primärenergiebedarfs.
Sicher, ein Teil dieses Schwachholzes geht an die Spanplattenfabriken; die Zellstoff- und Papierindustrie deckt sich aber vorwiegend aus dem Ausland ein, wo die Arbeitslöhne niedriger sind bzw. wo in speziell hierfür aufgeforsteten großflächigen Wäldern Maschinen die Arbeit des Fällens, Entrindens und Zersägens übernehmen können.
In der Bundesrepublik werden aber große Schwachholzreserven vielerorts nicht genutzt, und die Waldbesitzer sind oft dankbar, wenn ihnen jemand diese Arbeit abnimmt.
Der Holzzuwachs in den Industrieländern hat in den letzten Jahrzehnten den Verbrauch immer überstiegen, weil das Holz durch billiges Öl verdrängt wurde. Der Trend zum Holz ist auf dem Land heute aber wieder spürbar gewachsen. Viele Bauern stellen ihre modernen Ölöfen in den Schuppen und befeuern wieder den Herd und den guten alten Kachelofen, sofern diese nicht städtisch geprägten »Modernisierungsmaßnahmen« zum Opfer gefallen sind.
30% der bundesdeutschen Fläche ist mit Wald bedeckt. Im Durchschnitt werden jährlich pro Quadratmeter nur 0,27 kg Holz genutzt. Der Ertrag ließe sich leicht um das 7- bis 10fache steigern, wenn auch minderwertiges Holz (das zum Verbrennen völlig ausreichend ist) geschlagen würde und eine ökologisch günstige Mischwaldkultur bei der Auffor-

stung Vorrang bekäme. Darüber hinaus benötigen solche Baumbestände weniger Pflege und vor allem auch, anders als die empfindlichen Fichtenmonokulturen, keinen Pestizideinsatz. Erfahrungen in Schweden haben dies bestätigt.
Holz ist im Vergleich zu anderen Brennstoffen umweltfreundlich und als in Biomasse gespeicherte Sonnenenergie erneuerbar. Bei der Verbrennung trockenen Holzes wird zudem nur genau die Menge Kohlendioxyd an die Umwelt abgegeben, die beim Aufbau der Biomasse aus der Luft gezogen wurde.
Die Industrie bietet heute sehr wirkungsvolle Feuerungsanlagen speziell für Holz an: modernste Kessel für Zentralheizungen, Dauerbrandöfen, offene Kamine mit Wärmerückgewinnung und Brauchwassererhitzung, kombinierte Kamin-Kachelöfen mit hohem Wirkungsgrad, Heizungsherde, Beistellherde und natürlich Kachelöfen in allen Variationen (Öfen für einen Raum, für mehrere Räume mit Warmluftschächten oder Heizkörpern, mit Warmwasserboiler, Kochplatte, Backröhre und anderes).
Holzasche ergibt einen sehr guten Dünger. Ich heize selbst mit Holz und streue sie immer lagenweise auf den Komposthaufen. Da sie wenig Volumen besitzt, ist die tägliche Entaschung der Öfen nicht notwendig. Bei unserem Kachelofen mit seinem großen Feuerraum ohne Rost muß ich die Asche nur alle 4 bis 6 Wochen entfernen.

Spartips für die Isolation

Je besser die Isolation eines Gebäudes, desto niedriger die Heizkosten bzw. der Energieverbrauch. Je nach vorherigem Zustand können mit umfangreichen Isolierungsmaßnahmen im günstigsten Fall bis zu 70% Energie eingespart werden. (In der Regel sind es durchschnittlich 30%.) Hier investiertes Geld ist bestens angelegt.
Von 1978 bis 1982 förderte der Staat mit einem 4,35-Milliar-

den-Mark-Programm energiesparende Investitionen. Leere Staatskassen schließen für die nächste Zeit solche bundesweiten Zuschüsse leider aus.
Beim freistehenden Einzelhaus gehen vom Gesamtwärmeverlust rund

- 37% durch die Fenster
- 35% durch die Außenwand
- 15% durch das Dach
- 13% durch die Kellerdecke

Fenster und Türen

- Doppelfenster sind heute schon zur Selbstverständlichkeit geworden, sie reduzieren den Wärmeverlust gegenüber der Einfachverglasung um die Hälfte. Eine Dreifachverglasung verbessert die Wärmeisolierung noch beträchtlich. Je besser die Fenster isoliert sind, desto wirkungsvoller ist auch der Schallschutz – in lärmüberfluteten Wohnlagen eine zusätzliche Annehmlichkeit.

Wer sich als Mieter mit einfach verglasten Fenstern abfinden muß, kann während der Heizperiode einige von ihnen mit speziellen preiswerten Folien, die einreiß-, abriebfest und temperaturunempfindlich sind, wirkungsvoll isolieren. Je dicker das Luftpolster zwischen den Scheiben (Optimum: 6 cm), desto besser die Wärmedämmung. Die guten alten Vorfenster waren dem heute üblichen Isolierglas weit überlegen, sofern man alle Fugen gut abgedichtet hatte.

- Durch undichte Fensterfugen kann bei starkem Wind mehr Wärme verlorengehen als durch die Außenwände. Durchschnittlich entweichen ca. 30% der Heizenergie durch undichte Stellen im Haus. Fugen von Türen und Fenstern lassen sich problemlos mit selbstklebenden Isolierstreifen abdichten.

Wer in seinen Wohnräumen sauerstoffverbrauchende Feuerstellen hat (offene Kamine, Öfen), tut jedoch gut daran, seiner Abdichtungseuphorie Einhalt zu gebieten. Denn wenn der normale Luftaustausch so stark verringert wird, daß das Brennmaterial wegen Sauerstoffmangel nur unvollständig verbrennt, können sich giftige Verbrennungsgase, wie zum Beispiel Kohlenmonoxyd, bilden. Von Todesfällen durch Ersticken liest man in jedem Winter. In Wohnungen ohne sauerstoffverbrauchende Feuerstellen besteht diese Gefahr nicht, sofern sich nicht überdurchschnittlich viele Menschen darin aufhalten. Bei bestimmten Baustoffen kann aber hier durch fehlenden Luftaustausch eine Erhöhung der Radioaktivität stattfinden.

- Ist die Eingangstür stark dem Wetter ausgesetzt, macht sich der Einbau eines Windfanges schnell bezahlt.
- Rolläden oder Fensterläden sparen in der Nacht zusätzlich Energie. Versieht man die Fensterläden noch mit einem Dämmaterial, hat man den Gipfel der Isolierkunst erreicht. Fensterläden sind viel billiger als Rolläden, deren Kästen zudem sogenannte Wärmebrücken sind, durch die relativ viel Wärme entweicht. Unbedingt zusätzlich isolieren, vor allem in Altbauten!
- Auch geschlossene Jalousien und Vorhänge hemmen nachts den Wärmeaustritt ins Freie. Stehen Heizkörper unter dem Fenster, ist es wichtig, darauf zu achten, daß Vorhänge und Gardinen möglichst dicht an den Fensterscheiben aufgehängt sind. Andernfalls wird mehr der Raum zwischen Fenster und Gardine beheizt als das Zimmer. Geht dies nicht, können die Vorhänge auch so weit gekürzt werden, daß der Heizkörper seine Wärme ins Zimmer abstrahlen kann.
- Frischluft ist lebensnotwendig. Lieber öfter mal kurz Fenster und Türen öffnen, damit sich die Luft rasch erneuert, die mit Wärme gespeicherten Wände jedoch nicht abgekühlt werden, als ständig lüften und heizen. Vor dem Lüften eventuell den Heizungsthermostat zurückstellen.

Außenwände

- Besser als von außen aufgeklebte synthetische Dämmplatten, die das Haus nicht mehr atmen lassen, ist eine hinterlüftete Außendämmung mit modernen Isoliermaterialien. Baubiologische, das heißt ungiftige und besonders atmungsaktive Stoffe sind zum Beispiel Kork, Kokosfasern und magnesitgebundenes Heraklith.

Die nachträgliche Außendämmung (man kann auch eine zweite Wand hochziehen lassen) hat Vorzüge: Im Mauerwerk bleibt die Wärmespeicherfähigkeit erhalten (die Räume sind im Winter länger warm, im Sommer länger kühl), und weil die gesamten Wände von außen großflächig abisoliert werden können, lassen sich damit die Wärmebrücken zum Beispiel an Fensterstürzen, Rollädenkästen und Heizkörpernischen beseitigen. Gleich welches Material man verwendet, die Dämmstoffdicke sollte in keinem Fall 5 cm unterschreiten.

- Bauphysikalisch nicht so günstig ist die Innendämmung. Sie bietet dafür andere Vorteile: Selbst für Mieter lohnt es sich, den einen oder anderen Raum wirkungsvoll zu isolieren; Hausbesitzer müssen hohe Investitionen nicht auf einmal leisten, sondern können Raum für Raum wärmedämmen; die Außenansicht von schönen Fassaden bleibt unangetastet; mit etwas praktischem Verständnis kann jeder die Isolierung selbst vornehmen. Da durch synthetische Materialien die Räume oft feucht werden, sind gerade bei der Innenisolierung baubiologische Dämmstoffe angebracht. Sie schaffen das beste Raumklima. Andernfalls muß zwischen Wand und Isolation eine Dampfsperre angebracht werden. Die Bewohner stecken dann gewissermaßen in einer Plastiktüte, trocken und warm, aber eben nicht behaglich.

Dach und Decken

- Da Wärme bekanntlich nach oben steigt, wäre es unlogisch, nur die Wände zu isolieren. Dach- und Deckenisolation gehören zur konsequenten Wärmedämmung.

Fußboden

- Kalte Fußböden sind in der Wohnung wohl das Unangenehmste überhaupt. Sind die Füße warm, fühlt sich der ganze Körper wohl. Teppiche aus Naturmaterialien (Wolle, Kokos, Filz), isolieren den Boden ausgezeichnet.
- Wer über einem unbeheizten Raum wohnt, isoliert dort besser die Decke ausreichend ab und sorgt dafür, daß es nicht zu kalt wird (zum Beispiel Garage geschlossen halten, Garagentor abisolieren, Kellerfenster schließen usw.).

Spartips für die Heizung

Bei der Wärmeversorgung gibt es zahlreiche Möglichkeiten, Energie wirksam einzusparen. Dies kann geschehen durch

- *sinnvolle Benutzung der Heizung* (Überprüfung der Ansprüche und Heizungsgewohnheiten),
- *Verbesserung der Brennstoffausnutzung* (Brenner, Kessel, Schornstein usw.),
- *Verbesserung der Heizungsregelung* (exakte Anpassung der erzeugten Wärmemenge an den wechselnden Bedarf durch automatische Regelsysteme),
- *bessere Wartung der Heizungsanlage* (Kontrolle, Reinigung und sachgemäße Instandsetzung).

Mögliche Energieeinsparung bei einem Einfamilienhaus
(Der gesamte Brennstoffbedarf entspricht 100%)

Bestimmungsfaktor »Mensch«	ca.
Absenkung der Raumtemperatur um 1,5° C	10%
sinnvolle Lüftung	4%
eingeschränkte Beheizung der Schlafräume	6%
Nachtabsenkung der Temperatur	6%
sonstige Heizunterbrechung	4%
zusammen	30%

Bestimmungsfaktor »Heizanlage«	
bessere Regelung	6%
bessere Instandhaltung (Isolierung, Kessel usw.)	2%
optimale Einstellung und Reinigung	2%
zusammen	10%
Einsparung insgesamt	40%

Die Brennstoffeinsparung von 40% ist natürlich nur ein rechnerisches Beispiel. Oft ist es so, daß die Möglichkeiten des Bestimmungsfaktors »Mensch« von Mietern wahrgenommen werden, der Faktor »Heizanlage« jedoch vom Hausbesitzer bestimmt wird. Aber auch bei Eigenheimen kommt es entscheidend darauf an, wie die früheren Heizgewohnheiten waren und in welchem Zustand sich die Heizungsanlage befand. Das Beispiel bezieht sich auch nur auf eine Zentralheizung.

Die bestehenden Häuser unserer Zivilisation wurden überwiegend nach ästhetischen bzw. funktionellen oder einfach nach finanziellen Gesichtspunkten gebaut. Der Energieverbrauch hat die Architekten bislang wenig beeinflußt. Man ging grundsätzlich davon aus, daß durch eine Zentralheizung alle Räume auf praktische Weise beheizt werden konnten, mehr Gedanken verschwendeten weder Bauherren noch Architekten.

Früher war das völlig anders. Bauweise und Baumaterialien wurden sorgsam ausgewählt, so daß der Energiebedarf (dessen Deckung ja immer mit Arbeit verbunden war) möglichst gering blieb. Man baute den Wohntrakt auf der wetterabgewandten Seite des Hauses, Windfänge waren genauso selbstverständlich wie schützende Dachüberstände und kleinere Fenster, und auf den Bauernhöfen nutzte man nicht selten die Abwärme der Tiere, indem man die Wohnräume über den Stallungen anlegte. Jede Landschaft und jedes Klima hatte seine typische, zweckmäßige Architektur. Baubiologi-

sche Materialien, die heute wieder stark im Kommen sind, waren naturgegebene Voraussetzungen.
Beim Lehmbau zum Beispiel (sehr gute Wärmedämmung und ausgezeichnetes Raumklima) wurde im Grunde die Erde lediglich umgestülpt und zu einem Haus modelliert. Verlassene Holz- und Lehmhäuser verrotteten schließlich, sie wurden wieder zu Humus und in den Naturkreislauf integriert. Alle Häuser ließen sich damals durch die geschickte Wohnraumaufteilung mit ein oder zwei Öfen ausreichend beheizen. Heute geht der Trend bei vielen bewußt baubiologisch und energiesparend gebauten Häusern wieder in diese Richtung. Man achtet schon bei der Architektur auf den Energieverbrauch und nutzt beispielsweise verstärkt die Sonnenenergie. Das auf Seite 119 ff. beschriebene energieautarke Haus zeigt, wie wenig fremde Heizungsenergie selbst in unserer Klimazone wirklich benötigt wird. Unser Hauptproblem ist tatsächlich in erster Linie die Energieverschwendung.

Dezentrale Heizung

- Alte Öfen arbeiten meist aufgrund ihrer überholten Konstruktion mehr oder minder unwirtschaftlich. Kachelöfen sind davon ausgenommen. Sie werden schon seit vielen Generationen in bewährter Form gebaut und können je nach Bauweise ein kleines Haus ganz allein beheizen.
Wer mit Einzelöfen heizt, ist gut beraten, wenn er sich im Laufe der Zeit moderne Ausführungen zulegt; sie sparen Energie und sind umweltfreundlicher.
- Wer mit dem Gedanken einer Zentralheizung spielt, sollte sich einmal durchrechnen lassen, ob es nicht günstiger wäre, zuerst das Haus zu isolieren. Eine Zentralheizung schluckt erfahrungsgemäß mehr Energie, weil die Versuchung sehr groß ist, mehr Räume zu beheizen, höher zu temperieren (woran man sich sehr schnell gewöhnt, was aber gar nicht

unbedingt gesund ist) und die Anlage durchgehend in Betrieb zu lassen.

- Der Kaminkehrer überprüft gerne den alten Schornstein und berät den Laien. Er kennt sich aus und kann daher entsprechende individuelle Ratschläge geben. Nicht selten sind die Rauchabzüge falsch dimensioniert oder in desolatem Zustand. Für Hausbesitzer lohnt es sich dann meist, gleich einen neuen Schornstein setzen zu lassen.
- Holz- und Kohleöfen bedürfen einiger Pflege, die man am besten jährlich wiederholt: die Rauchabzüge der Kachelöfen regelmäßig von Ruß und Flugasche befreien, alle Öfen nach der Heizperiode gründlich reinigen und entschlacken, die Ofenrohre entrußen bzw. erneuern.
- Mit Hilfe einer brennenden Kerze lassen sich undichte Stellen aufspüren. Durchlässige Fugen oder Nähte saugen die hingehaltene Kerzenflamme an. Solche Stellen kommen häufig bei alten Kachelöfen vor, deren Mauerwerk sich langsam lockert. Nur absolut dichte Öfen sind gute Öfen.
- Ofentüren müssen ebenfalls immer wieder auf ihre Dichtigkeit untersucht werden. Durch Abschleifen oder Einsetzen von Asbestschnüren in die Dichtungsrillen schafft man rasch Abhilfe.
- Ein gut plazierter Ofen heizt nicht nur den Raum gleichmäßiger (deshalb nicht in eine Ecke zwängen), er kann auch je nach Bedarf und Hausisolation mehrere Zimmer ausreichend mit Wärme versorgen, wenn man ihn zum Beispiel in einem mehrgeschossigen Haus unten am tiefsten Punkt aufstellt. Die Wärme zieht dann durch das Treppenhaus in die oberen Räume.

Heute werden Öfen immer öfter wieder zum räumlichen und gesellschaftlichen Mittelpunkt der winterlichen Häuslichkeit. Wenn es draußen garstig stürmt und man im Schein einiger Kerzen auf oder im Ofen Bratäpfel schmoren läßt, schafft dies eben eine völlig andere Atmosphäre als die Zubereitung im Mikrowellenherd.

- Schon eine einfache Alufolie hinter dem Ofen reflektiert die Wärme ganz gut und strahlt sie in den Raum zurück. Eine schöne hellglänzende Metallplatte sieht allerdings weniger improvisiert aus.
- Den Kaminkehrer fragen, ob sich bei dem einen oder anderen Ofen ein verlängertes Ofenrohr mit dem Zug des Schornsteins vereinbaren läßt. Denn je länger das Rohr, desto mehr Wärme geben die Rauchgase noch im beheizten Raum ab, und sie gehen dann nicht als Abwärme verloren. Ein Abwärmeminimum ist jedoch für den Abzug notwendig. Gute moderne Öfen regeln sich außerdem mit einer Luftklappenautomatik selbst.

Zentrale Heizungen

Die meisten Häuser werden heute zentral beheizt. Kohle, Koks, Öl, Gas, Holz oder Stroh sind dafür die wichtigsten Brennstoffe, wobei Erdöl und Gas die beliebtesten, zumindest immer noch die gebräuchlichsten Energieträger sind. Moderne Feuerungs- und Regelanlagen sparen aber auch hier viel Energie ein. Eine individuelle Beratung kann nur durch den Fachmann erfolgen, der je nach Bedarf, Haustyp, Isolation usw. die zeitgemäßeste Anlage heraussuchen wird. Einige Energiesparmaßnahmen, die in jedem Fall unerläßlich sind:

- Wird ein Haus gut isoliert, kann dadurch der Wärmebedarf bis zu 30% reduziert werden. Dann ist es aber wichtig, die Brennerleistung durch eine kleinere Düse dem geringeren Wärmebedarf im Haus anzupassen.
- Viele alte Heizkessel sind überdimensioniert. Heute ist eine exakte Anpassung der Leistung an den wirklichen Bedarf möglich. Deshalb dürfen in der Bundesrepublik nach der Heizungsanlagenverordnung von 1978 nur noch solche Wärmeerzeuger bei Zentralheizungen eingebaut werden, deren Nenn-Wärmeleistung den Wärmebedarf für Heizung und Brauchwasser nicht überschreitet.

• Durch zu hohen Luftüberschuß bei der Verbrennung, zu geringe Luftzufuhr und/oder eine zu hohe Abgastemperatur entstehen vermeidbare, mitunter beträchtliche Abgasverluste. Bei einer Nenn-Wärmeleistung von 25 bis 50 kW in einem durchschnittlichen Einfamilienhaus dürfen die Abgasverluste nicht mehr als 13% betragen. Maßnahmen hierfür sind: Rußentfernung, günstigere Brennerregulierung und der Einbau von Abgasbegrenzern, um Stillstandsverluste zu verhindern (Abschlußklappen bei Brennern und im Abgasweg).
Mit einem Rauchgasthermometer, das in das Abgasrohr eingebaut wird, kann jeder kontrollieren, ob die Heizungsanlage wieder gereinigt werden muß. Das ist bei einer Temperatur von mehr als 220° C unumgänglich.

• Schlecht isolierte Heizungsrohre und Armaturen sowie der gesamte Kessel heizen meist auch den Keller oder andere nicht zu beheizende Räume stark auf. Mit neuartigen Isolationsmaterialien kann man den Wärmeschutz bereits bestehender Anlagen immer wieder verbessern und somit Energie einsparen.

• Moderne Heizkessel nutzen Heizöl um rund 10% besser aus als alte Feuerungsanlagen, einschließlich der bis etwa 1966 gebräuchlichen Wechselbrandkessel. Dasselbe trifft auch auf die neueren Kohle- und Holzzentralheizungen zu, deren Wirkungsgrad und Bedienungskomfort sehr gesteigert werden konnten.

• Alte Schornsteine, die noch aus der Zeit stammen, in der vorwiegend mit Kohle geheizt wurde, haben für Öl- und Gasfeuerungen oft einen zu großen Querschnitt. Zudem sind sie in den meisten Fällen nur schlecht gegen Wärmeverluste gedämmt. Nach Absprache mit dem zuständigen Kaminkehrermeister kann der Kaminquerschnitt nachträglich entsprechend verkleinert und somit eine günstigere Verbrennung erreicht werden.
Seit 1978 müssen bei uns alle neuinstallierten Zentralheizun-

gen in ihrer Wärmeerzeugung der Witterung und einem individuellen Tag/Nacht-Programm angepaßt werden können. Je besser die Heizungsregelung, desto exakter kann die gewünschte Raumtemperatur erzielt werden und um so mehr Energie läßt sich einsparen. Es gibt verschiedene Regelsysteme. Am bequemsten und auch am zuverlässigsten sind dabei die automatischen Regelanlagen.

- *Regelung mit Kesselthermostat und Heizkörperventilen:* Dabei wird die in den Heizkörpern gewünschte Heißwassertemperatur am Heizkesselregler eingestellt (Übergangszeit 60, Winter 70 bis 90° C). Mit den Heizkörperventilen läßt sich dann die Wärmeabgabe per Hand regulieren. Diese Regelung ist zwar die einfachste, aber auch die unwirtschaftlichste und sollte heute längst der Vergangenheit angehören. Solche Anlagen verbrauchen im Vergleich zu modernen Systemen bis zu 15% mehr Brennstoff.
- *Vorlauftemperatur-Regelung:* Die Wassertemperatur im Heizkessel bleibt hier konstant bei durchschnittlich etwa 70° C. Man erreicht dann die gewünschte Vorlauftemperatur in den Heizkörpern durch Beimischen von abgekühltem Rücklaufwasser zum heißen Kesselwasser. Mit einem Mischventil wird die Temperatur geregelt, die entsprechend der Außentemperatur für die Raumheizung erforderlich ist. Wird dieses Mischventil nicht ständig den Erfordernissen entsprechend eingestellt, arbeitet die Heizung sehr unwirtschaftlich. Man muß also schon relativ oft in den Heizungsraum gehen, um auf diese Weise optimal Energie zu sparen. Das Mischventil läßt sich aber auch durch einen nachträglich eingebauten Motor automatisch regeln.
- *Raumthermostat-Regelung:* Bequem und verhältnismäßig sparsam arbeitet der Raumthermostat, der entsprechend der eingestellten Raumtemperatur die Wasserumwälzpumpe ein- oder ausschaltet und so die Wärmezufuhr zu den Heizkörpern regelt. Nachteil: Alle übrigen Räume sind von dem Raum abhängig, in dem sich der Thermostat befindet. Wenn

dort zum Beispiel die Raumtemperatur durch Sonneneinstrahlung, Körperwärme vieler Menschen, Elektrogeräte usw. steigt, schaltet der Thermostat ab, und die restliche Wohnung kann zu kühl werden. Mit einer Zeitschaltuhr lassen sich verschiedene Heizprogramme wählen (Tag/Nacht-Betrieb).

- *Heizkörper-Thermostatventile:* Mit diesen Ventilen kann jeder einzelne Raum auf eine beliebige Temperatur gebracht werden. Der Thermostat regelt entsprechend der Einstellung selbsttätig die Heißwasserdurchlaufmenge und damit die Wärmeabgabe des einzelnen Heizkörpers. Wichtig: Das Thermostatventil darf nicht durch einen Vorhang oder ähnliches verdeckt sein. Die Raumluft muß ungehindert am Ventil vorbeistreichen können. Mit Heizkörper-Thermostatventilen, die sich problemlos auch nachträglich einbauen lassen, kann je nach Art der Zentralregelung zwischen 8 und 12% des Brennstoffverbrauchs eingespart werden.
- *Witterungsgeführte Vorlauftemperatur-Regelung:* Für größere Einfamilienhäuser kann diese Regelung die zweckmäßigste sein. Ein Temperaturfühler meldet die Außentemperatur – jeweils korrigiert bei veränderten Witterungseinflüssen wie Wind oder Schnee – an ein Zentralgerät. Dieses steuert ein Motor-Mischventil, so daß die Vorlauftemperatur für die Heizkörper der jeweiligen Witterung optimal angepaßt ist. In Verbindung mit Heizkörper-Thermostatventilen ist diese Art der Temperaturregelung bei Zentralheizungen die wirkungsvollste.

Allgemeine Tips für sparsameres Heizen mit der Zentralheizung

- Unterschiedlich genutzte Räume dürfen auch ruhig unterschiedlich warm sein. Mit den genannten Thermostatventilen kann man die einzelnen Raumtemperaturen genau festlegen. Erfahrungsgemäß fühlen sich die meisten Menschen bei folgenden Temperaturen wohl:

Wohnzimmer	ca. 20–21° C
Kinderzimmer	20° C
Eßzimmer	20° C
Küche	18° C
Schlafzimmer	16–18° C
Bad	23° C
Diele	15° C

Behaglichkeit hängt aber nicht nur von der Raumtemperatur allein ab. Trotz der genannten Zimmertemperaturen kann man unter Umständen frieren, wenn die Luft zu trokken ist (Kältegefühl durch vermehrte Verdunstung an der Hautoberfläche), wenn es zieht, die Bekleidung nicht der Jahreszeit angepaßt ist (leichte Sommerkleider im Winter) und wenn die Wärme im Raum sehr ungleich verteilt ist (kalte Füße, warmer Kopf).

Im Vergleich zu einer Temperatur von 21° C kann man bei 20° C schon 5%, bei 19° C sogar 10% Energie einsparen.

- Nachts möglichst immer mit Sparflamme heizen. Automatische Regelsysteme lassen sich entsprechend vorprogrammieren.
- Wer regelmäßig (wöchentlich oder monatlich) seinen Brennstoffverbrauch notiert, ist in der Lage, die Sparsamkeit seiner Heizungsanlage zu überprüfen.
- Man kann auch bei Ölbrennern einen Betriebsstundenzähler installieren, womit sich der Ölverbauch des Heizkessels noch genauer überwachen läßt. Dann wird sichtbar, daß er nach jeder fachmännischen Reinigung bis zu 20% weniger läuft. Das bedeutet auch bis zu 20% weniger Heizölverbrauch, den man von der Wärme her in der Wohnung nicht spürt – im Geldbeutel aber sehr wohl.
- Regelmäßige Wartung der Heizungsanlage durch eine Fachfirma dient nicht nur der Betriebssicherheit, sondern ebenso dem geringeren Brennstoffverbrauch. Der Fachhandel informiert auch über modernere Anlagen bzw. zweck-

mäßige Umbauten. Gerade auf dem Heizungssektor werden Jahr für Jahr Fortschritte erzielt, die dem energiesparenden und umweltverträglichen Heizen dienen.

- Heizkörperverkleidungen ziehen je nach Konstruktion einen Wärmeverlust von bis zu 15% nach sich. Je freier die Heizkörper im Raum stehen, desto besser die Wärmeabgabe.
- Heizkörpernischen bilden oft Wärmebrücken und sind somit Schwachstellen in der Wärmedämmung. Sie sollten nachträglich gut isoliert werden. Eine reflektierende Alufolie oder ähnliche Vorrichtungen hinter dem Heizkörper werfen die normalerweise langsam ins Freie dringende Wärme in den beheizten Raum zurück.
- Luft in den Heizkörpern hemmt die Wärmeabgabe. Lieber mal öfters die Wasserfüllung kontrollieren, indem man die kleinen Entlüftungsventile an jedem Heizkörper aufdreht. Entweicht Luft, warten, bis Wasser kommt, dann wieder fest zudrehen.
- Es ist nicht nur sparsamer, sondern auch viel gesünder, wenn man sich zu Beginn der Heizperiode nicht gleich an zu hohe Innentemperaturen gewöhnt.
- In allen Räumen immer auf ausreichende Luftfeuchtigkeit achten. Ebenfalls aus wirtschaftlichen und gesundheitlichen Gründen empfiehlt es sich, Räume wie Dielen, Korridore, Eingänge und auch Garderoben wenig (15° C wie angeführt) oder, besser noch, gar nicht zu beheizen. Der öftere Wechsel von warmen in kalte Räume ist für den menschlichen Organismus im Sinne einer Luftreiztherapie eine Wohltat und für den müden Geist eine Erfrischung. Wer sich ständig in überheizten Räumen aufhält, ist nicht selten auch anfälliger für Grippe und Erkältungen.
- Freunde von »warmen« Farben empfinden in ihrer entsprechend eingerichteten und ausgemalten Wohnung ein verstärktes Wärmegefühl. Temperaturabsenkungen von 1° C werden hier fast überhaupt nicht wahrgenommen, machen sich aber bezahlt.

• Um die Wirksamkeit der immer beliebter werdenden Fußbodenheizungen zu erhöhen, ist es günstig, besonders gut wärmeleitende Fußbodenmaterialien zu verwenden (zum Beispiel Keramikfliesen) und den Fußboden nur wenig mit zwangsläufig isolierenden Teppichen auszulegen. Wenn überhaupt Teppiche, dann besser in der Raummitte als in Fensternähe, damit die Beheizung im Bereich der Außenwände unbeeinflußt bleibt. Dasselbe gilt auch für Möbel.
Die Fußbodenheizung ist eine raffinierte energiesparende Heizungsart, vor allem, weil man an sie als Niedertemperaturheizung beispielsweise auch Sonnenkollektoren anschließen kann. Nach gesundheitlichen und baubiologischen Gesichtspunkten bewertet, schneidet sie aber leider nicht sehr gut ab. Sie eignet sich daher nur für Räume, in denen man sich nicht längere Zeit aufhält (Bad, Toilette, Vorräume).
• Noch etwas zur biologischen Qualität der verschiedenen Heizsysteme. Man unterscheidet die sogenannte Strahlungs- von der Konvektionswärme. Biologisch einwandfrei ist nur die Strahlungsheizung, wie sie äußerst wirkungsvoll vom echten Kachelofen ausgeht. (Er wird nur noch vom offenen Feuer übertroffen.) Diese Art der Heizung ist nicht nur gesundheitlich wertvoll, weil sie in der Wirkung der natürlichen Erwärmung der Erde durch die Sonne entspricht, sondern arbeitet auch sehr wirtschaftlich.
Die Intensität der Strahlung nimmt ab, je weiter man sich vom Kachelofen entfernt. Jeder kann daher in einem Raum »seine« Temperatur finden, bei der er sich behaglich fühlt. Die infraroten Wärmestrahlen dringen tief in die Haut ein und werden vom Organismus absorbiert, im Gegensatz zur warmen Luft, wie sie bei der Konvektorheizung (Heizkörper) erzeugt wird. Auch aus diesem Grund ist die Strahlungsheizung wirtschaftlicher, weil eine Raumlufttemperatur von 18 bis 19° C ein ausreichendes Wärmegefühl vermittelt. Kachelöfen mit Luftheizungskanälen (Warmluftschächte) erzeugen keine Strahlungs-, sondern Konvektionswärme.

Bei allen Zentralheizungen, die mit Heizkörpern (Konvektoren) arbeiten, erzeugt die zirkulierende Wärme Luftströmungen, die vor allem im Fußboden- und Fensterbereich zu abträglicher Zugluft führen. Ferner wird durch ständige Staub- und Schadstoffaufwirbelung eine erhebliche Verschlechterung der Luftqualität bewirkt. An den Heizkörpern kommt es zur Verschwelung von Staub.
Radiatoren, eine besondere Art von Heizkörpern, weisen immerhin noch eine Wärmestrahlung von 10 bis 15% auf. Eine wesentlich höhere Strahlung von bis zu 50% erreichen zentral versorgte Heizleisten, die an den Wänden um den ganzen Raum herum verlaufen.

2. Warmwasser

Unser zivilisiertes Alltagsleben führte zu einem sehr hohen Warmwasserverbrauch. Rund 10% der gesamten im Haushalt benötigten Energie entfällt allein auf die Warmwasserversorgung. Ohne gleich unhygienisch zu leben, läßt sich jedoch bei bewußtem Konsum der Warmwasserverbrauch und der damit verbundene Energieaufwand drastisch verringern.
Bei der Warmwasserversorgung unterscheidet man die zentrale von der dezentralen Zubereitung.
In der Regel wird bei der *zentralen Warmwasserbereitung* das Brauchwasser im Boiler des Zentralheizungskessels miterwärmt. Während dies in der kalten Jahreszeit einigermaßen akzeptabel ist, weil das Warmwasser als Nebenprodukt der Raumheizung anfällt, arbeiten solche Anlagen im Sommer äußerst unwirtschaftlich. Dann ist nämlich der Heizkessel mit der Warmwasserbereitung derart unterbeschäftigt, daß der Wirkungsgrad nicht mehr als 10% beträgt. (Heizungsherde mit verkleinerbaren Feuerräumen bilden hier eine Ausnahme.) Wird das Wasser hingegen von einem getrennten Heizkessel erwärmt, kann zum Beispiel mit Mineralöl ein Wirkungsgrad von bis zu 45% erreicht werden.

Bei beiden zentralen Systemen kommt es aber durch das meist sehr lange Leitungsnetz zu großen Wärmeverlusten. Eine ständig stromverbrauchende Umwälzpumpe (weit verbreitet) hält das gesamte Leitungsnetz rund um die Uhr auf höchster Temperaturstufe, was eine große Energieverschwendung bedeutet. Denn warmes Wasser wird ja nicht ständig benötigt, sondern meist nur morgens, mittags und abends. Trotzdem müssen bei der zentralen Warmwasserbereitung neben den Leitungen permanent auch die Isolationen und die gesamte Speichervorrichtung aufgeheizt werden. In vielen Häusern läßt sich zudem das unter Putz verlegte Leitungssystem schlecht nachträglich abisolieren.

Viel wirtschaftlicher arbeiten alle *dezentralen Warmwasserbereitungsanlagen* (Durchlauferhitzer, Kleinspeicher). Meist befinden sie sich unmittelbar am Ort des Verbrauchs, das heißt im Badezimmer und in der Küche. Verluste durch lange Zuführungsleitungen entfallen dabei bzw. sind gering.

Elektro-Wasserspeicher (Boiler) und Elektro-Durchlauferhitzer haben zwar von der Stromausnutzung her gesehen einen beachtlichen Wirkungsgrad von 80% bzw. 94%, doch muß man berücksichtigen, daß bei der Stromerzeugung im Kraftwerk rund 70% der eingesetzten Primärenergie als Abwärme verlorengeht. So betrachtet weisen alle elektrischen Warmwasserbereiter einen äußerst geringen Wirkungsgrad auf. Für energie- und umweltbewußte Verbraucher haben diese Anlagen keine Zukunft.

Alternativ und zukunftsweisend sind aber die *sonnenbetriebenen Warmwasserbereitungssysteme* (siehe auch Seite 121). Denn während sich im Winter die Erzeugung von warmem Wasser durch verbesserte, moderne Methoden mit der Heizung kombinieren läßt, steht in der wärmeren Jahreszeit die Sonne als bereitwilliger Energielieferant zur Verfügung. Funktioniert die Solaranlage mit Wärmetauscher, kann selbst im Winter die Sonne als Zusatzenergie die Kosten für die Primärenergieträger nach unten drücken.

Von allen Primärenergieträgern ist das Gas der wirtschaftlichste. Er erreicht im gasgefeuerten Wassererhitzer (zentral) einen Wirkungsgrad von 60%, im Gasdurchlauferhitzer (dezentral) sogar 65%.

Energiesparende Möglichkeiten bei der Warmwasserbereitung

- Mit 45° C warmem Wasser verbrüht man sich schon die Hände. Eine Brauchwassererhitzung von 70° C ist also sinnlos, weil man dann mit zusätzlichem kalten Wasser die Temperatur auf ein erträgliches Maß senken muß. Voraussetzung dafür ist natürlich ein entsprechend groß dimensionierter und optimal wärmegedämmter Speicher.
Empfehlenswert ist eine möglichst gleichbleibende Temperatur im Wasserspeicher von rund 40 bis 45° C. Höhere Temperaturen führen zwangsläufig zu unnötigen Energieverlusten und je nach Wasserhärte zur Kesselsteinbildung (Kalkablagerungen).
- Die Temperaturregelung von Warmwasser und Heizung in einer kombinierten Anlage muß man trennen (nachträglich möglich), wenn die Brauchwassererhitzung gesenkt werden soll.
- Warmwasserbereitungsgeräte regelmäßig kontrollieren und entkalken. Schon 1 mm Kalkbelag verursacht einen rund 10% höheren Energieverbrauch. Eine fachgerechte Wartung spart Energie und garantiert zudem eine längere Betriebsdauer der Geräte.
- Besitzer von zentralen Warmwassersystemen mit Umwälzpumpen tun gut daran, die Pumpe nachts oder bei längerer Abwesenheit auszuschalten. Nachts läßt sich dies über eine Zeitschaltuhr automatisch regeln. Unter Umständen kann man auch völlig auf die Zirkulationspumpe verzichten. Weil jedoch dann das Leitungsnetz nicht 24 Stunden lang miterhitzt wird, kommt beim Aufdrehen des Warmwasserhahnes erst nur kaltes Wasser. Je nach Leitungslänge zwi-

schen Kessel und Verbrauchsort erhöht sich dadurch der Wasserverbrauch um einige Liter. Dafür spart man aber Öl (durchschnittlich 1 Liter pro Tag in einem Einfamilienhaus) und zusätzlich den Strom der Umwälzpumpe, die immerhin je nach Leistung im Jahr zwischen 400 und 600 kWh verbraucht. Das Energiekonto eines Eigenheimbesitzers kann allein durch diese einfache Maßnahme um bis zu 300 DM jährlich weniger belastet werden (Warmwassererzeugung mit Öl über das ganze Jahr vorausgesetzt). Der erhöhte Wasserverbrauch macht nur wenige Kubikmeter aus und fällt kaum ins Gewicht.

- Bei allen neu installierten zentralen Anlagen sollten Heizung und Warmwasserversorgung voneinander getrennt sein. Das ist nicht nur billiger, sondern sichert dem Heizkessel eine längere Lebensdauer.
- Kessel und Warmwasserleitung mit Dämmtafeln und 30 mm dicken Rohrschalen isolieren. Damit läßt sich der Energiebedarf für die Warmwasserbereitung um gut ein Drittel senken.

Spartips für den Warmwasserverbrauch

- Der Warmwassergebrauch ist in vielen Fällen überflüssig und für die Haut auf Dauer sogar schädlich. Leicht verschmutzte Hände werden mit einer milden Seife und kaltem Wasser genauso sauber wie mit warmem. Der gedankenlosen Gewohnheit, ständig mit warmem bis heißem Wasser die Hände zu waschen, folgt nicht selten der Zwang, die überstrapazierte, ausgelaugte Haut regelmäßig mit hautstabilisierender Creme zu pflegen.
- Auch tägliche ausgiebige Vollbäder sind dem empfindlichen Säuremantel der Haut äußerst abträglich. Gesünder und energiesparender ist ein Duschbad. (Wer sich abhärten und seinen Kreislauf richtig in Schwung bringen möchte, darf dabei ruhig auch mal kurz den Warmwasserhahn zu- und das kalte Wasser aufdrehen.) Für ein Sechs-Minuten-

Duschbad braucht man dreimal weniger Energie als für ein Vollbad!

- Während des Einseifens unter der Dusche kann man das Wasser abstellen. Sehr hilfreich ist dabei eine Einhebelarmatur, mit der sich der Warmwasserstrahl mit einem Griff an- und abstellen läßt, ohne daß sich dabei die einmal eingestellte Temperatur verändert. Bei getrennten Warm- und Kaltwasserhähnen geht beim Mischen von Hand viel warmes Wasser unnütz verloren. Je nach Art und Zustand der Warmwasserbereitungsanlage verursacht allein das bei einer vierköpfigen Familie im Jahr zwischen 100 und 200 DM zusätzliche Energie- und Wasserkosten.
- Raffinierter, aber auch viel teurer ist die thermostatische Mischbatterie. Auf einer Skala wird die gewünschte Temperatur eingestellt, und das Wasser fließt immer so warm aus dem Hahn, wie man es haben will.
- Tropfende Wasserhähne abdichten. Vor allem die Warmwasserhähne sollten absolut dicht sein. Wenn ein Warmwasserhahn 20 Tropfen in der Minute verliert, bedeutet das einen jährlichen Warmwasserverlust von über 4000 Litern! Angenommen, das wäre in jedem vierten deutschen Haushalt bei nur einem Wasserhahn der Fall, dann flösse die Jahreskapazität eines 200-MW-Kraftwerks buchstäblich ungenutzt in die Kanalisation. (Achtung: Bei vielen Warmwasserspeichern muß während der Wassererhitzung der Hahn tropfen, weil sich beim Erwärmen das Wasser ausdehnt. Moderne Geräte besitzen dafür ein Sicherheitsventil.)
- Gerade bei der Warmwasserbereitung haben technisch versierte Bastler ein Experimentierfeld mit ungeahnten Möglichkeiten. Abgesehen von der Sonnenenergienutzung in den verschiedensten Variationen, kann auch fast jeder Ofen oder Herd zur Warmwasserversorgung zusätzlich herangezogen werden.

Bei einem Bekannten fiel mir einmal ein Wasserbehälter auf, der von einem Kohledauerbrandofen ständig erhitzt wurde.

Das erwärmte Wasser reichte für Bad und Küche. Im Sommer wurde der Speicher mit Warmwasser vom Sonnenkollektor versorgt.
Die improvisierte Duschanlage auf einer Hütte ist ebenfalls erwähnenswert. Sie ist so einfach wie wirkungsvoll. Wollte dort jemand duschen, steckte er eine entsprechend dimensionierte Kupferspirale in den Kanonenofen. Das eine Ende der Spirale war mit einem Schlauch am Kaltwasserhahn angeschlossen, das andere an einer Brause mit verlängertem Verbindungsschlauch. Drehte man nun das kalte Wasser an, lief es durch die Kupferspirale, erwärmte sich in ihr am Ofenfeuer und kam aus dem Duschkopf wieder heraus. Die Temperatur ließ sich mit dem Kaltwasserhahn regeln. Je geringer der Wasserdurchfluß, desto heißer wurde es unter der Dusche. Zwar brauchte man dazu etwas Übung, aber allein das Experimentieren bereitete viel Spaß, und der Nutzen war doch enorm. Berghüttenromantik mit Alternativkomfort!

- Offene Kamine haben einen äußerst schlechten Wirkungsgrad von durchschnittlich 18 bis 30%. Ihre zunehmende Beliebtheit – vor allem in den Städten – verdanken sie aber auch nicht ihrer Heizwirkung, sondern dem Erlebnis »Feuer«. In der Regel werden selbst Räume mit offenen Kaminen zentral beheizt, das züngelnde Feuer soll lediglich die Sehnsucht nach dem verlorengegangenen Natürlichen befriedigen. Der in einer an Äußerlichkeiten orientierten Kunstwelt heimatlos gewordene, gehetzte Mensch unserer Zeit sucht am seelisch und körperlich besonders wirksamen Heilklima des offenen Feuers Geborgenheit, Ruhe und Entspannung. Heute läßt sich dieses Bedürfnis mit einem zusätzlichen Nutzen verbinden. Spezielle Kamineinsätze mit Warmwassertaschen heizen Brauchwasser für Bad und Küche auf. Man kann aber die gewonnene Energie auch in die Zentralheizung leiten. Neuartige offene Kamine kommen im Gegensatz zu den traditionellen auf einen Wirkungsgrad von bis zu 85%. Bei diesen sogenannten Kaminkachelöfen wird die Feuerstelle verschlossen, wenn man nicht vor dem Kamin sitzt, die Energie kann somit besser genutzt werden. Bei anderen Konstruktionen erhöhen Luftkanäle den Wirkungsgrad auf bis zu knapp 60%.

3. Waschen, Spülen, Trocknen, Bügeln

Hier geht es ausschließlich um elektrische Geräte. Es gab Zeiten, in denen bei uns der Stromverbrauch in den Haushalten um jährlich 10% zunahm. Diese Zeiten sind anscheinend vorbei, gottlob! Trotzdem steigt der Stromverbrauch bei den Kleinabnehmern kontinuierlich weiter an – zum Wohlgefallen der Energieversorgungsunternehmen, die es gerne sähen, wenn in den Haushalten noch mehr Elektrogeräte und vor allem elektrische Heizungsanlagen in Betrieb wären. Aus den genannten Gründen ist aber gerade die Elektroheizung die unökologischste und energieverschwenderischste Heizungsart überhaupt, weshalb ich im vorigen Abschnitt auch gar nicht detailliert auf sie eingegangen bin. Denn die einzig mögliche »Verbesserung« bei Elektroheizungen wäre der vollständige Verzicht auf sie und ihr Ersatz durch primärenergieverbrauchende Feuerungsanlagen bzw. durch alternative Heizsysteme. Einzige Ausnahme: Wenn dank dezentraler Stromgewinnung mit den erneuerbaren Energieträgern Wind, Wasser oder Sonne so viel Elektrizität erzeugt wird, daß beim Strom nicht gespart werden muß. (In der Bundesrepublik gibt es nur sehr wenige Fälle, wo dies tatsächlich zutrifft.) Aber selbst dann wäre es eine Überlegung wert, ob man den Überschußstrom nicht lieber an netzabhängige Nachbarn weitergibt, statt ihn großzügig zu verschwenden.

In einem nicht elektrisch beheizten Haushalt beträgt der Stromverbrauch durchschnittlich 5 bis 10% des gesamten Energiebedarfs. Die Wohlstandsgesellschaft der Nachkriegszeit hat sich die Technik zu ihrer Bequemlichkeit nutzbar gemacht – und das mit Recht. Es ist doch wirklich ein echter

Fortschritt, zum Beispiel die Wäsche in der Waschmaschine waschen zu lassen, statt sie in mühsamer Handarbeit mit Waschbrett und Waschtrog vom Schmutz zu befreien. Sicher, ich kenne auch einige Öko-Freaks, die in Großmutters zeitraubender Waschtechnik die einzige – angeblich notwendige – Alternative zur stromfressenden Waschmaschine sehen. Ich halte das persönlich aber für einen engstirnigen Fanatismus, der eben nur ein Rückschritt ist. Ökologisches Handeln ist immer ein Voranschreiten, kein Verharren, und schon gar nicht ein Liebäugeln mit Vergangenem. Altbewährtes läßt sich jedoch sinnvoll auf unsere Zeit ummünzen, wenn es verbessert und rationalisiert wird.

Man denke nur zum Beispiel daran, daß auch der chemiefreie biologische Landbau heute mit modernen Maschinen praktiziert wird und nicht mehr mit Ochsen und Pferden vor dem Wagen. (Pflügen ist tabu, man weiß eben heute mehr von der geheimnisvollen Mikrowelt in der Erdkrume.) Und auch ein baubiologisch gesundes Lehmhaus kann mit neuen architektonischen Formen die passive Sonnenenergie einfangen und hat mit dem Lehmbau der früheren Jahrhunderte nur noch das Baumaterial gemeinsam. Wir leben heute, nicht gestern, und heute käme es vielen wie ein Schritt in Richtung Steinzeit vor, müßte man wieder mit der Hand waschen.

Da wir aber in der Lage sind, durch sachgemäße und umsichtige Betriebsweise bei stromverbrauchenden Geräten und Maschinen erheblich Energie einzusparen, liegt es unter anderem auch an uns, wie groß die Gesamtkapazität der Kraftwerke sein muß, um auch ohne Atomstrom weiterhin den gewohnten Komfort in Anspruch nehmen zu können – und das mit ruhigem Gewissen.

Ich finde es jedoch grundsätzlich nicht erstrebenswert – und jeder sollte sich darüber für seine Person und seine eigenen Alltagsumstände Gedanken machen –, auf Teufel komm raus das Leben in eine immer größere Abhängigkeit von

Elektrogeräten zu bringen. In einer Zeit, in der die Ärzte chronischen Bewegungsmangel als eines der krankheitsverursachenden Grundprobleme unserer Bevölkerung erkannt haben (jeder zweite Deutsche ist übergewichtig, jeder fünfte leidet unter Bluthochdruck!), lohnt es sich abzuwägen, ob man lieber einen ferngesteuerten Garagenöffner installieren läßt, oder besser das Aussteigen und Toröffnen nicht mehr in »Kauf nimmt«, sondern ganz bewußt als willkommene Betätigung (oder bereits vielleicht schon Anstrengung?) betrachtet.

Nicht alles, was heute elektrisch machbar ist, ist auch sinnvoll. Viele junge Leute, die wieder ganz bewußt allwöchentlich ihr Brot aus biologisch angebautem Getreide bakken, müssen nicht nur das Brotbacken lernen, sondern auch wieder das Anschneiden mit einem Messer. Denn es ist schon fast wie eine Zeremonie, das gelungene selbstgebackene Brot im Kreis der Familie zu brechen bzw. mit dem Messer zu schneiden. Dazu paßt keine elektrische Brotschneidemaschine! Man konsumiert ein Grundnahrungsmittel nicht vor dem Fernseher; das Brot wird vielmehr wieder zum Symbol für vollwertige, lebendige Nahrung, zum Zeichen der (Gast-)Freundschaft, des Friedens, der Harmonie. Ich übertreibe nicht. Auch in den Städten backen immer mehr Menschen ihr Brot selbst. Und nicht selten sind es Männer, die bei ihren ersten Versuchen gespannt und ungeduldig vor dem Backofen warten und durch dessen Scheibe das Backgeschehen verfolgen. Wenn das fertige Brot dann aus dem Ofen kommt, greift der stolze Bäcker zum Messer und schneidet es nach alter Väter Sitte ...

Nichts gegen Brotschneidemaschinen. Sie können jedoch als Beispiel für viele Elektrogeräte gelten, die heute für den einen oder anderen keine Bedeutung mehr haben, die für ihn einfach überflüssig und unnütz sind und sogar mit dazu beitragen, das Leben um bestimmte Erlebnisse ärmer werden zu lassen.

Nur noch ein letztes Beispiel, das sicher wie die meisten, die man anführen könnte, unter die Rubrik Bewegungsmangel fällt: Wer glaubt, seinen 50 oder 100 m^2 »großen« Rasen unbedingt mit einem Elektro- oder gar Motorrasenmäher auf Streichholzlänge bringen zu müssen, verpestet entweder bei sich die Luft und verbreitet ohrenbetäubenden Lärm oder eben via stromproduzierendem Kraftwerk. (Strom ist nur ab Steckdose sauber, nicht am Erzeugungsort!) Zudem leistet er eine nur wenig befriedigende Arbeit. Gerade kleine Rasen- oder besser noch Wiesenflächen lassen sich noch mit Handrasenmäher bzw. Sense mähen. Die Arbeit ist schweißtreibend, der Erfolg aber sicher. Nicht nur gefühlsmäßig wegen der zufriedenmachenden Arbeit an der frischen Luft, sondern auch wegen des medizinischen Effekts.

Eine relativ geringe, aber gleichmäßige körperliche Belastung wird heute von den Ärzten allen kreislaufgeschädigten Bürohockern viel dringender ans Herz gelegt als plötzliche Hochleistungen auf dem Trimm-Dich-Pfad oder beim Joggen. Der bewegungsungewohnte Organismus schafft große Anstrengungen oft nicht und streikt.

Die Nutzung mancher elektrischer Geräte im Haushalt ist Ansichtssache; wenn sie jedoch von allen Menschen hier und da bewußter erfolgen würde, ließe sich ungeheuer viel Energie sparen und gleichzeitig die Umwelt schützen. Das bedeutet aber nicht den Verzicht auf die wichtigsten Haushaltsgeräte, die viel unangenehme Arbeit abnehmen.

Grundsätzlich muß man feststellen, daß im Gegensatz zur Umsetzung von elektrischer Energie in Wärme die Erzeugung von mechanischer Energie mit Strom schon viel sinnvoller ist. Die meisten Elektrogeräte, wie elektrische Dosenöffner, Zahnbürsten, Allesschneider, Rasierer, Kassettenrecorder, Rührmixer, Uhren, Staubsauger, Haartrockner usw., brauchen verhältnismäßig wenig Strom bzw. sind normalerweise jeweils nur wenige Minuten in Betrieb. Wahre Stromfresser hingegen sind:

Geräte	Jahresstromverbrauch in kWh
Waschmaschine	300 bis 1 000 (je nach Nutzung, 300 kWh bei 2 Füllungen pro Woche)
Geschirrspülmaschine	250 bis 1 000 (rund 850 kWh bei 1 Füllung pro Tag)
Wäschetrockner	350 bis 800 (350 kWh bei 2 Füllungen pro Woche)
Elektroherd	400 bis 800 (800 kWh bei einmal Essenkochen pro Tag und einmal Kuchenbacken pro Woche)
Gefriertruhe	300 bis 600
Fernsehgerät	200 (2 Stunden täglich fernsehen)
Kühlschrank	200 bis 350 (350 kWh bei 140 l/Kühlstufe ***)
Beleuchtung	350 (4 Birnen von 60 W pro Tag 4 Stunden brennen lassen)

Hier gibt es ersichtlich mehr Einsparmöglichkeiten als bei den elektromechanischen Kleingeräten, die in einem durchschnittlichen Vier-Personen-Haushalt zur Zeit zusammengenommen 300 bis 400 kWh im Jahr verbrauchen.
Führt aber die Abhängigkeit von elektrisch betriebenen »Sklaven« zu der erwähnten körperlichen Minderbetätigung und kommt es in der Folge zum regelmäßigen Besuch der wie Pilze aus dem Boden schießenden Fitness-Center – dann allerdings führt die ganze Elektrogeräte- und Maschinen-euphorie auf indirektem Wege zu einer gewaltigen Energieverschwendung; denn solche künstliche Bewegungsorte sind gute Kunden bei den Elektrizitätsgesellschaften. Sollte man nicht auch daran denken?
Wasch- und Spülmaschinen, Trocken- und Bügelautomaten beanspruchen je nach Einsatz bis zu 75% des Jahresstromverbrauchs. Hier die wichtigsten Tips, mit denen sich energiebewußter haushalten läßt:

- 90 bis 95% der in Wasch- und Spülmaschinen verbrauchten Energie wird durch die Warmwassererzeugung verschlungen, also nur der geringste Teil durch elektrischen Antrieb, Umwälzpumpe und Gebläse. Würde das Warmwasser mit Primärenergieträgern zubereitet, ließe sich der unwirtschaftliche Stromverbrauch senken. Besitzer von Zentralheizungen haben es hier sehr einfach.

Wer Wasch- und besonders die Geschirrspülmaschine an sein Warmwassernetz anschließt, vermag den Stromverbrauch für diese automatischen Haushaltshelfer drastisch zu reduzieren. Bei der Waschmaschine kann auf Stromheizung sogar völlig verzichtet werden, wenn die Vorlauftemperatur 60° C beträgt. Normal verschmutzte Wäsche wird auch bei dieser Temperatur sauber.

Achtung: Manche der in Wasch- und Spülmaschinen eingebauten Magnetventile sind nicht in jedem Fall für Heißwasser geeignet. Meist ist auf Ventilen die maximale Betriebstemperatur vermerkt. Sie kann zwischen 40 und 85° C schwanken. Heißwasserempfindliche Ventile müssen vom Fachmann gegen hitzebeständige ausgewechselt werden.

Geräte der unteren Preisklasse haben meist eine zeitabhängige Heizung. Das heißt, die Heizung arbeitet nicht mit einem temperaturregelnden Thermostat, sondern einfach eine bestimmte Zeit lang, die normalerweise benötigt wird, um die gewünschte Temperatur zu erreichen. Werden solche Maschinen an das zentrale Warmwassernetz angeschlossen und mit Heißwasser beschickt, wird zum Beispiel 40° C warmes Wasser bei einem eingestellten 40°-Programm auf ca. 70° C erhitzt. Von Energieeinsparung keine Spur, und die Wäsche . . .?

Lösung: Entweder die Elektroheizung der Maschine ganz abklemmen und nur mit dem zugeführten Warmwasser waschen oder den Zeitschalter durch einen Thermostat ersetzen lassen.

Für die Kaltwäsche muß außerdem ein zweiter Wasseranschluß vorhanden sein. In der Regel bleibt aber die Warmwasserzufuhr aufgedreht. Auf jeden Fall ist es für den Laien ratsam, Installateur und Elektriker zu Rate zu ziehen. Mittlerweile gibt es auch schon Maschinen auf dem Markt, die »mitdenken« und über eine Mischautomatik die Kalt- und Warmwasserzufuhr steuern. Waschmaschine und Geschirrspüler können so bis 60° C heizungsmäßig unabhängig vom Strom betrieben werden.

- Heizstäbe regelmäßig auf Kalkablagerungen untersuchen und wenn nötig entkalken.
- Waschmaschine, Trockner und Geschirrspülmaschine möglichst immer ganz füllen. Halbleere Maschinen verbrauchen genausoviel Energie wie volle. Wenn in einem Vier-Personen-Haushalt monatlich 5 Maschinen mit einer maximalen Beladung von 4,5 kg laufen, statt 11 Füllungen mit nur je 2 kg, spart man in dieser Zeit rund 20 kWh Strom. Damit könnte man drei 60-W-Birnen 111 Stunden lang brennen lassen.
- Gute Waschautomaten verfügen heute über ein Sparprogramm, mit dem man auch kleinere Wäschemengen mit ruhigem Gewissen waschen kann. Je nach Fabrikat ist dabei der Energieaufwand zwischen 25 und 35% verringert. Auch der Wasserverbrauch hält sich in Grenzen.
- Meist genügt der Hauptwaschgang. Vorwaschprogramm nur einsetzen, wenn es sich wirklich um stark verschmutzte Wäsche handelt. Mit dem Verzicht auf Vorwäsche und nur einem Spülgang, was bei leicht schmutziger Wäsche keine Probleme bereitet, lassen sich bis zu 33% Strom, 15% Wasser, zwischen 10 und 20% Waschmittel und etwa 25% Zeit sparen!
- Das 60°-Programm ist in der Regel völlig ausreichend, selbst Bakterien werden dabei vernichtet. Höhere Temperaturen vergeuden nicht nur Energie, sondern verkürzen auch die Lebensdauer des besonders strapazierten Waschguts.
- Geschirrspülmaschinen sind nur für große Familien interessant und dann vertretbar, wenn man sie im Dauerbetrieb an das Zentralwarmwassernetz anschließen kann.
- Gut geschleudert ist halb getrocknet. Bei einer Schleuder-

drehzahl von 800 Umdrehungen pro Minute (durchschnittliche Waschmaschine) verbleibt in der Wäsche noch eine Restfeuchtigkeit von 75%; bei 2800 Umdrehungen pro Minute sind es nur noch 40%.

- Wäschetrockner sind stromfressende Geräte und zum Glück erst in 10% aller bundesdeutschen Haushalte vertreten. 1 kg schranktrockene Wäsche braucht auf diese Weise mehr Energie als das gesamte Kochwaschprogramm einer Waschmaschine. Nur in den seltensten Fällen sind Trockenautomaten wirklich unumgänglich. Der Verzicht auf sie spart rund 350 kWh pro Jahr ein. Das ist die durchschnittliche Energiemenge, die ein Vier-Personen-Haushalt für Beleuchtung in einem ganzen Jahr verbraucht. Die Benutzung einer Wäscheleine im Freien oder in einem Trockenraum ist immer noch die billigste, energiesparendste und umweltfreundlichste Art, Wäsche zu trocknen. Die meiste Wäsche (Bekleidung) läßt sich im Winter auf handlichen Trockenständern in den Wohnräumen rasch trocknen. Das ist zudem sinnvoll, weil durch Zentralheizungen die Raumluft meist überall zu trocken ist.
- Läßt sich ein Trockner nicht vermeiden, ist es sparsamer und für die Wäsche viel besser, das Gerät auf niedrigerer Temperaturstufe und eher etwas länger laufen zu lassen, als kurz und heiß.
- Der Montag scheint in Deutschlands Superhaushalten Waschtag zu sein. Denn an diesem Tag kommt es zu Stromverbrauchsspitzen, für die zusätzliche Kraftwerkskapazitäten notwendig sind. Man kann die Woche aber auch sauber beginnen, ohne am Montag Wäsche zu waschen. Also: Montags am besten nie, lieber je nach Bedarf über die ganze Woche verteilt waschen. Auch Trockner und Geschirrspülmaschinen werden besser nicht zu Spitzenlastzeiten eingesetzt (also grundsätzlich nicht vormittags und zu Essenszeiten).
- Nachts wird am wenigsten Strom verbraucht. Wer es sich

vom Geräusch her leisten kann, sollte in Zukunft seine Wasch-, Spül- und Trockenmaschine erst nach 22 Uhr einschalten. Hat man einen Nachtstromtarif, macht sich das zusätzlich auch direkt bezahlt.

- Beim Bügeln läßt sich wenig Energie einsparen. Der Spartip mündet hier in die Frage: »Bügeln ja oder nein?« Das ist jedoch eine zu persönliche Angelegenheit, als daß man hier konkrete Hinweise geben könnte. Es ist aber zu überlegen, ob man wirklich alle Hand- und Geschirrtücher, die ganze Unterwäsche, die Schlafanzüge, Nachthemden und auch die Bettwäsche bügeln muß. Allein schon der Zeitaufwand ...! Bügelfreie Textilien müssen nicht zwangsläufig aus synthetischen Fasern bestehen. Auch viele Naturstoffe wie Wolle, Rohseide und Baumwolle bleiben schön glatt, wenn sie tropfnaß aufgehängt werden.

4. Kochen und Backen

- Wer mit Gas kocht und backt, verbraucht nur halb soviel Primärenergie wie beim Kochen mit elektrischem Strom. Auch auf dem Land und überall dort, wo es keine Gasleitung gibt, kann man mit dem weitverbreiteten Flüssiggas in Stahlflaschen den Herd befeuern. Aber erst jeder fünfte Haushalt in der Bundesrepublik kocht und backt mit Gas. Würden nur ein Drittel aller Haushalte ihre sämtlichen elektrischen Kochplatten und Backöfen gleichzeitig voll einsetzen, käme es unter der Last von rund 70 000 MW zwangsläufig zu einem Zusammenbruch des öffentlichen Elektrizitätsnetzes. (1980 betrug die Stromerzeugungskapazität bei uns insgesamt 87 257 MW.)
- Nicht jeder energiebewußte Haushalt kann sich eine sofortige Umstellung durch Neuanschaffung eines Gasherdes leisten. Aber selbst auf einem Elektroherd läßt es sich sparsamer kochen, wenn man einige einfache Dinge beherzigt. Sehr wichtig ist die Wahl des Kochgeschirrs, das für eine gute Wärmeübertragung von Herdplatte zu Kochtopf sorgt.

Die Topfböden sollten möglichst eben geschliffen, sauber und trocken sein. Am Boden verbeulte Töpfe sind in der Lage, die Garzeit um bis zu 40% zu verlängern. Auch die Herdplatte braucht entsprechende Pflege.

- Zur optimalen Energieausnutzung ist es wichtig, die Topfbodenfläche der Kochplatte anzupassen. Zu große Gefäße, deren Böden über die Platten hinausstehen, geben viel Wärme an die Luft ab und bewirken eine längere Kochzeit. Zu kleine Töpfe verschwenden ebenfalls Energie, weil sie die Küche mitheizen. Wenn von der Kochplatte nur ein Rand von rund 1,5 cm zu sehen ist, gehen schon ca. 30% der eingesetzten Energie verloren!
- Ständiges Abdampfen bedeutet unnötigen Wärmeverlust. Deckel sind zum Zudecken da, daher der Name. Je besser sie schließen, desto geringer der Wärme-, sprich Energieverlust. Was die wenigsten wissen: Durch einen fingerbreit geöffneten Deckel wird nahezu gleich viel Wärme verschenkt wie bei einem offenen Topf.
- Immer den kleinstmöglichen Topf verwenden und in wenig Wasser garen. Zuviel Flüssigkeit erhöht unnötig den Strom- bzw. Gasverbrauch.
- Mit Elektroherden zu kochen ist eine hohe Kunst. Ich habe es noch nie geschafft. Wenn auf dem Gasherd etwas kocht, dreht man einfach die direkte Energiezufuhr (Gasflamme) ab, und es hört auf zu sprudeln. Beim Elektroherd fängt es gerade erst richtig an, und der Topf muß von der heißen Platte genommen werden, Heiz- und Speicherwärme wird an die Luft abgegeben. Die Kunst dabei: schon vor dem Erreichen der gewünschten Kochtemperatur die auf volle Leistung eingeschaltete Herdplatte auf die entsprechende Stufe zurückzuschalten. Es soll Leute geben, die das können.
- Automatikplatten mit Thermostatregelung sind da schon günstiger. Unabhängig von der eingestellten Temperaturstufe heizen sich diese Platten mit voller Leistung auf und regeln dann mit dem Thermostat durch ständiges automati-

sches Ein- und Ausschalten die Stromzufuhr. Sie sind im Hinblick auf den Sekundärenergieträger Strom das kleinere Übel und sollten, sofern vorhanden, den anderen Platten vorgezogen werden.

- Elektrokochplatten speichern nach dem Abschalten noch längere Zeit die Wärme. Wenn man 5 bis 10 Minuten vor Ende der Garzeit abschaltet, reicht diese Nachwärme zur Beendigung des Back- oder Kochvorgangs aus.
- Mit einem Dampfdrucktopf lassen sich Speisen bei 110 bis 120° C unter Luftabschluß garen. Die Energie- und Zeitersparnis ist enorm: Bei Fleisch und Kohl zum Beispiel kann der Energieaufwand um 50 bis 60% verringert werden (Zeitersparnis dabei 50 bis 80%), Kartoffeln und Gemüse sind schon in 5 bis 7 Minuten gar und brauchen 30 bis 40% weniger Strom bzw. Gas, und selbst bei Reis und Suppen spart man 20 bis 30% Energie und 20 bis 40% Zeit ein.

Ein zusätzliches Plus haben die Ernährungswissenschaftler festgestellt: Im Dampfdrucktopf zubereitete Speisen weisen einen höheren Vitamingehalt auf. Das langdauernde Kochen bei der konventionellen Methode ist trotz der geringeren Erhitzung ernährungsphysiologisch nicht so günstig. Feinschmecker können dies riechen und am Gaumen spüren, denn im Drucktopf bleibt das Aroma jeglicher Speisen besser erhalten. Wahre Energiesparkünstler bereiten ein ganzes Menü in einem Schnellkochtopf auf einmal zu. (Wegen der unter Verschluß gehaltenen, nicht zirkulierenden Wärme kommt es dabei zu keinen Geschmacks- und Geruchsübertragungen.)

- Mit nur einem Brot oder Kuchen ist weder der Backofenraum noch die aufzuwendende Energie voll ausgenutzt. Zwei bis drei Brote bzw. Kuchen oder zusätzlich andere Speisen (beispielsweise zum Vorbacken und späteren Einfrieren) in den Backofen geschoben, ist eine umweltfreundliche Geste, die mit barer Münze belohnt wird.

- Liebhaber von überbackenen Toasts und ähnlichem schaffen sich besser entsprechende Kleingeräte an, als wegen zwei Toasts den dafür viel zu großen Backofen aufzuheizen.
- Zu langes Vorheizen der Backröhre – meist bei höchsten Temperaturen – ist eine häufige Wärmeverlustquelle, die man einfach nicht in Kauf nehmen muß. Es reicht aus, mit dem Thermostat die niedrigste erforderliche Temperaturstufe einzuschalten. Nach dem Erlöschen der Kontrollampe Backgut sofort hineinschieben. Brote und Kuchen, die lange gehen müssen, darf man ruhig gleich in den Backofen stellen. Die Vorheizwärme nützt dem Aufgehen.
- Drucklose Turmkochtöpfe erfordern nur eine Kochstelle und ermöglichen die gleichzeitige Zubereitung mehrerer Speisen. Das Gericht mit der längsten Garzeit kommt dabei ganz zuunterst.
- Moderne Elektroherde brauchen in der Regel weniger Strom als ihre Vorgänger. Bei einer geplanten Neuanschaffung bleibt, rein energiemäßig gesehen, der Gasherd trotzdem Favorit, zumal er heute dank Flaschengas überall einsetzbar ist. Viele greifen gern zu einer Mischlösung (Kochen mit Gas, Backen elektrisch), weil der Elektrobackofen die Wärme angeblich gleichmäßiger verteilt. Ob die neuesten Gasherde hier nicht doch mithalten können, möchte ich dahingestellt sein lassen. Wenn aber der Entschluß zugunsten einer elektrisch beheizten Backröhre gefällt wird, dann besser gleich eine kaufen, die mit einer pyrolytischen Reinigung ausgerüstet ist. Dieses Selbstreinigungsverfahren frißt zwar sehr viel Strom und sollte möglichst gar nicht zur Anwendung kommen. Aber der Vorteil dieser Backöfen liegt in ihrer besonders guten Isolation, weshalb sie grundsätzlich rund 10 bis 15% weniger Strom verbrauchen.
- Nahrungsmittel bitte nicht »totkochen«. Nicht nur, daß dabei viele Vitamine und Enzyme zerstört und die Mineralien und Spurenelemente im Kochwasser gelöst werden, zerkochte Speisen schmecken auch fad, und die mit dem Koch-

wasser weggeschütteten Mineralsalze müssen doch wieder zugeführt werden. (Was meist nie gelingt, vielmehr wird bloßes Kochsalz, und davon viel zuviel, über das Essen gestreut – eine Beleidigung für den empfindsamen Gaumen und wieder ein Schritt hin zur Volksseuche Bluthochdruck.)

● Empfehlenswertester Primärenergieträger für den Herd ist und bleibt das Gas. Es gibt aber auch Alternativen, gerade zur Winterzeit. Wer zum Beispiel mit dem Bau eines Kachelofens liebäugelt, kann sich problemlos vom Ofensetzer eine Erweiterung mit Herdplatte und Backofen hinzubauen lassen. Bei geschickten Konstruktionen steht dann der Hauptofen in der guten Stube und der Koch- und Backteil in der Küche.

● Nachfolgende Tabelle zeigt die möglichen Energieeinsparungen auf, wenn allein die Kochgewohnheiten geändert werden:

Zweckmäßiges, auf den Herd abgestimmtes Kochgeschirr	10 bis 15%
Kochen mit Deckel	2 bis 6%
optimal genutzte Speicherwärme der Elektrokochplatten	10 bis 15%
weniger Wasser	6 bis 10%
besser an Kochgut und Kochplatte angepaßte Topfgröße	5 bis 15%
insgesamt mögliche Energieeinsparung	33 bis 61%

5. *Kühlen und Gefrieren*

Weder Kühlschränke noch Gefriertruhen hätten einen so reißenden Absatz gefunden, wiegten sich die Verbraucher nicht in dem von der Werbung bestärkten Glauben, diese Geräte bräuchten nur wenig Strom. In Wahrheit verschlingen sie jährlich durchschnittlich genausoviel elektrische Energie wie die Waschmaschine eines Vier-Personen-Haushaltes im selben Zeitraum.

Schon 1973 mußten für die damals insgesamt 20 Millionen Kühlschränke und 7 Millionen Gefriergeräte in der Bundesrepublik 15 Milliarden kWh Strom bereitgestellt werden! Das ist etwas mehr, als die Atomkraftwerke von Gundremmingen, Stade, Lingen und Obrigheim zusammen im gleichen Jahr erzeugten. Weil es sich bei diesen Geräten um richtige Massenprodukte handelt, macht sich schon eine geringe Energieeinsparung im Einzelhaushalt volkswirtschaftlich bemerkbar. (Beim Elektroherd ist dies ähnlich. Nur ist dieser durch einen Gas- oder holzbefeuerten Herd ersetzbar, Gefriertruhen und Kühlschränke sind in jedem Fall vom Stromnetz abhängig.)
Die Zahl der Gefriergeräte ist bei uns seit 1973 beträchtlich gestiegen, und in jedem der heute 25,1 Millionen Einzelhaushalte steht sicherlich auch ein Kühlschrank. Die Energieeinsparung kann bei Kühlschränken bis zu 20%, bei Gefriergeräten sogar bis zu 35% betragen.

● Jeder heute über Dreißigjährige kann sich vermutlich noch an seine Kindheit erinnern, in der ein Kühlschrank in der Küche keine banale Selbstverständlichkeit war. Hat der in den fünfziger Jahren einsetzende Siegeszug des Kühlschranks unsere Lebensqualität aber wesentlich gesteigert? So unbestreitbar, wie die Waschmaschine dies getan hat? Gewiß, für viele Mietwohnungen ist er inzwischen ein unentbehrliches Requisit. Wollte ich heute jedoch ein Haus bauen, ich würde erst eine raffinierte Speise- und Vorratskammer an die Küche anbauen, bevor ich das ganze Kühlen der Technik überließe.
Eine solche Kühlkammer ließe ich an die Nordseite meines Hauses bauen, zur Kühlespeicherung gut mit hartgebrannten Ziegeln isolieren, auf den gestampften Lehmboden kämen gebrannte Kacheln. Ein automatisch arbeitender Regler würde mit einem kleinen Ventilator immer dann die kühle Außenluft ansaugen, wenn im unteren Teil der Kammer die gewünschte Temperatur von 6 bis 8° C (für längeres Lager-

gut eventuell sogar 3 bis 4° C) überschritten wird. Hinter einem Staubfilter könnte ich noch einen Verdunstungslüfter installieren lassen.

Diese modernisierte, biologisch gesunde Speisekühlkammer wäre nicht nur viel größer und übersichtlicher als ein noch so voluminöser Kunststoffkühlschrank, sie würde auch stets gut gelüftet sein, aromatisch duften und Lebendiges in der Nahrung auch wirklich frisch halten. Vor allem im Winter wäre der Stromverbrauch gleich Null, im Sommer bliebe er weit unter dem eines Kühlschranks. (Regler und Ventilator verbrauchten im Vergleich zu diesem nur unbedeutende Strommengen.)

Vielleicht fühlt sich ein Bauherr angesprochen. Auch nachträglich kann meist problemlos Raum für eine kleine Kühlkammer abgezwackt werden. Und wenn für die ganz heiße Jahreszeit dann doch mal ein Kühlschrank benötigt wird, ist ein dafür vorgesehenes kleines Kühlgerät für leichtverderbliche Lebensmittel wie zum Beispiel Butter und Milch schnell an die Steckdose angeschlossen.

Utopisch ist dieser Tip jedenfalls nicht, eher zukunftsweisend. In konsequent baubiologisch erstellten Häusern ist heute ein solcher natürlicher Kühlraum in der Regel berücksichtigt.

Doch zurück zur Alltagsrealität. Wie kann man Kühl- und Gefriergeräte energiesparend handhaben?

- Sie sollten in der Größe so dem individuellen Bedarf angepaßt sein, daß sie stets gut gefüllt sind, denn auch leerer Raum muß ständig gekühlt werden. Neuere Gefriertruhen haben eine Sparschaltung für halbe Füllungen, die dann immerhin rund 18% weniger Energie verbrauchen.
- Gefrierschränke sind zwar sehr übersichtlich, bei Gefriertruhen ist jedoch der Kälteverlust beim Öffnen erheblich geringer. Es gibt jetzt zudem Truhen auf dem Markt, die bis zu 10 cm dick isoliert sind und nahezu nur halb soviel Strom verbrauchen wie gleich große Gefrierschränke. Der Ver-

gleich der elektrischen Anschlußleistung verschiedener Geräte lohnt sich. Floskeln wie »Erfüllt die Mindestanforderungen nach DIN ...« sagen nichts über den Stromverbrauch aus. Günstig zu erstehende Geräte sind im Betrieb oft so teuer, daß sich ein besser wärmegedämmtes in wenigen Jahren bezahlt macht.

- Lohnt sich die Anschaffung eines Gefriergerätes wirklich? Wer hauptsächlich bereits Gefrorenes aus dem Supermarkt zu Hause tiefgekühlt lagern will, sollte bedenken, daß die Lagerung im Laden viel kostengünstiger ist. Produkte (etwa Gemüse, Fleisch, Joghurt, Milch) hingegen werden eingefroren besser konserviert als zum Beispiel durch Sterilisation. Gefriergeräte sind jedoch in jedem Fall Luxusartikel.
- Kühl- und Gefrierschränke sowenig wie möglich öffnen. Jedesmal entweicht durch die offene Tür viel Kälte, bzw. die Wärme aus der beheizten Küche fließt in das Kühlgerät – ein groteskes Gegenspiel von Kühlen und Wärmen.
- Den Kühlschrank nicht in der Nähe des Herdes oder der Heizung aufstellen. Bei einer Umgebungstemperatur von 20° C verbraucht zum Beispiel ein Drei-Sterne-Kühlschrank rund 18% weniger Strom als bei 25° C. Gefriergeräte können auch im Keller oder einem anderen kühlen, möglichst unbeheizten Raum stehen. Angenommen, dort beträgt die Temperatur 18° C, so spart man im Vergleich zu einem Standplatz in der überwärmten Küche bis zu 30% elektrische Energie. Je niedriger die Umgebungstemperatur und je besser die Isolation, desto eher läßt sich ein Gefriergerät verantworten. (1° C weniger bedeutet rund 6% geringerer Stromaufwand.)
- Die energiesparendsten Kühlschränke haben kein Gefrierfach. Jeder Stern mehr bringt erhöhten Stromverbrauch.
- Eine elektrische Abtauautomatik erhöht den Energiebedarf um etwa 10%.
- Zweimal im Jahr sollten die Kühlschlangen gesäubert werden. Sie befinden sich meist an der Rückseite des Kühlge-

räts. Je schmutziger sie sind, desto schlechter ist der Wirkungsgrad dieser Luft-Wärme-Tauscher, und um so öfter schaltet sich das Aggregat ein.

- Wer in seinem Kühlschrank die Temperatur von +5° C auf +7° C erhöht, spart rund 16% Energie ein. Eine Lagertemperatur von −18° C ist in Gefriergeräten ausreichend.
- Alle Kühl- und Gefriergeräte müssen ausreichend hinterlüftet sein. Gerade bei Kühlschränken werden die Lüftungsschlitze oftmals unbeabsichtigt zugestellt. Der Wärmestau läßt den Energieverbrauch dann unnötig ansteigen.
- Bitte keine warmen oder gar heißen Speisen und Getränke in das Kühlgerät stellen.
- Gummidichtungen der Türöffnungen regelmäßig kontrollieren und gegebenenfalls erneuern lassen.
- Mehr als 2 mm Eis im Gefriergerät und 3 mm im Kühlschrank sollte man vermeiden. Eisansatz weist auf beschädigte Türdichtungen hin, oder man läßt das Kühlgerät zu häufig offen stehen und/oder stellt immer wieder warme Lebensmittel hinein. Alljährliches Abtauen (Kühlschränke je nach Eisbildung öfter) ist nötig. Wird das Innere mit Glycerin ausgewischt, verzögert sich die Eisbildung.
- Gefriergut immer in einer äußerlich trockenen Verpackung in das Gerät legen. Andernfalls schlägt sich die eingebrachte Feuchtigkeit sofort eisbildend am Verdampfer nieder.

6. Beleuchtung

Vom Gesamtstrombedarf, der bei uns in einem durchschnittlichen Haushalt aufgewendet wird, nimmt die Beleuchtung nur 8 bis 10% ein. Die Einsparmöglichkeiten scheinen hier gering zu sein. Das stimmt jedoch nur bedingt, denn es läßt sich heute auch in diesem Bereich Energie sparen, nur schlägt sich das natürlich nicht so auffallend im Geldbeutel nieder wie zum Beispiel eine sparsamere Handhabung von Wasch- und Spülmaschine.

Es gibt aber noch einen anderen wichtigen Aspekt, der es ratsam macht, mit der Beleuchtung energiebewußt umzugehen. Stromgespeiste Lichtquellen sind, mehr noch als die anderen elektrischen Verbraucher, zu Massenprodukten geworden. Die gesamte bundesdeutsche Stromkapazität würde mit einem Schlag verbraucht sein, wenn jeder Bundesbürger 14 Glühbirnen von je 100 W Leistung in Betrieb hätte. Natürlich ist dies eine rein theoretische Rechnung, aber sie veranschaulicht, daß Elektrizität eben nur begrenzt vorhanden ist. Bei den Bemühungen, die Stromnachfrage zu verringern, kann auch die Beleuchtung eine gewisse Rolle spielen – nicht so sehr für den einzelnen, aber gesamtwirtschaftlich wäre sie schon spürbar.

- Wer von uns lebt heute noch in einem natürlichen Rhythmus, steht mit der Sonne auf und geht mit ihr auch wieder schlafen? Ich weiß jedoch von Leuten, die konsequent alternativ landwirtschaften und sich in diesem Rhythmus geborgen fühlen. Sie brauchen fast kein Kunstlicht, schlafen in der wärmeren Jahreszeit, in der es viel Arbeit gibt, weniger, und während des ruhigeren Winters bleiben sie länger in den Betten. Es sind sehr zufriedene Menschen, die ihr Leben in jeglicher Hinsicht nach natürlichen Gesetzen ausgerichtet haben. Sie ruhen in ihrer eigenen Mitte, von der Harmonie, Frieden und Liebe ausstrahlt. Sicher kein realistischer Ratschlag für jeden gestreßten, alle Jahreszeiten mißachtenden Zivilisationsmenschen. Aber dieser hat andere Möglichkeiten:
- Zum Beispiel sollte man nur Lichtquellen einsetzen, die sich durch besonders hohe Lichtausbeute auszeichnen. Die meiste Energie, die in eine Glühbirne gesteckt wird, geht als Abwärme verloren bzw. heizt den Raum mit auf.

Eine billige 100-W-Birne gibt nicht mehr Licht ab als zum Beispiel eine etwas teurere mit Xenon gefüllte 60-W-Birne. Deren längere Lebensdauer macht den Preisunterschied in jedem Fall wieder wett. Ganz neuartige sogenannte SL-

Glühbirnen sind geradezu revolutionär. Sie verbrauchen bei gleicher Lichtintensität 75% weniger Strom. Wegen ihrer hohen Betriebsdauer von rund 5000 Stunden amortisiert sich selbst ihr Anschaffungspreis von über 30 DM.

- Grundsätzlich gilt, daß eine 100-W-Glühbirne bei gleicher Energieaufnahme mehr Licht abstrahlt als vier 25-W-Birnen.
- Lichtquellen dienen oft nicht nur der bloßen Beleuchtung, sondern auch der Schaffung von gemütlicher Atmosphäre. Wo es aber um die Arbeitsplatzausleuchtung geht, sind Leuchtstofflampen den normalen Glühbirnen vorzuziehen. Im Durchschnitt verbrauchen sie bei gleicher Lichtintensität rund 66% weniger Strom und halten etwa 10 000 Stunden Brenndauer aus (normale Glühbirnen höchstens 1000 Stunden). In ihrer Frequenz kommen sie dem Naturlicht näher als Glühbirnen, weisen jedoch einen speziellen Teil des ultravioletten Lichts auf, der in der Atmosphäre nicht vorkommt und als physiologisch schädlich gilt.

Kunstlicht ist heute die Regel. Zahlreiche Wissenschaftler stimmen aber darin überein, daß es bei Menschen, die auch tagsüber ständig solch einem unbiologischen Licht ausgesetzt sind, zu Störungen im Stoffwechsel- und Hormonhaushalt sowie zur Schwächung der Abwehrkräfte kommt und daß somit typischen Zivilisationskrankheiten wie Herz- und Kreislaufstörungen, Kopfschmerzen, Drüsenfunktionsstörungen, Infektionserkrankungen, Neurosen und Depressionen der Weg geebnet wird.

- Auch bei den Leuchtstofflampen gibt es beachtliche Neuentwicklungen, die nicht nur Energie sparen, sondern auch die physiologischen Nachteile dieser Lampen unterbinden. Hervorzuheben ist eine Leuchtröhre (True-Lite), die ein biologisch zuträgliches, tagesähnliches Licht erzeugt. Im Vergleich zu einer herkömmlichen Leuchtstofflampe spart diese neue 20-W-Lampe rund 20 bis 30%, gegenüber Glühbirnen gleicher Lichtstärke sogar 75% Strom ein. Allein schon die Brenndauer von 24 000 Stunden rechtfertigt den Preis von ca. 50 DM. In einer biologisch nicht so wertvollen Ausführung kostet sie nur die Hälfte und leuchtet bis zu 18 000 Stunden.

- Leuchtstoffröhren vertragen häufiges An- und Abschalten nicht und rächen sich mit einer verkürzten Lebensdauer. Jede Schaltung verringert die Brenndauer um fast 3 Stunden und verbraucht zudem verhältnismäßig viel Strom. Ein Abschalten lohnt sich erst dann, wenn die Röhre mindestens 15 bis 30 Minuten nicht benötigt wird. Alle Leuchtstoffröhren sind mehr für den Dauergebrauch gedacht. Ihr Einsatz ist daher erst bei einer Mindestbrenndauer von rund 2 Stunden rentabel.
- Auch die normalen Glühbirnen strafen zu häufiges Ein- und Ausschalten mit einer verkürzten Lebensdauer. Der Strom kann aber abgedreht werden, wenn länger als 10 Minuten kein Lichtbedarf vorhanden ist. Wer auf diese Weise die Lebensdauer seiner Lichtquellen verlängern hilft, spart indirekt mehr Energie als der vermeintlich aufgeklärte Verbraucher, der bei jeder Gelegenheit Glühbirnen aus- und wieder einschaltet. Denn die Produktion einer neuen Glühlampe erfordert letztlich einen viel höheren Energieeinsatz, als man durch ständiges Abschalten einsparen kann.
- Gezieltes Ausleuchten ist sinnvoller als verschwenderische »Festbeleuchtung«. Nur selten ist Helligkeit im ganzen Raum erforderlich. Eine spezielle Lese- oder Arbeitslampe zum Beispiel, die auch ruhig weiterbrennen darf, wenn man den Platz kurz verläßt, ist umweltfreundlicher als zentrale Lichter.
- Indirekte Beleuchtung soll Atmosphäre schaffen. Stromsparend sind dabei Dimmer, mit denen sich Einzelleuchten zu dezenten, behaglichen Lichtquellen umfunktionieren lassen. Achtung: Viele Dimmer reduzieren den Strom mit einem einfachen Widerstand. Das heißt, daß, gleich wieviel Licht abgegeben wird, die Energieaufnahme konstant bleibt. Man sollte sich deshalb im Fachhandel genau erkundigen, ob der

angebotene Dimmer beim Herunterdrehen auch weniger Strom aufnimmt. Nur dann reduziert sich der Energieaufwand entsprechend der geringeren Leuchtstärke.

- Je heller eine Wand, desto mehr Licht wird reflektiert und um so kleiner kann die zu installierende Lichtleistung ausfallen. Eine glatte, weiße Wand reflektiert ca 80% des darauffallenden Lichts, eine dunkelblau gestrichene nur noch 15% und eine schwarze 9%.
- Die Innenseiten von Lampenschirmen haben die Aufgabe der Lichtreflexion. Sind sie stark verschmutzt, können bis zu 50% der Lichtausbeute verlorengehen.
- Auch die Glühbirnen und Leuchtstoffröhren selbst bedürfen einer gelegentlichen Reinigung, denn Staub und anderer Schmutz nehmen dort ebenfalls Licht weg.
- Punktstrahler mit spiegelnden Reflektoren sind besser als mattschwarze und eignen sich vorzüglich, abgegrenzte Bereiche auszuleuchten.
- Kerzen und Petroleumleuchten sind unersetzbare Accessoires gemütlicher Abende. Als kleines, aber unmittelbares Feuer ersetzen sie für viele die Flamme im offenen Kamin. So gesehen haben sie bei uns völlig »elektrifizierten« oder besser »elektro-infizierten« Menschen auch ihre Berechtigung. Geld kann man mit ihnen jedoch nicht sparen, die einfachste Glühbirne leuchtet immer noch billiger!

7. Auto

Ein heikles Thema. Denn noch immer ist das Auto Status-, Prestige- und Wohlstandssymbol schlechthin. Es hat innerhalb weniger Jahrzehnte das Leben der Menschen in den industrialisierten Ländern entscheidend verändert, es hat uns allen mehr Beweglichkeit verschafft, aber auch Wohlstand und Arbeitsplätze; es ist heute ein wichtiger Wirtschaftsfaktor geworden. (Jeder siebte Arbeitsplatz in der Bundesrepublik hängt direkt oder indirekt vom Auto ab.)
Wir leben vom Auto, wir produzieren Autos, wir verkaufen

Autos – das Auto ist ein Stück von uns selbst geworden. Heute müssen die meisten bekennen, daß sie sich ihr Leben ohne Auto nicht mehr vorstellen können. Es ist das »liebste Kind« und meistbenutztes Verkehrsmittel. Aber nicht nur das! Die rund 27 Millionen Kraftfahrzeuge in der Bundesrepublik (davon rund 23 Millionen PKWs) sind die Hauptverursacher der größten Umweltverschmutzung.
Jedes Jahr verbrennen sie auf höchst unwirtschaftliche Weise (weniger als ein Drittel der treibstoffgebundenen Energie wird für den Antrieb benötigt, der Rest geht als Abwärme verloren) rund 40 Milliarden Liter Benzin und Dieselöl! Insgesamt 164 schädliche bzw. giftige Abgassubstanzen wurden bisher festgestellt. Für Natur und Mensch am schwerwiegendsten sind die Schadstoffe Kohlenmonoxyd, die Stickoxyde, Bleiverbindungen und Kohlenwasserstoffe.
Mit der Luftverschmutzung allein ist es jedoch nicht getan. Es gibt bei uns kaum noch eine große zusammenhängende Fläche, die nicht von einem Dauergeräuschpegel belastet wird. Nach den USA weist die Bundesrepublik das größte Autobahnnetz der Welt auf. Unsere Mobilität ist nicht zu übertreffen. Aber: Ein Großteil der Bevölkerung fühlt sich durch Verkehrslärm chronisch belästigt. Kein Wunder, übersteigt doch in den Innenstädten der Lärmpegel oft den zulässigen Grenzwert, wie er für Arbeitsplätze gilt.
Das Auto ist ein Landschafts- und Naturzerstörer: Autobahnen und Gemeindestraßen eingeschlossen, macht unser gesamtes Straßennetz rund 465 000 km aus. Straßen zerschneiden wertvolle Naturlandschaften und zerstören zusammenhängende Natursysteme. Die ökologischen Auswirkungen des Straßenverkehrs sind in ihrer vollen Tragweite nicht mehr überschaubar. Der rasant zunehmende Artenschwund heimischer Fauna und Flora ist in seinem Ausmaß nur zu erahnen. Weitere Beeinträchtigungen geschehen durch das Streusalz (jährlich bis zu 3 Millionen Tonnen), das die Vege-

tation im Bereich von 5 bis 10 m entlang der Fahrbahnen nachhaltig schädigt, durch Ableitung der Straßenwässer aber auch bis zu 100 m weit wirksam werden kann. Folge: 20 000 abgestorbene Bäume pro Jahr und Milliardenschäden durch Korrosion an Verkehrsbauten und Kraftfahrzeugen. Schwermetalle und Kohlenwasserstoffe belasten in immer bedrohlicherem Ausmaß den Boden und den Wasserhaushalt.

Autos sind Rohstoff-Fresser. Das Eisen, das in einem Auto steckt, wird zwar fast zu 100% wiederverwertet, nahezu ganz gehen aber verloren:

- 32,5 kg Aluminium (die heute bekannten Weltreserven reichen, wenn es weiterhin so verschwendet wird, bei prognostizierten Zuwachsraten der Förderung ca. 63 Jahre)
- 26,5 kg Blei (reicht noch ca. 25 Jahre)
- 10,2 kg Zink (reicht noch ca. 19 Jahre)
- 7,9 kg Kupfer (reicht noch ca. 36 Jahre)
- 0,6 kg Zinn (reicht noch ca. 31 Jahre)

Autos schaffen Abfallprobleme: 30 Millionen abgefahrene Reifen (in jedem Reifen stecken 38 Liter Erdöl) müssen in der Bundesrepublik jährlich ausgetauscht werden. Nur ein Viertel davon wird einmal runderneuert.

550 000 Tonnen Altöl fallen jährlich an. Anfangs gut für den Motor, gehört dieses Öl nach seinem Gebrauch zu den wassergefährdenden Umweltstoffen. Für schätzungsweise 10 000 Tonnen kann keine »ordnungsgemäße« Verwertung nachgewiesen werden. Viel, wenn man sich vor Augen hält, daß 1 Liter Altöl bis zu 1 Million Liter Grundwasser ungenießbar machen kann.

Macht uns auf Dauer das Auto wirklich freier und unabhängiger? Bringt es immer noch Lebensqualität? Auch unseren Kindern? Immer mehr zivilisationsgesättigte Menschen empfinden ganz unabhängig voneinander eine immer größere, unangenehme Abhängigkeit vom Auto. Sie können mit ihrer Benzinkutsche nicht mehr genüßlich spazierenfahren, sondern quälen sich am Wochenende höchstens noch als winziges Glied eines unendlich langen blechernen Lindwurms auf den städtischen Ausfallstraßen ab, um irgendwo draußen ein bißchen Natur zu erhaschen, wo sie dann radeln, wandern oder laufen.

Wer glaubt, daß Autos nicht nur umweltschonender gebaut, sondern auch umweltbewußter gehandhabt werden müssen, kann sich den einen oder anderen nachfolgenden Tip zu Herzen nehmen.

- Das fachmännisch gewartete Auto verbraucht keinen unnötigen Treibstoff. Ein schlecht eingestellter Vergaser kann einen bis zu 20% höheren Energieaufwand verursachen. Auch die ganze Zündanlage – von der Zündspule über Unterbrecher und Verteiler bis zu den Zündkerzen – beeinflußt bei falscher Einstellung den Treibstoffverbrauch zuungunsten des Fahrers; ebenso eine schwache Kompression und ein schlecht reguliertes Ventilspiel. Eine nicht richtig arbeitende Startautomatik kann im Kurzstreckenverkehr (10 bis 15 km) den Kraftstoffverbrauch auf das Doppelte anschnellen lassen.
- Schlechtes oder falsches Öl (zum Beispiel Sommeröl im Winter) erzeugt einen überflüssig hohen Reibwiderstand, der mehr Antriebsenergie erfordert. Dasselbe gilt für zuwenig oder zuviel eingefülltes Öl. Deshalb die Markierung am Meßstab genau beachten.
- Manche Autos haben beim Luftfilter eine Sommer- und eine Wintereinstellung. Entspricht diese nicht der Jahreszeit, erhöht sich unweigerlich der Verbrauch. Stark verschmutzte Luftfilter quittieren die unterlassene Reinigung bzw. den nicht vorgenommenen Austausch mit beträchtlichen Betriebsmehrkosten.
- Dank eines geringeren Rollwiderstandes können Gürtelreifen im Vergleich zu anderen Reifentypen bis zu 9% weniger Sprit verbrauchen. Auch der richtige Reifendruck macht sich bezahlt. Schon 0,5 atü weniger als angegeben, führt zu

einem Kraftstoffmehrverbrauch von 5%. Niedriger Reifendruck beeinflußt aber auch Fahrverhalten und Sicherheit und führt wegen der vermehrten Walkarbeit zu frühzeitigem Reifenverschleiß.

- Wer im Hochsommer seinen Tank randvoll füllt, dem geht Kraftstoff und somit bares Geld durch das Entlüftungsventil verloren. Denn durch die Wärme dehnt sich Benzin oder Dieselöl aus, und der Tankinhalt nimmt an Volumen zu.
- Motor und Getriebe gelegentlich auf undichte Stellen kontrollieren, an denen Öl und/oder Kraftstoff heraustropfen kann.
- Leider ist eine einwandfreie Auspuffanlage nicht die Regel. Wie man selbst durch die Stadt oder übers Land dröhnt, hallt es letztlich wider. Lärmschutz ist Menschenschutz.
- Wild deponierte alte Kraftfahrzeugbatterien schädigen die Umwelt ganz beachtlich durch Blei und Schwefelsäure. Jede Werkstatt nimmt sie an und führt sie der Wiederverwertung zu.
- Bei aller Liebe zur Reinlichkeit: Noch nicht jeder Autofahrer weiß, daß eine Motorwäsche nur in einer Werkstatt oder Tankstelle durchgeführt werden darf. Denn die dabei entstehende Öl-Wasser-Emulsion muß über einen Ölabscheider laufen, damit sie nicht ins Erdreich und Grundwasser gelangt. Dasselbe gilt natürlich auch für den Ölwechsel. Man kann ihn zwar selbst durchführen, doch das Altöl ist nur in einer Altölsammelstelle gut aufgehoben.
- Der Trend zum energiesparenden Auto ist eindeutig. Was weniger Energie verbraucht, belastet auch die Umwelt in geringerem Ausmaß. Solch ein Auto wird nach folgenden Kriterien bewertet:

▸ Nach den Vorstellungen des Umweltbundesamtes verbraucht ein »umweltfreundliches« Auto zur Zeit höchstens 9 Liter im Stadtverkehr, 6 Liter bei 90 km/h und 8 Liter bei 120 km/h.

▶ Die Schadstoffe im Abgas (während der Fahrt, nicht im Leerlauf gemessen) sollten 45 g Kohlenmonoxyd, 5 g Stickoxyde und 4 g Kohlenwasserstoffe nicht übersteigen.

▶ Mit einer elektronischen Zündanlage bleiben die Abgaswerte konstant auf ihrem niedrigsten Niveau.

▶ Asbestfreie Brems- und Kupplungsbeläge gehören ebenso dazu wie

▶ ein Fünfganggetriebe. Dabei werden mit einer verringerten Drehzahl, aber bei gleichbleibender Geschwindigkeit, Kraftstoffverbrauch, die Abgase und der Lärm spürbar herabgesetzt.

▶ Bei der Herstellung von Metallic-Farben läßt sich eine außergewöhnliche Umweltbelastung durch gefährliche Lösemittel nicht vermeiden. Gelbe Lacke beinhalten das hochgiftige Cadmium. (Jetzt gibt es aber schon einen cadmiumfreien Lack, der auch bei den Fahrzeugen der Bundespost in Zukunft ausschließlich verwendet wird.)

Noch nicht – aber hoffentlich bald – gibt es ein Auto, das alle diese Mindestanforderungen an Energieverbrauch und Umweltschutz erfüllt. Je öfter die Autokäufer danach fragen und somit ihr entschiedenes Interesse bekunden, desto schneller kommt die Industrie der neuen, umweltbewußten Nachfrage entgegen.

Am wirkungsvollsten läßt sich der Treibstoffverbrauch und die Abgasbelastung durch eine bewußt energiesparende Fahrweise senken. Entsprechende Untersuchungen ergaben Verbrauchsunterschiede von bis zu 60% – allein durch die Fahrweise!

● Motor starten und sofort losfahren. Warmlaufenlassen im Stand verpestet nicht nur unnötig die Luft (im Leerlauf sind die Abgaswerte besonders ungünstig), sondern kostet zusätzlich Kraftstoff, belästigt die Nachbarn und schadet obendrein noch dem Motor. Die erforderliche Betriebstemperatur wird während der Fahrt am schnellsten erreicht.

● 3 Minuten Leerlauf entsprechen dem Benzinverbrauch

von 1 km Fahrt. An geschlossenen Bahnschranken, bei Autobahnstauungen und anderen längeren Wartezeiten lohnt es sich, den Motor abzustellen.

- Choke möglichst früh wieder in Ausgangsstellung bringen. Bei voll gezogener Drosselklappe steigt der Verbrauch auf das Doppelte bis Dreifache.
- Sogenannte Kavalierstarts, ständig scharfes Beschleunigen und das zwangsläufig damit verbundene häufige Bremsen verursachen einen höheren Benzinverbrauch sowie unnötigen Verschleiß von Brems- und Kupplungsbelägen (Asbest), Reifen (Abrieb), Antriebstechnik (Reparaturen) und Nerven der Fahrer (Gesundheit). Mit gleichmäßigem Fahren kommt man, zumindest in der Stadt, genauso schnell voran, braucht im Vergleich zu Kavalierstarts und anderen männlichen Potenzbeweisen bis zu 45% weniger Treibstoff, schützt Umwelt und Mitmenschen und hilft mit, die Zahl der Verkehrsunfälle zu verringern.
- Höchstgeschwindigkeiten bedeuten höchsten Energieverbrauch und maximale Umweltbelastung. Bleibt die Tachonadel nur 20% unter der möglichen Höchstmarke, spart man schon rund 25% Benzin bzw. Dieselöl ein! Je größer das Auto, desto höher die Einsparung.
- »Sportliches« Fahren (wer ist denn dabei sportlich aktiv?) kostet Geld und bringt im Durchschnitt keinen Zeitgewinn. Die einzelnen Gänge besser nicht voll, sondern höchstens zu zwei Drittel ausfahren. Zwischengas brauchen die heutigen Synchrongetriebe nicht mehr, nur noch spätpubertäre Angeber sind darauf angewiesen.
- Als Faustregel gilt: 100 kg zusätzliches Gewicht kosten 1 Liter mehr Treibstoff auf 100 km Fahrtstrecke. Ein entrümpelter Kofferraum verbessert die Energiebilanz.
- Dachgepäckträger erhöhen den Luftwiderstand ganz wesentlich und können je nach Geschwindigkeit den Verbrauch um bis zu 15% steigern. Es macht sich bezahlt, wenn Gepäckträger nur bei wirklichem Bedarf montiert werden.

- Ab 100 km/h steigen alle Werte übermäßig an. Ein Auto, das 130 km/h schnell fährt, verbraucht 30% mehr Treibstoff, ist dreimal so laut und verschmutzt entsprechend mehr Luft und Umwelt als ein mit Tempo 100 fahrendes.
- Je mehr Sitzplätze im Auto belegt sind, desto wirtschaftlicher wird das Fahren. Wenn schon Individualverkehr, dann sollte man auch die Größe des Autos nicht nur an Wochenenden mit der Familie nutzen, sondern auch werktags. Bei einer Vierer-Fahrgemeinschaft fährt dann zum Beispiel nur noch ein Auto (statt vier) von einem bestimmten Dorf- oder Stadtteil zum gemeinsamen Arbeitsplatz, die Fahrtkosten reduzieren sich um 75%, und die Umwelt wird entsprechend entlastet.

Angenommen, die vier müssen täglich eine Strecke von 20 km zurücklegen (hin und zurück), dann spart jeder Mitfahrer – Wartung und Reifenverschleiß sind bei dieser Berechnung bereits abgezogen – jährlich knapp 500 DM. Der eingesparte Kraftstoffverbrauch macht auf diese Weise mindestens 1400 Liter aus.

Zusätzlich verfügen die drei zu Hause gebliebenen Ehepartnerinnen über einen Wagen, der die Anschaffung eines Zweitautos hinfällig werden läßt.

- Jedes Jahr findet jeweils am letzten Sonntag im September (25.9. 1983, 30.9. 1984) der von Umweltschützern eingeführte freiwillige autofreie Sonntag statt. Würden dabei alle mitmachen, was wäre dies für ein Tag! Alles ruhig, Geräusche kämen nur von Menschen, keine Parkplatzprobleme, ein Tag ohne Streß, Lärm und Umweltverschmutzung. Man dürfte an der wirklich frischen Luft wandern, radeln, spielen, auf den Straßen Skateboard fahren, würde in der S-Bahn oder im Zug auf der Fahrt ins Grüne viele neue und bekannte Gesichter treffen, könnte miteinander kommunizieren, lachen, fröhlich sein. An solch einem autofreien Sonntag würde aber bei uns folgendes nicht vorkommen (Angaben sind Tagesdurchschnittswerte):

▸ *Luftverschmutzung:*	274	Tonnen Schwefeldioxyd
	956	Tonnen Stickoxyd
	21585	Tonnen Kohlenmonoxyd
	2213	Tonnen Kohlenwasserstoffe
		69 Tonnen Staub
▸ *Lärm durch Motorfahrzeuge*		
▸ *Unfälle:*	1090	Unfälle mit Personenschäden
	52	Straßentote
	568	Schwerverletzte
	1076	Leichtverletzte
	835	Sachschäden über 1 000 DM
▸ *Benzinverbrauch:*	rund 95 Millionen Liter Benzin und Dieselöl	

Der freiwillige autofreie Sonntag zeigt neue Lebensqualitäten auf. Jeder kann sie aufgreifen und in sich bewußt werden lassen.

- In 85% aller bundesdeutschen Haushalte steht ein Fahrrad. Heute sind die Städte noch von Autos geprägt, und wegen jahrzehntelanger falscher Verkehrspolitik gibt es in ihnen nicht einmal genügend Radwege. Doch das wird sich ändern. Die Weichen sind gestellt, und viele Städte bemühen sich inzwischen redlich, das Versäumte nachzuholen und fahrradfreundlicher zu werden.

Auf Strecken bis zu 3 km ist das Fahrrad durch Wendigkeit und entfallende Parkplatzsuche dem Auto weit überlegen. Und längere Wege sind in der Stadt mit Omnibus, U-Bahn oder Straßenbahn kostengünstiger und umweltgerechter zu bewältigen.

- Das umweltfreundlichste Auto ist immer noch das parkende Auto. Oder kann jemand gar schon völlig darauf verzichten?

8. Alternative, dauerhafte Energiequellen

Schon heute – und speziell für kleinere Einfamilienhäuser – gibt es zahlreiche Möglichkeiten, dauerhafte Energiequellen mit Hilfe sanfter Technologien wirkungsvoll zu nutzen. Noch sind sie nicht so zur Selbstverständlichkeit geworden wie zum Beispiel Autos oder Ölzentralheizungen, ihr Preis ist daher oft noch relativ hoch, sofern es sich um industriell gefertigte Anlagen handelt. Im Eigenbau haben aber schon viele Bastler einfache Systeme verwirklicht, die für wenig Geld großen Nutzen bringen.

Wer sich für die Alternativenergienutzung interessiert, ist gut beraten, wenn er sich in die im Anhang angegebene Literatur vertieft. Diese Bücher geben Antwort auf alle Detailfragen. Hier möchte ich nur über die Anwendungsbereiche und Möglichkeiten im Privathaushalt einen Überblick vermitteln.

Zuvor noch ein außergewöhnliches Beispiel, das die Frage beantwortet, ob auch in unserer Klimazone dauerhafte Energiequellen, vor allem die Sonne, wirksam genutzt werden können. Rudolf Doernach, früher Architekturprofessor in Stuttgart, heute nach seinem Selbstverständnis »Biotekt« und milchschafzüchtender Landbewohner, realisierte bei Hennef in Nordrhein-Westfalen ein kühnes, aber sehr logisch durchdachtes Alternativprojekt – das energieautarke Biohaus in Süchterscheid. Ich habe es öfters besucht und auch auf einem der ersten dort abgehaltenen Seminare die außergewöhnliche Bauweise kennenlernen können.

Das Biohaus erzeugt weitgehend seine eigene Energie, entsorgt sich selbst und produziert nebenbei noch Gemüse und Früchte, die der Bauherr, Biogärtner Dr. H. Hüsgen, im und um das Haus herum erntet.

Der tragende Teil des zweistöckigen Hauses mit seinen 250 m² Wohnfläche besteht aus unbearbeiteten Rundstämmen, die aus Schwachholzbeständen stammen und entsprechend billig waren (rohstoffbewußtes Handeln). Verkleidet ist das Biohaus mit Schwartenholz (Abfall), das in Zukunft nicht mehr sichtbar sein wird, weil dann spezielle Kletterpflanzen das Haus umwachsen haben (Lebensraum für Vögel, klimatisierend, sauerstofferzeugend, zusätzliche Isolation). Die ungewöhnliche Isolation des Baus verblüfft in Preis und Wirkung: Sie besteht aus aufeinandergestellten Preßstrohballen, die zum Brandschutz mit Wasserglas besprüht wurden.

Hauptenergieerzeuger ist ein 60 m^2 großes »Sonnenauge« an der Südseite. Die harmonische Grundfläche des Hauses wurde der sechseckigen Bienenwabe abgeschaut. Zwei dieser sechs Seiten sind vertikal vollständig verglast und weisen von Osten über Süden nach Westen. Dieses Sonnenauge ähnelt einem Wintergarten oder mehr noch einem ins Haus integrierten Gewächshaus und wird tatsächlich auch als solches benutzt. Ein von der Decke bis zum Boden hängender Vorhang (nach außen schwarz, nach innen hell) bildet den Hintergrund des Heizungssonnenkollektors. Je nach Sonnenstand wird er am Tag von Osten nach Westen geschoben (könnte auch automatisch erfolgen). Aber durch ein bis zwei Drittel der verglasten Fläche kommt immer genügend Licht ins Haus.

Die zwischen dem Glas und dem Vorhang erwärmte Luft steigt nach oben und wird mit Ventilatoren durch Röhren in den Energiespeicherkeller geleitet. Verschiedene Speichersysteme nehmen dort die Wärme auf. Bei Bedarf, abends oder an Tagen ohne Sonnenschein, pumpen die Ventilatoren die Wärme in umgekehrter Richtung ab und leiten sie den einzelnen Wohn- und Nutzräumen zu. Die sternförmige Kernsäule in der Mitte des Hauses dient als Kurzzeit-Wärmepuffer. Eventuell benötigte Restenergie liefert im Winter ein Dauerbrandofen, der die Mittelsäule und über sie das ganze Haus beheizt.

Die geographische Lage des Gebäudes – es liegt auf der Spitze einer ungeschützten Kuppe – bot sich für die Windenergienutzung an. Strom für Licht, Ventilatoren und allerlei Haus- und Küchengerät liefert ein kleiner Windgenerator auf dem Dach; der Strom fließt in das 12-Volt-Hausnetz mit stromspeichernden Akkumulatoren.

Eine frei aufgestellte Solaranlage neben dem Haus erzeugt ausreichend Warmwasser für Bad und Dusche, die Abwässer laufen in eine biologische Schilfkläranlage und werden kompostiert.
Kleine Hügel rings um das Haus leiten den Wind ab, so daß er nicht unmittelbar und mit voller Wucht auf das Haus prallt. Wenn die Kletterpflanzen das Gebäude ganz eingehüllt haben und das Gras auf dem Dach sprießt, wird das Biohaus völlig in die Natur integriert sein.
Wissenschaftler aus aller Welt bestaunen dieses energieautarke Haus in Deutschlands Mitte. Vieles wird sicher noch vervollkommnet und weiterentwickelt werden. Der Ansatz ist jedenfalls richtig: mit und in der Natur Hand in Hand zu arbeiten, für eine menschengerechte, lebenswerte, natürliche Zukunft.
Wer das Biohaus besichtigen möchte, kann sich beim Bauherrn Dr. H. Hüsgen, Auf der Sandkaule, Süchterscheid, 5202 Hennef 41, melden.

Sonnenenergie

1980 sparten in der Bundesrepublik 5000 Solaranlagen rund 4 bis 5 Millionen Liter Heizöl ein. Vom Gesamtenergiebedarf her gesehen viel zuwenig. Trotzdem bedeutet dies, daß jedes mit einer solchen Anlage ausgestattete Haus durchschnittlich in jenem Jahr 800 bis 1000 Liter Öl eingespart hat.
Noch beläuft sich die Amortisationszeit von Solaranlagen auf rund 6 bis 8 Jahre; sicher der Hauptgrund, weshalb viele vor den Investitionen zurückschrecken. Freunde von uns haben aus diesem Grund einen Sonnenkollektor selbst gebaut. Material- und Kostenaufwand: ein geschenkter alter 1000-Liter-Öltank und 500 DM für Schläuche, zwei Kupferrohre, Isolationsmaterial, Kunststoffteile, Holz und anderes. Seit 5 Jahren liefert diese Anlage der vierköpfigen Familie von April bis Oktober das warme Wasser für Bad und Dusche. Da alles mit Schwerkraft funktioniert (der Tank befindet

sich über dem Kollektor), entfällt sogar der Strom für eine Pumpe, die Betriebskosten sind gleich Null.
Aufwendigere Anlagen arbeiten mit Wärmetauscher und können somit das ganze Jahr über in Betrieb bleiben.
Solarzellen verwandeln Licht unmittelbar in elektrischen Strom. Für den Hausgebrauch sind diese Siliciumzellen noch zu teuer, sie können aber für nicht elektrifizierte Häuser schon problemlos ausreichend Strom für Licht und niederspannige Kleingeräte (Radio, Recorder usw.) liefern. Für die nahe Zukunft wird man hier noch viel erwarten können, vor allem rapide Kostensenkungen.
Sonnenenergie für Privathäuser kann genutzt werden

- zum Erwärmen von Brauchwasser (Küche, Bad, Dusche),
- als Zusatzheizung in Wohnräumen (indirekt, indem das erwärmte Wasser in die herkömmliche Zentralheizung fließt und dort die Kosten für Primärenergieträger verringern hilft, als Niedertemperaturheizung oder als »Sonnenauge« wie in dem beschriebenen Biohaus),
- zum Beheizen von Gewächshäusern, Schwimmbädern,
- zur Stromerzeugung auf 12-Volt-Basis.

Windkraft

Neben der Wasserkraft ist sie die älteste, seit Jahrtausenden genutzte Naturenergie. Noch zu Beginn unseres Jahrhunderts drehten sich an der Nordseeküste rund 100 000 Windräder, davon 22 000 allein in Deutschland. Die Entwicklung der anfangs problemlosen Elektrizität brachte ein Windrad nach dem anderen zum Verschwinden. Unter den gegebenen Voraussetzungen ließen sich in Deutschland mit modernen Windgeneratoren auf sauberste Weise und vor allem dauerhaft 8 bis 20% des gesamten Strombedarfs decken. Die Erzeugung müßte dezentral, aber auch zentral, vor allem auf Höhen und an den Küsten erfolgen.
Eine Stromselbstversorgung mit Windkraft ist in windreichen Gegenden rentabel. Entweder wird der erzeugte Über-

schußstrom ins öffentliche Netz geleitet oder in Batterien gespeichert. Bislang ist es leider so, daß die Elektrizitätsversorgungsunternehmen wenig Interesse an dezentral erzeugtem Strom haben und daher die eingesparte Elektrizität so schlecht vergüten, daß daran niemand Gefallen findet. In Schleswig-Holstein gibt es jetzt eine Vereinbarung mit dem Elektrizitätsversorgungsunternehmen SCHLESWAG. Die dort angeschlossenen Windkraftanlagen werden sich in etwa 10 Jahren amortisiert haben.
Kleinere Generatoren für Einzelhäuser, wie zum Beispiel in dem erwähnten Biohaus, laufen mit Niederspannung und erzeugen gerade so viel Strom, wie man für Licht und Kleingeräte benötigt.
Besonders interessant sind Windenergieanlagen, die den gesamten Jahresstromverbrauch von mehreren Häusern bereitstellen können. Die Anlage EROMAN, ein 10 Meter hoher Mast mit einem 11-Meter-Rotor, kann je nach Standort 50 000 bis 60 000 kWh im Jahr erzeugen. Das reicht aus, um 10 bis 15 Einfamilienhäuser 12 Monate hindurch voll mit normalem Wechselstrom zu versorgen. Ihr Anschaffungspreis von über 80 000 DM amortisiert sich in 6 bis 10 Jahren. Kleinere Anlagen mit 10-kW-Leistung reichen für ein Doppelhaus und kosten zwischen 25 000 und 50 000 DM. Je mehr Haushalte sich zusammenschließen, desto günstiger wird die Anschaffung. Während aber die Strompreise in Zukunft stetig, bald sogar sicherlich rapide ansteigen werden, müssen für die Windanlagen nach der Amortisationszeit nur noch die Wartungskosten aufgebracht werden.

Wasserkraft

Wer an einem geeigneten Wasserlauf wohnt und über das Wasserrecht verfügt, kann sein eigenes Kleinkraftwerk installieren lassen und Strom und/oder Wärme erzeugen. Rund 10 000 Wasserkraftanlagen sind in der Bundesrepublik noch in Betrieb, die zusammen für Mühlen, Sägewerke,

Papierfabriken oder Privathäuser rund 5 Milliarden kWh Strom erzeugen.
Unzählige Möglichkeiten gäbe es zu nutzen, wenn der abgegebene Überschußstrom von den Elektrizitätsversorgungsunternehmen besser bezahlt würde. In der jetzigen Situation sind die Anreize für die Installation von Wasserkleinkraftwerken gering.
Trotzdem lohnt sich die Wasserkraftnutzung langfristig auch für Kleinversorger (ein bis mehrere Häuser). Wie bei Windgeneratoren sind die Betriebskosten nach Ablauf der Amortisationszeit sehr gering, der Strom wird also dann immer billiger statt teurer. Allerdings ist das wasserrechtliche Genehmigungsverfahren langwieriger als bei einer Windkraftanlage. Der Staat müßte solche Privatinitiativen unterstützen, denn es ist angesichts der derzeitigen Verschwendung von Primärenergieträgern ein Unding, rund 3000 MW Strom ungenutzt zu lassen. Soviel Elektrizität könnte man vorsichtigen Schätzungen zufolge mit der weitläufigeren dezentralen Nutzung der Wasserkraft in Kleinanlagen gewinnen. (Zur Zeit leisten in der Bundesrepublik 14 Atomkraftwerke 9059 MW!)
Wer Wasserkraft zu nutzen vermag, kann damit seinen gesamten Energiebedarf (Strom und Heizung) decken. Man hat dann eine besonders umweltfreundliche Energiequelle angezapft, welche die Gewässer nicht belastet, sondern sogar noch mit Sauerstoff bereichert, die die Luft nicht verschmutzt und wegen ihrer dezentralen Nutzung kein aufwendiges, landschaftszerstörendes Verteilungsnetz mit Hochspannungsmasten, Umspannwerken und Verdrahtung der Landschaft erfordert.

Heinz Kaminski

Die 12 Gebote einer NATUR-POLITIK

Von der Notwendigkeit eines globalen Zusammenwirkens aller Kräfte

(Prof. Heinz Kaminski, Jahrgang 1921, ist Gründer und Direktor der Sternwarte Bochum und des ihr angegliederten Instituts für Umwelt- und Zukunftsforschung. Seit 1968 engagiert sich der international anerkannte Wissenschaftler für die Umsetzung der Ergebnisse aus Umwelt-, Erd- und Weltraumforschung in die Öffentlichkeitsarbeit, Weiterbildung und Politik.)

Die seit 1970 mehr und mehr in den Vordergrund tretenden Fragen nach den »Grenzen des Machbaren« unter Berücksichtigung der ökologischen Gesetze auf dem Planeten Erde haben in einem unübersehbaren Ausmaß von Jahr zu Jahr immer stärkere Beachtung gefunden.
Betrachtet man aber demgegenüber die Reaktionen der großen Industrienationen wie auch der Nationen der Zweiten und Dritten Welt auf die unabweisbare sich steigernde Notwendigkeit eines konsequenten Handelns, dann muß man feststellen, daß offensichtlich das ökologische Problem nicht in seinem schwergewichtigen, ganzen Umfang erkannt wird.
Ein Musterbeispiel hierfür ist die sogenannte Ölkrise der Jahre 1972/73, die die Industrienationen scheinbar urplötzlich und unerwartet vor die Problematik der Energieabhängigkeit stellte.
Nachdem die Ölimportländer wieder aus den erdölexportierenden Staaten die benötigten Ölmengen erhielten, wurden Auswirkungen und Erkenntnisse aus dieser allgemeinen Energiekrisensituation verdrängt. Man versucht vielmehr

mit allen Mitteln, den Ausgangszustand wiederherzustellen. Auf die zwingende Frage nach der Ölabhängigkeit antworten die Regierungen, es gehe darum, wieder den Anschluß an die Ausgangsposition des Jahres 1971 zu finden. Ihr Argument: Nur durch ein stetiges Wirtschaftswachstum ist der derzeitige Wohlstand der Welt (das heißt der Lebensstandard der Besitzenden, der Reichen, der Industrieländer, gleich welcher ideologischen Zugehörigkeit) zu erhalten bzw. noch zu steigern.
Doch in den beiden großen tragenden Gesellschaftssystemen der Industrienationen dieser Erde, dem kapitalistischen des Westens und dem marxistisch-leninistisch-sozialistischen des Ostens stehen die Träger der Regierungsverantwortung ganz offensichtlich nahezu vor den gleichen Problemen: ihren Bürgern die Realitäten der allgemeinen Lage nahezubringen, daß die bisher propagierten Zuwachsraten, welche den gegenwärtigen Wohlstand nicht nur konsolidieren, sondern weiter erhöhen sollten, nicht realisiert werden können!
Die Auswirkungen der ersten und zweiten industriellen Revolution auf die ökologische Ganzheit und die derzeit umbruchartig erkennbaren Strukturveränderungen, eingeleitet durch die dritte industrielle Revolution, bedürfen dringend einer grundsätzlichen Erörterung, um nicht von dieser Fehlentwicklungstendenz »getrieben« zu werden, sondern die Technologie im Sinne einer humanen Neugestaltung eines vernünftigen und weiterführenden Weges für die ökologische Ganzheit politisch zu nutzen.
Nur durch eine weltweit koordinierte wirtschaftspolitische Allianz kann sich zwangsläufig eine Arbeitsteilung bei der notwendigen »organischen« Entwicklungspolitik mit den hieraus resultierenden neuen Wohlstands- und Besitzverhältnissen ergeben, soll unsere heutige globale Wirtschaftsordnung nicht ganz aus dem Tritt geraten und dadurch nicht nur die wirtschaftliche Existenz der Menschheit in Frage gestellt werden.

Als ein nur am Rande bemerkter, die zukünftige Gefährdung der Spezies Homo sapiens aber in fast apokalyptischer Weise bestimmender Faktor muß hier die Bevölkerungsexplosion gesehen werden. Die Erdbevölkerung überstieg bereits 1980/81 die Vier-Milliarden-Grenze und wird selbst bei vorsichtiger Hochrechnung der gegenwärtigen Tendenz um das Jahr 2000 ca. 7 bis 8 Milliarden erreichen. Jeden Tag wächst die Erdbevölkerung um eine Großstadt mit 480 000 Einwohnern!
Jeder dieser neu hinzukommenden Erdenbürger engt unabweisbar den Freiraum des ökonomisch Machbaren und des ökologisch Notwendigen auf diesem Planeten ein. Andererseits sind die derzeit lebenden 4 Milliarden Menschen nicht in der Lage, die genannten Probleme zu ordnen und zu regulieren. Außerdem schieben die vorhandenen politischen Systeme die erkannten und notwendigen Lösungsschritte ungelöst vor sich her.
Die Schwierigkeiten, eine globale Übereinstimmung ökonomischer, ökologischer und entwicklungsstrategischer Ratio zu finden, haben ihre grundsätzliche Wurzel darin, daß die derzeit auf der Erde bestehenden politisch-wirtschaftlichen Leitbilder mit ihren ideologischen Grundlagen und dogmatischen Positionen aus Stufen der menschlichen Entwicklung stammen, die überholt sind.

Grundkonzeption der NATUR-POLITIK (Therapie)

Die Ableitung einer sich an den Gesetzen unseres Planeten orientierenden NATUR-POLITIK erfolgt unter vorrangiger Berücksichtigung des heutigen wissenschaftlichen ökologischen Erkenntnisstandes, durch den die Ganzheit »Planet Erde« beschrieben wird.
Die notwendige Kombination dieser Erkenntnisse, das heißt die Umsetzung der Erkenntnisse in Anweisungen und Empfehlungen, ist heute möglich durch die Weltraumtechnologie und die moderne Computertechnik. Die NATUR-POLI-

TIK ist damit der einzige Weg zu einem naturadäquaten politischen Verhalten. Naturgesetzliche Zusammenhänge des Planeten Erde werden zum Gebot des Handelns.
Eine Änderung der bestehenden Gewohnheiten des gesamten Systems bedeutet einen schwierigen und unter Umständen sogar gefährlichen Eingriff in die menschliche Existenz. Nur steht diesem Eingriff die Erkenntnis zur Seite, daß jene Methode zum Umdenken »à la nature« frei von abstrakten ideologischen Konstruktionen ist. Das Ziel der gemeinsamen Politik zur Regulierung der ökologischen Ganzheit ist wissenschaftlich klar definiert und nicht in Bereichen spekulativer Überlegungen zu suchen. Nachstehende politische Forderungen sind daher unerläßlich.

Naturpolitische Forderungen und Maßnahmen

1. Nachdrückliche Förderung des allgemeinen Bewußtseins, daß der Planet Erde eine in sich abgeschlossene, begrenzte und spezielle ökologisch und ökonomisch endliche Einheit ist und daß auch die materielle Entwicklung der Menschheit daher begrenzt ist.
2. Das Leben in einem derartigen begrenzten System bedeutet für die Menschheit und damit für jedes Einzelglied die Notwendigkeit der Einordnung in diese Ganzheit sowie die Einsicht, daß zum Beispiel niemand sich zu Lasten anderer Vorteile verschaffen oder jemanden in seinem biosystemverträglichen Verhalten behindern darf.
3. Die Bodenschätze (Ressourcen) des Planeten Erde, bekannte wie vermutete, sind zu bilanzieren. Sie können nur gemeinsam und in dem Ausmaß ökologisch und ökonomisch genutzt werden, daß für überschaubare Zeiten unter gleichzeitiger Berücksichtigung einer der Ganzheit angepaßten Bevölkerungspolitik ihre sinnvolle Nutzung auch in der Generationenfolge sichergestellt ist.

4. Die Bevölkerungszahl dieser Erde muß in den nächsten 40 Jahren auf einen Wert von ca. 4 bis 6 Milliarden stabilisiert werden.
5. Die Erforschung und der Einsatz systemverträglicher alternativer Energien muß rapide beschleunigt werden. Hierzu gehört die verstärkte Nutzung der Sonnen-, Wind-, Erdwärme- und Gezeitenenergie. Ferner: Intensivierung der Forschungen zu Effektivitätssteigerungen bei Energiegewinnungs- und Umsetzungsprozessen, Erstellung objektiver Energiebedarfsbilanzen, Aufstellung einer Prioritätenliste für Forschung und Anwendung.
6. Die natürlichen materiellen Bedürfnisse des Menschen werden unter Berücksichtigung der Gesamtbilanz des Erdsystems geschätzt, hierauf aufbauend folgt eine entsprechende, dem Erdsystem angepaßte Güterumverteilung.
7. Profitüberlegungen stören immer stärker den gesamten Problemkreis. In einem organisch-ökologisch bestimmten System, dessen Ressourcen jeglicher Art begrenzt sind, darf das egozentrische Gewinnstreben nicht Triebfeder und einziger Ansporn zur Initiative sein. Die Leitaktivität, die die Menschheit in einem auf sich allein gestellten geschlossenen System angepaßt ausleben darf, ist die spezifische, dem Erdsystem ökologisch angeglichene, gemeinschaftlich verbundene solidarische Aktivität, die das Überleben der Menschheit, das heißt die Erhaltung der Art auf diesem Planeten sichert.
8. Maßnahmen oder Verhaltensformen, die in ihrer Auswirkung auf die Ganzheit als negativ zu erkennen sind oder bei denen unter Umständen auch nur fundierte Zweifel über ihre ökologische Unschädlichkeit bestehen, müssen so lange zurückgestellt werden, bis diese Zweifel wissenschaftlich entkräftet sind, um nicht ungewollt eine irreversible Schädigung bzw. Zerstörung der ökologischen Ganzheit zu erzeugen.
Dazu gehört auch die Beachtung des sogenannten Aus-

schließlichkeitsprinzips. Hierunter soll die ökologische Situation der Ganzheit vor Beginn der ersten industriellen Revolution verstanden werden, gewissermaßen als ein ökologischer Nullzustand. Alle Einflüsse und Einbringungen, die aus der dann folgenden Entwicklung von Naturwissenschaft und Technik in die ökologische Ganzheit unbewußt, aber mit brachialer Gewalt eingeführt wurden, muß man auf ihre ökologische Verträglichkeit überprüfen. Das gilt auch für jene Einflüsse und Einbringungen, durch die heute noch permanent mit stetig steigenden Quantitäten und Qualitäten in die ökologische Ganzheit eingegriffen wird.

Alle Einwirkungen und Einbringungen – unter anderem die Einflüsse der Chemie, der atomaren Techniken, der Abwärmen, der Stäube, des Verkehrs – sind Fremdkörper für die ökologische Ganzheit und unter Umständen in der Lage, ihre in Jahrmillionen gewachsenen Regulationsmechanismen zu stören oder sogar gänzlich außer Funktion zu setzen. Dies zu beachten ist die Hauptforderung aus dem Ausschließlichkeitsprinzip für die Erhaltung der ökologischen Ganzheit.

9. Die technologischen Entwicklungsabschnitte, bewirkt durch die erste und zweite industrielle Revolution, und das Fortschreiten dieser Entwicklungstendenz in die jetzt voll anlaufende dritte industrielle Revolution (Automation, Computersysteme, Rationalisierung usw.) müssen vor dem Hintergrund naturpolitischer Verträglichkeitsforderungen kritisch überdacht werden. Der ausschließliche Einsatz der heutigen »harten« Technologien führt offensichtlich in eine Sackgasse und bedarf daher einer generellen Veränderung bzw. der Anpassung an »weiche« Technologien. Hiermit eng verbunden ist die Sicherung bestehender und die Schaffung neuer Arbeitsplätze in den verschiedenen Szenarien der globalen ökologischen Ganzheit.

10. Die ökologische Ganzheit Planet Erde verbietet, abgelei-

tet aus den naturgesetzlichen Gegebenheiten, jegliche Form kriegerischer Auseinandersetzungen. Die Rüstungsanstrengungen der Nationen oder Machtblöcke in den Bereichen der atomaren, biologischen und chemischen Waffen sind generell zu verbieten. Diese Waffentechniken haben allesamt tiefgreifende und teilweise irreversible, ökologisch zerstörende Wirkungen.
Zusätzlich ist die Verschleuderung von letzten Rohstoffreserven für Zwecke der Rüstung vor den jetzigen und den kommenden Generationen unverantwortlich. Die Menschheit an der Schwelle zum Jahr 2000 muß sich auch im Bereich der Kriege und Rüstungen aus dem Steinzeitdenken radikal lösen. Das ökologische Bewußtsein, eine Politik, die sich aus den Naturgesetzen ableitet, fordert das Leben in Frieden miteinander.

11. Eine solche NATUR-POLITIK ist in der Lage, die Menschheit aus der derzeitigen Zwangs- und Grenzsituation ihrer Existenz herauszuführen. Jene Maßnahmen erfordern aber eine globale Verständnisbereitschaft, das heißt die Einsicht der großen Industrienationen – der entwickelten Länder in Ost und West –, sich aus dogmatisch-ideologischen Verkrampfungen zu lösen. Dies bedeutet jedoch keine Diskriminierung der einen oder anderen These oder dogmatischen Richtung, sondern stellt analytisch-wissenschaftlich fest, daß die Ausgangsansätze, die zu dieser oder jener These führten, aufgrund eines geringen globalen Erkenntnisstandes von falschen Voraussetzungen ausgingen.
12. Derartige Erkenntnisse sollten einem vernunftbegabten Wesen wie dem Menschen eigentlich den Einstieg ermöglichen, trotz aller verständlichen subjektiven Ansprüche des einzelnen, der Nationen und der Blöcke, die die »letzten Wahrheiten« bereits besitzen, sich doch noch zu einer notwendigen Kurskorrektur bzw. Kompromißbereitschaft zu entschließen. Eine intensive Auf-klärung über Notwendigkeit und Inhalte der NATUR-POLITIK

ist erforderlich, wenn noch rechtzeitig ein weiteres Abgleiten der Menschheit in die Situation unüberschaubarer Existenzrisiken verhindert und wenn alsbald ein weltweiter Neubeginn bewirkt werden soll.
Es ist zu hoffen, daß die internationalen Organisationen, die nationalen Regierungen, die Verantwortlichen für die Massenmedien und die Religionsgemeinschaften die Leitthemen einer NATUR-POLITIK umgehend aufgreifen.

Zusammenfassung

Die Grundprinzipien einer NATUR-POLITIK, die hier vorgestellt wurden, sind nicht ideologisch, sondern ausschließlich naturwissenschaftlich begründet.
Es gibt keine zwingenderen Gesetze, die das Leben und das Verhalten der Menschheit auf diesem Planeten bestimmen und formen, als die von der Natur vorgegebenen Gesetze der ökologischen Ganzheit.
Mit dieser Realität unseres Daseins auf dem Planeten Erde wird sich die Menschheit abfinden und sich den unabweisbaren ökologischen Gegebenheiten anpassen müssen. Erfolgt diese Anpassung nicht rechtzeitig, das heißt schon in den nächsten Jahren, dann ist ein apokalyptisches Chaos nicht ausgeschlossen. Die Infragestellung der existentiellen Zukunft der Menschheit wird sich nicht nur erkennbar abzeichnen, sondern die Entwicklung wird dann mit Sicherheit darauf hinauslaufen, daß eine Auslöschung der menschlichen Existenz eintritt. Das kann aber nicht der Sinn der menschlichen Geschichte sein. Die Menschheit, die unter diesem Blickwinkel nur als Ganzes gesehen werdenkann, hat jedoch mit einer organisch angepaßten NATUR-POLITIK die Chance zum Überleben.
An die Stelle derzeitiger irrealer, utopischer oder menschenfeindlicher Zielsetzungen, wie Diktatur des Proletariats, Weltherrschaft des Kapitals, unbegrenzte individuelle Frei-

heit, Krieg und Rüstung, muß das Leitbild der Naturgesetze und ihrer arterhaltenden friedlichen Anwendung auch für kommende Generationen treten. Klassenkampf muß durch die Symbiose, ein Grundprinzip der ökologischen Naturgesetzlichkeit, ersetzt werden.

Schon die heute vorliegenden Ergebnisse aus der Anwendung der Weltraumtechnologie für die Erforschung des Planeten Erde sind in der Lage, der Menschheit den neuen Weg mittels einer Politik, die sich an der Natur, das heißt an den ökologischen Gesetzen dieses Planeten orientiert, in eine lebensfähige Zukunft zu weisen!

II. Chemie – Die Angst vor der großen Unbekannten

Nach einer Umfrage haben die Deutschen in erster Linie Angst vor Arbeitslosigkeit (94%), 50% machen sich ernsthafte Sorgen um die Umwelt, 39% aber fürchten sich regelrecht vor den zunehmenden Giftbelastungen ihrer Lebensräume.

Seit der Katastrophe von Seveso 1976, als in einem norditalienischen Chemiewerk 2 kg TCDD (Tetrachlordibenzdioxin, eine der giftigsten synthetisch herstellbaren Chemiesubstanzen) entwichen, ist die Öffentlichkeit gegen chemische Störfälle sensibler geworden. In Seveso mußten das gesamte verseuchte Gebiet evakuiert und 50000 Tiere getötet werden. Viele Menschen erlitten schwere Hautschäden. In der Folgezeit stieg die Zahl der Tot-, Fehl- und Mißgeburten rapide an. Über die wahren Auswirkungen dieses Unfalls kann bis heute noch nichts Konkretes gesagt werden; Spätschäden (zum Beispiel Krebs) wird man wahrscheinlich noch nach Generationen darauf zurückführen müssen. TCDD fällt bei der Produktion von Kosmetika, Desinfektionsmitteln und Pestiziden an.

Ohne Chemie ist unser Leben in der gewohnten Form nicht mehr denkbar. Doch zu leichtfertig scheinen Industrie und Gesetzgeber damit umzugehen. Das im Jahr 1980 vom Deutschen Bundestag verabschiedete Chemikaliengesetz schützt nach Ansicht vieler Experten eher die chemische Industrie als den Menschen. Denn nach dem Willen des Gesetzgebers muß die Nachprüfung eines bereits auf dem Markt befindlichen chemischen Mittels nur dann erfolgen, wenn »tatsächliche Anhaltspunkte dafür bestehen, daß es gefährlich ist«.

60 000 verschiedene Chemikalien werden bei uns angeboten, nur wenige sind bislang auf ihre gesundheits- und umweltschädigenden Eigenschaften untersucht worden. Und jährlich kommen 200 bis 300 neu erfundene chemische Stoffe hinzu. Langzeitwirkungen, die bei krebserregenden Substanzen genauestens überprüft gehörten, lassen sich überhaupt nicht erfassen. Erst die Praxis, also das vorliegende Ergebnis der Schäden, wird darüber Auskunft geben. Die Contergan-Affäre ist nur eines der traurigsten und bekanntesten Beispiele.

Aber auch die polychlorierten Biphenyle, kurz PCBs genannt, wurden leichtfertig bis in die Jahre 1971/72 als Weichmacher und Zusatzstoffe in Wachsen, Farben und Papier, Holzimprägnierungsmitteln und Isolationsmaterial verwendet, obwohl dieses Gemisch von rund 200 verschiedenen chlorierten Kohlenwasserstoffen an Gefährlichkeit das gefürchtete Schädlingsbekämpfungsmittel DDT weit in den Schatten stellt. PCBs sind äußerst stabil, werden wie das DDT nur sehr langsam abgebaut und können über die Nahrungskette in den menschlichen Organismus gelangen. Dort reichern sie sich stetig an. Größere Mengen verursachen Leber-, Milz- und Nierenschäden, verändern Lymphknoten und Herzbeutel und können langfristig zur Krebsentstehung führen.

Bei einem PCB-Unfall in Japan zeigten sich bei ca. 1000 Menschen verheerende Folgen. Damals schwangere Mütter brachten die sogenannten schwarzen Babys zur Welt, viele Kinder wurden tot geboren.

Zahlreiche Länder haben PCBs inzwischen Beschränkungen unterworfen; in der Bundesrepublik dürfen sie nur noch in geschlossenen Systemen (zum Beispiel in Kühlaggregaten und Hydrauliksystemen) verwendet werden. Trotzdem gelangen diese Gifte weiterhin in die Umwelt – entweder in den Staaten ohne entsprechende Beschränkungen oder aber durch Unfälle und unsachgemäße Handhabung –, so daß sie nach wie vor eine weltweit kaum noch aufzuhaltende Rückstandsbelastung erzeugen. Und weil die PCBs sich nur in fast unmerklicher Weise abbauen, findet man sie neben DDT, Hexachlorbenzol (HCB) und Hexachlorcyclohexan (HCH), Lindan, Dieldrin und anderen Schadstoffen auch bei uns in der Muttermilch.

Die jetzige PCB-Beschränkung hilft heute geborenen Säuglingen wenig. Sie nehmen mit der Muttermilch mehr Pflanzenschutzmittelrückstände, Schwermetalle und andere Gifte auf als Erwachsene, wenn sie Kuhmilch trinken. (Dennoch sollten Mütter auf das Stillen nicht verzichten, weil die Kinder gerade bei der heutigen Giftbelastung in den Genuß der Muttermilch mit ihrem hohen biologischen Wert kommen sollten; der Nutzen übersteigt den Schaden. Je mehr der Organismus mit Giften belastet wird, desto besser muß die Nahrung sein. Und Muttermilch ist durch nichts zu ersetzen.)

Ist es nicht auch völlig unverständlich, daß nach unserem neuen Chemikaliengesetz alle Hersteller von der Überprüfung und Anmeldung befreit sind, wenn sie weniger als 1 Tonne chemische Produkte im Jahr produzieren?

Und warum darf man seit 1982 Milch, bei der unerlaubt hohe Pestizidrückstände festgestellt werden, in »sauberer« Milch verdünnen, bis sich die Schadstoffe unter dem höchstzulässigen Grenzwert befinden? Früher mußte die übermäßig mit Giften angereicherte Milch durch Verbrennen des Butterfettes vernichtet werden. Heute kippt man sie in der Molkerei in den großen Milchtank, so daß zwar der gesetzliche Höchstwert nicht überschritten, die allgemeine Belastungsschwelle aber deutlich erhöht wird.

Grund genug, an den sogenannten Höchstmengenverordnungen zu zweifeln, die zudem von Staat zu Staat oft ganz

erhebliche Unterschiede aufweisen. Selbst innerhalb der Europäischen Gemeinschaft hat man sich bis jetzt noch auf keine einheitlichen Grenzwerte festgelegt. (Das ist zwar schon lange geplant, die Diskussion darüber dauert aber noch an.)
Und in den Betrieben sind auch die sogenannten maximalen Arbeitsplatzkonzentrationen von Schadstoffen (MAK-Werte) keine Garantien dafür, daß unterhalb der angeblich wissenschaftlich abgesicherten Grenzwerte keine Gesundheitsschädigung zu erwarten ist. Beispielsweise darf das krebsfördernde Acrylnitril an Arbeitsplätzen in der Bundesrepublik 13,2 mg pro Kubikmeter Luft betragen, in Schweden lediglich 5 mg und in der Sowjetunion gar nur 0,5 mg; die Amerikaner hingegen haben es total verboten. Auch die Grenzwerte des krebsauslösenden Benzols schwanken zwischen 5 mg (Sowjetunion), 6,5 mg (Schweiz), 15 mg (Schweden) und 26 mg (Bundesrepublik). Bei uns sind diese 26 mg nicht einmal eine gesetzlich einzuhaltende MAK-Höchstgrenze, sondern lediglich ein Richtwert, bei dem eine Gesundheitsgefährdung jedoch nicht vollständig ausgeschlossen ist.
Die heute weitverbreitete Angst vor der Chemie ist nicht unbegründet. Jeder fünfte Mensch in den hochindustrialisierten Ländern leidet unter einer Allergie. Die Zahl der chronisch an ihnen leidenden Patienten nimmt von Tag zu Tag zu. In Amerika gibt es bereits Spezialkliniken, die sich mit nichts anderem beschäftigen, als die scheinbar harmlosen Chemikalien in Wasser, Luft und Nahrungsmitteln als Substanzen zu erfassen, die bei ihren Patienten Allergien auslösen. Ein langwieriges, oft hoffnungsloses Unterfangen, wenn jemand auf viele Substanzen allergisch reagiert. Die Reizstoffe können aus allen Bereichen unseres chemieüberfluteten Lebens stammen: Synthetische Teppichböden, Spül-, Putz- und Waschmittel, Sprays, Kosmetika, Arzneimittel, Textilien mit Kunstfasern, Haus- und Straßenstaub, Pesti-

zidrückstände in allerlei Nahrungsmitteln, Konservierungsmittel, Baumaterialien und vieles andere mehr kann hierfür verantwortlich sein.
Viele der über 60 000 chemischen Substanzen, die wir erzeugen und in die Umwelt bringen, sind den menschlichen Körperzellen fremd und können krank machen. Hier ist nicht nur von den nachgewiesenen gefährlichen Giften und schweren Unfällen die Rede, sondern auch von der Summe aller kleinen chemischen Belastungen. Weltweit verbrauchen die Menschen Jahr für Jahr 150 Millionen Tonnen (!) Chemikalien. Wie ein Bumerang kommen viele Substanzen, die biologisch nur schwer abbaubar sind, über die Nahrungskette zurück und verseuchen langsam, aber sicher auch uns selbst. Werden sie aber biologisch abgebaut, kommt es zu großen ökologischen Schäden, weil die Natur die Belastung auf Dauer nicht mehr abfangen kann.
Teilweise bilden sich durch das Aufeinandertreffen von verschiedenen Chemikalien unbeabsichtigt neuartige Verbindungen, die auch dem Chemiker unbekannt sind. Die langfristigen Auswirkungen solcher Reaktionsketten und -verläufe sind häufig völlig unübersehbar, geschweige denn kontrollierbar.
Eine ungeheure Gefahr stellen die sogenannten Summationsgifte dar, die sich aufgrund besonders schlechter Abbaubarkeit bzw. ungenügender Ausscheidung in Organismen einlagern und anreichern können: zum Beispiel die PCBs, HCH und andere Gifte in Nieren, Leber, Milz und Fettgewebe, chlorierte Kohlenwasserstoffe und Quecksilberverbindungen auch im Gehirn, Blei in den Knochen usw. Ein extremes Beispiel ist das Cadmium (siehe Seite 180 ff.).
Bereits geringe Mengen solcher Stoffe – über längere Zeit eingenommen – können erhebliche Schadstoffkonzentrationen im Organismus aufbauen, so daß mit zunehmendem Körpergewicht und Alter auch das Schädigungsrisiko größer wird.

Überschreitet aufgrund der kontinuierlichen Anreicherung die Konzentration eines Schadstoffs im menschlichen Organismus einen bestimmten Stellenwert, treten die ersten Schäden, sprich Vergiftungserscheinungen, auf.
Bereits vor 25 Jahren, als die Unweltsituation im Vergleich zu heute noch weitaus weniger gefährlich war, warnte der Pharmakologe und Toxikologe Professor Eichholz: »Chemische Stoffe, die gleichzeitig im lebendigen Körper vorkommen, können sich gegenseitig in der Wirkung verstärken; eine Steigerung auf das Vielfache ist beschrieben worden. Die Einzelwirkungen der vielen chemischen Stoffe, die in unsere Lebensmittel hineinfließen, vermehrt um die Drohungen, die sich aus der Unzahl der möglichen Kombinationen ergeben, vermehrt um das, was wir an Giften mit der Atemluft und durch die Haut zu uns nehmen, vermehrt um die Strahlenwirkungen, führt zu dem, was wir als *toxische Gesamtsituation* bezeichnen.«
Die Bedrohung aber, die jetzt auf die gegenwärtige und zukünftige Menschheit zukommt, ist in ihrem ganzen Ausmaß nur schwer zu erkennen; sie wird jedoch zusehends von immer mehr Menschen erahnt – zu viele Einzelsymptome sind inzwischen sicht- und spürbar geworden.
Hauptaufgabe für den einzelnen umweltbewußten Verbraucher muß deshalb die Verringerung des zur Zeit unaufhörlich steigenden Chemikalienverbrauchs auf allen Ebenen sein. Dies kann geschehen durch bewußten Kauf und Verwendung alternativer Produkte mit geringerem oder gar keinem umwelt- und/oder gesundheitsbelastenden Anteil, durch den Boykott von billigen Wegwerfprodukten usw. Sicher ist die Industrie heute an der chemischen Umweltverseuchung am stärksten beteiligt – aber diese Industrie produziert ihre Waren für uns. Der Verbraucher ist wieder einmal am Zuge.

Chemie im Haushalt

1. Sauberer geht es nicht mehr! Von der Bedeutung unseres hemmungslosen Verbrauchs von Wasch-, Spül- und Reinigungsmitteln

1980 verbrauchte jeder Bewohner der Bundesrepublik (vom Baby bis zum Greis) einen halben Zentner Chemie in Form von Wasch-, Putz- und Reinigungsmitteln. Über 1 Million Tonnen dieser umweltverschmutzenden Saubermacher wurden – welche Ironie! – im Lebensmittelfachhandel abgesetzt. Apotheken wären nach dem Stand der Dinge wohl die richtigeren Verkaufsplätze.

Denn gerade bei Putz- und Reinigungsmitteln handelt es sich oft um scharfe Chemikalien, die nicht nur Böden und Gewässer verseuchen, sondern neben der erhofften strahlenden Sauberkeit auch Ohnmachts- und Erstickungsanfälle hervorrufen können – zwar ganz ohne Absicht der Hersteller, aber als Nebenerscheinung der Verwendung nicht von der Hand zu weisen.

Beim Gebrauch von Abfluß- und Sanitärreinigern kann es zu akutem Haarausfall kommen, wenn man in den Dampf oder Dunst der Reinigungschemikalien gerät. Ärzte der Universitätshautklinik in Berlin berichteten in der Medizinerzeitschrift »Ärztliche Praxis« ausführlich darüber. Es muß nicht einmal ein ganzes Pfund der beliebten Sanitärreiniger sein, wie ein junger Mann glaubte, dies der Sauberkeit seiner Badewanne schuldig zu sein, und zusätzlich noch kochendheißes Wasser nachgoß – worauf ihm nach mehrtägigem Kopfhautjucken die Haare gleich büschelweise ausgingen.

Überaus gefährlich ist es auch, Abfluß-, Sanitär- oder WC-Reiniger verschiedener Fabrikate zu mischen bzw. gleichzeitig oder unmittelbar hintereinander zu verwenden. Aufgrund der unterschiedlichen Bestandteile kann es dabei zur Bildung von Natriumlauge oder sogar Chlorgas (Kampfgas) kommen, die in der Lage sind, die Lunge nachhaltig zu schädigen. Klinikärzte werden immer wieder mit Patienten konfrontiert, die aus den genannten Gründen mit Erstickungsanfällen ins Krankenhaus eingeliefert werden. In einem extremen Fall brach eine Hausfrau über der WC-Schüssel ohnmächtig zusammen, sie wäre ohne den zu Hilfe geeilten Ehemann mit Sicherheit erstickt.

Deutschlands Sauberfrauen und -männer sind eigentlich schon so reinlich, daß sie leicht darauf verzichten könnten, ihre Wohnung vollständig keimfrei zu machen. Diese Ansicht vertritt auch der Freiburger Hygieneprofessor Franz Daschner, der die Desinfektionsappelle der Werbung an die jungen Mütter und Hausfrauen (»... macht Sauberes noch sauberer« oder gar »... der private Umweltschutz«!) entschieden verurteilt. Die Ausgaben für Haushaltsdesinfektionsmittel, so Professor Daschner, könnten »praktisch zu 100% eingespart werden«. Viele Reinlichkeitsfanatiker handeln sich mit ihrem übersteigerten Desinfektionstrieb beim Putzen und Spülen unangenehme Allergien ein. Amerikanische Kinderärzte konnten sogar nachweisen, daß Neugeborene, deren Umgebung mit phenolhaltigen Desinfektionsmitteln behandelt wurde, die ätzende Chemikalie über Haut oder Lunge aufgenommen hatten, so daß sich der Gallenfarbstoff im Blut übermäßig vermehrte: Gelbsucht lautete die Diagnose. Abgesehen davon, daß das kurze Händewaschen in einer Desinfektionslösung oder das Versprühen aus der Spraydose kaum Bakterien abtöten kann, schadet der normale Kontakt mit Bakterien dem Menschen keineswegs. Äußerst bedenklich sind aber all diese Mittel vor allem dann, wenn sie ins Abflußrohr gegossen werden und in die Umwelt gelangen. Alle Reinigungsmittel aus WC-Schüsseln sowie aus Wasch- und Spülmaschinen, das Haarshampoo, Schaumbad, Hochglanzmittel, aber auch viele Farbenlösungen und andere Chemikalien, die im Haushalt anfallen, wandern in die Kläranlagen, wo allerdings nur die leicht abbaubaren organischen Substanzen gebunden werden können. Die restlichen, langlebigen Umweltgifte fließen in Bäche, Flüsse und schließlich ins Meer, und kommen somit entweder mit dem Trinkwasser oder aber in den Speisefischen zurück zum Verbraucher.

Niemand kann ernsthaft glauben, daß die 150 Millionen Tonnen Chemikalien, die auf unserem Planeten jährlich produziert werden, sich einfach in Luft auflösen. Die langlebigen chlorierten Kohlenwasserstoffe zum Beispiel haben mittlerweile auch gezeigt, daß viele dieser Gifte sich weltweit verbreiten. Man findet sie selbst in den unberührtesten Gebieten der Erde, in den Organismen von Tieren der Arktis und in Hochseefischen. 200 ppm (parts per million) DDT ließen sich in solchen Fischen nachweisen, die zulässige Höchstgrenze bei unseren für die Fleischproduktion gezüchteten Tieren liegt bei 7 ppm. Was einst amerikanische Farmer auf ihre Äcker in Florida gespritzt haben, reichert sich noch immer im Fettgewebe des Eskimos an. Niemand kann der schleichenden Verseuchung innerhalb unserer Atmosphäre entfliehen.

Der Verbraucher kann leider nicht unmittelbar verhindern, daß in die Nordsee 20%ige Schwefelsäure gekippt wird. Fast täglich verklappen Spezialschiffe diese Säure tausendtonnenweise ins Meer, und das schon seit 1969.

Es liegt aber in seinen Händen, ob auch in Zukunft Jahr für Jahr allein in der Bundesrepublik über 1,5 Millionen Tonnen Wasch- und Reinigungsmittel mit dem Abwasser in die Umwelt gelangen. Genau aufgeschlüsselte Zahlen gibt es zum Beispiel aus dem Jahr 1977. Danach wurden folgende Mengen verkauft:

442 000	Tonnen Vollwaschmittel
122 000	Tonnen 60°-Waschmittel
62 000	Tonnen Spezialwaschmittel
335 000	Tonnen Weichspülmittel
185 000	Tonnen Geschirrspülmittel

77 000	Tonnen Haushaltsreiniger
42 000	Tonnen Scheuermittel
20 000	Tonnen Handreinigungsmittel
1 285 000	Tonnen Wasch- und Reinigungsmittel insgesamt

Die jährlichen Zuwachsraten waren bisher enorm. Heute liegt die Gesamtmenge der bei uns verbrauchten Wasch- und Reinigungsmittel wie erwähnt bei über 1,5 Millionen Tonnen pro Jahr. Während der Waschmittelverbrauch zur Zeit konstant bleibt (bei einer seit Jahren rückläufigen Bevölkerungszahl eigentlich kein Wunder), scheint die Putzwut in Haus und Wohnung noch nicht ausgetobt zu sein. Hier verlaufen Produktneueinführungen immer noch erfolgreich.
Gaben die Deutschen 1977 für Hygienereiniger »nur« 3,6 Millionen DM aus, registriert der fassungslose Beobachter 2 Jahre später bereits Ausgaben in Höhe von 68,8 Millionen DM!
80% der Abwässer und mit ihnen ein Großteil der Chemikalien fließen wieder in unsere heimischen Gewässer zurück. 50% davon sind völlig ungeklärt. (Laut dem statistischen Jahrbuch der Bundesregierung von 1982 gelangten 1979 65% der Abwässer allein aus Industrie, Bergbau und Wärmekraftwerken unbehandelt wieder in Flüsse und Seen.)
Rund ein Drittel der bundesdeutschen Gewässerbelastung geht auf das Konto der Privathaushalte. Viele unserer Binnengewässer sind heute schon biologisch tot; andere mit Giften angereichert und dank des Phosphatüberschusses derart überdüngt, daß der chronische Sauerstoffmangel in ihnen immer weniger Leben zuläßt.
Trotz gründlichster Aufbereitung lassen sich die Schadstoffe nicht alle entfernen. Und immer noch sind wir bei der Trinkwasserbeschaffung auf unsere Flüsse angewiesen. Rund 30% der Bundesbürger beziehen ihr Trinkwasser aus verschmutz-

tem Oberflächenwasser bzw. Uferfiltraten. Der stark verunreinigte Rhein versorgt noch heute 20 Millionen Bewohner seiner angrenzenden Länder mit Rohwasser, das für die Trinkwassergewinnung eigentlich ungeeignet ist.

Etwas über die Bestandteile der Waschmittel

Nach unserem Waschmittelgesetz müssen »in deutscher Sprache und in deutlich lesbarer Schrift ... die wichtigsten Stoffe in allgemeinverständlicher, eindeutiger Bezeichnung« auf den Verpackungen angegeben werden. Man nehme jedoch einmal eines der einschlägigen Waschmittel zur Hand: »Deutsche Sprache und lesbare Schrift« mag da noch zutreffen. Aber darf man davon ausgehen, daß zum Beispiel die Bedeutung von Natriumtripolyphosphat Bestandteil unseres durchschnittlichen Allgemeinwissens ist? Sicher nicht! Und wer weiß schon, daß zu den unwichtigen, also nicht deklarationspflichtigen Inhaltsstoffen auch Arsen, Nickel und Kobalt gehören, die zwar nur in Spuren enthalten, aber doch fester Bestandteil von phosphathaltigen Waschmitteln sind?

Die wichtigsten Inhaltsstoffe und ihre mehr oder weniger problematischen Eigenschaften für Umwelt, Gesundheit und Wäsche im Überblick:
Waschaktive Substanzen: Es sind die eigentlich reinigenden Stoffe, zu denen viele chemisch sehr unterschiedliche sogenannte Tenside bzw. Detergentien gehören. Man unterscheidet 4 Gruppen: anionische (mit 73% am häufigsten vertreten), nichtionische (22%), kationische (kommen sehr häufig in Weichspülern und Reinigungsmitteln vor) und ampholytische Tenside (vor allem in Weichspülern und Geschirrspülmitteln).
Die Tenside entspannen das Wasser, es kann leichter in die kleineren Hohlräume der Textilien eindringen und dort den Schmutz lösen. Die nichtionischen Tenside sind schädlicher als die anionischen, bauen sich aber dafür schneller ab. Laut

Gesetz müssen bei uns beide jedoch zu 80% biologisch abbaubar sein. Gelangen sie ohne Klärung direkt in die Gewässer, findet der Abbau unter hohem Sauerstoffverbrauch statt; bei hoher Konzentration sind sie für Fische und andere im Wasser lebende Organismen giftig. Für die ampholytischen und kationischen Tenside gibt es noch keine gesetzliche Regelung, obwohl hierzulande zur Zeit jährlich an die 400 000 Tonnen Weichspüler in die Abwässer gelangen.

Es gibt Anhaltspunkte dafür, daß die waschaktiven Substanzen unter Umständen über den Darm die Aufnahme von chlorierten Kohlenwasserstoffen (zum Beispiel DDT) und anderen Giften in den menschlichen Organismus verursachen können. An sich ist der Darm unfähig, DDT zu resorbieren. Tenside bewirken aber anscheinend, daß dieses Gift die Darmwand passieren kann, jedenfalls ist DDT heute in fast jeder Muttermilch nachweisbar. Waschmittelreste können über Geschirr oder Abtrockentuch in den Darm gelangen.

Enthärter: Diese auch Komplexbildner genannten Stoffe haben die Aufgabe, den Kalk im Wasser zu binden, so daß er beim Waschen nicht mehr stört. Der Kalkanteil im Wasser (Härtegrad) ist aber je nach Landschaft und Jahreszeit sehr unterschiedlich.

Sehr weich (wenig Kalk) sind Regenwasser, Talsperren- und Quellwasser in niederschlagsreichen Gegenden und in regenreichen Zeiten, ferner das Wasser in Gegenden mit schwer löslichen Steinen wie Granit, Gneis und Sandstein. In Kalk- und Gipsgebieten (Muschelkalk) ist das Wasser dagegen sehr hart. Nach den deutschen Härtegraden gelten

- 4 bis 7 Grad als weich
- 7 bis 14 Grad als mittelhart
- 14 bis 21 Grad als hart
- 21 Grad und mehr als sehr hart.

Die Phosphate (Natriumtripolyphosphat und Pentanatriumtriphosphat) sind die heute üblichen Wasserenthärter in

Wasch- und Reinigungsmitteln. Ihr Anteil beim täglichen Gebrauch müßte aber vom jeweiligen Härtegrad des Wassers abhängen. Die wenigsten wissen darum und waschen nach dem Motto: »Je mehr, desto sauberer!« Eine gefährliche Sache.

Phosphat kommt in fast allen natürlichen Lebensmitteln vor und ist für den menschlichen Organismus auch wichtig, solange das Kalzium-Phosphat-Gleichgewicht nicht in Unordnung gerät. Ökologisch hingegen sind die Phosphate sehr bedenklich, weil sie Flüsse und Seen durch Überdüngung (Eutrophierung) belasten. Sie haben heute den größten Anteil an der zunehmenden Eutrophierung der Gewässer.

Die Stufen der dadurch bewirkten Schädigung: Überdüngung – Überernährung der Wasserpflanzen – Absterben der Pflanzen – Faulungsprozeß mit übermäßigem Sauerstoffverbrauch – der Abbau organischer Verunreinigungen durch sauerstoffverbrauchende Bakterien wird gestoppt – danach auftretende, ohne Sauerstoff lebende Bakterien verursachen Fäulnis – das Gewässer beginnt »umzukippen« – Fische sterben – Zersetzungsprozesse im Faulschlamm können giftige Stoffe wie Schwefelwasserstoff, Ammoniak oder Methan bilden.

Nach der Phosphathöchstmengenverordnung der Bundesrepublik soll bis 1984 der Phosphatgehalt in den Gewässern um ca. 50% gesenkt werden. Bei einer jährlichen Anreicherung von rund 100 000 Tonnen reinem Phosphor (entspricht in etwa fast 300 000 Tonnen Phosphat) reicht eine Senkung um 50% jedoch nicht aus. Denn selbst wenn alle Haushalte ab heute nur noch phosphatfreie Wasch- und Reinigungsmittel verwenden würden, könnte der Phosphatgehalt nur um 30 bis 40% gesenkt werden. Der größte Teil geht immer noch auf das Konto von Landwirtschaft (Kunstdünger), Fäkalien der Haushalte und Industrieabwässern. Trotzdem ist jedes Gramm eingespartes Phosphat praktizierter Umweltschutz und könnte eben allein bei den Wasch- und Reini-

gungsmitteln 30 bis 40% weniger Phosphat in den Gewässern bedeuten.
Es gibt eine Reihe von Phosphatersatzstoffen: *Natriumaluminiumsilikat (Sasil, Zeolithe)* zum Beispiel zeigt sehr gute Enthärtungseigenschaften. In Verbindung mit nichtionischen Tensiden, die aus Kokosnußöl gewonnen werden, kann Sasil die Phosphate völlig ersetzen. Da es wasserunlöslich ist, besteht keine Gefahr für Algen, nützliche Bakterien, Muscheln und Fische. Bereits bei der Vorklärung des Abwassers kann Sasil durch Ausfällen entfernt werden. Es wirkt sich auch auf den gesamten Klärprozeß günstig aus, weil es als Fällungsgehilfe für organische Stoffe wirkt.
Nitrilotriacetat (NTA) enthärtet ebenfalls sehr gut und könnte das Phosphat ersetzen. Es vermag aber als unbeabsichtigte Nebenwirkung auch die Schwermetalle aus Fluß- und Seeablagerungen wieder zu lösen (zum Beispiel Cadmium, Quecksilber, Blei, Kupfer, Nickel und Zink). Zusätzlich kommt es zu einer chemischen Reaktion. Die dabei neu entstehenden Verbindungen aus Schwermetallen und Nitrilotriessigsäure sind dann noch giftiger als die Schwermetalle selbst. Bei trächtigen Tieren verursachte das NTA Schädigungen der Embryos.
Auch andere Substanzen wie *Zitronensäure* (ungiftig und ökologisch unbedenklich, hat aber schlechte Wascheigenschaften bei über 30° C) sowie *Soda* und *Wasserglas* (in größeren Mengen eingesetzt, können sie die Hautverträglichkeit der Waschmittel verschlechtern) sind für den Waschalltag keine oder nur bedingt einsetzbare Phosphatersatzstoffe. Alternative, umweltfreundliche Waschmittel enthalten daher in der Regel statt Phosphat Natriumaluminiumsilikate wie Sasil oder Zeolithe.
Bleichmittel: Meist Natriumperborat, eine Sauerstoffverbindung mit Bor, die bei über 60° C aktiven Sauerstoff abspaltet und auf diese Weise zum Beispiel Obst-, Gemüse oder Rotweinflecken oxydativ abbaut.

Zu hohe Borkonzentrationen in Gewässern (Waschmittel für Kochwäsche enthalten 20 bis 30% Natriumperborat) schädigen die dort lebenden Pflanzen und machen das Wasser für die Bewässerung von Feldern unbrauchbar. Solche Bleichmittel sollten deshalb nicht grundsätzlich im Waschmittel verwendet werden, sondern nur, wenn Flecken es wirklich erfordern. Ein anderes, sauerstoffabgebendes Bleichmittel ist Natriumperoxycarbonat. Hier ist der Sauerstoff an Kohlenstoff gebunden, so daß auf Bor verzichtet werden kann.

Alle Bleichmittel greifen Fasern und Farben an, weil eine Art chemische Verbrennung stattfindet. Auch haltbare Stoffe wie Leinen verschleißen dadurch viel schneller, Buntwäsche verblaßt mit der Zeit. Der Verbrauch an optischen Aufhellern steigt ständig, damit »Weißes noch weißer wird«!

Eine Neuentwicklung sind Bleichaktivatoren für niedere Temperaturen (unter 60° C). Dabei entsteht aus dem TAED-System (Tetra-Acethyl-Ethylen-Diamin-System) und Natriumperborat die Peressigsäure. Weil auf diese Weise nun in vielen Temperaturbereichen gebleicht werden kann, kommen diese Zusätze jetzt auch bei Buntwäsche vermehrt zur Anwendung. Aber: Erhöhter Verschleiß auch hier und Gewässerbelastung durch einen weiteren naturfremden Stoff, der von Bakterien abgebaut werden muß. Über mögliche zusätzliche Gefahren gibt es noch keine Informationen; bei dieser neuen Substanz fehlen noch die Erfahrungen.

Optische Aufheller: Komplizierte organische Substanzen, die wie Farbstoffe auf den Fasern verbleiben, so daß die Wäsche heller erscheint, als sie tatsächlich ist. Diese Fluoreszenzfarbstoffe wandeln ultraviolette Strahlen in blaues, sichtbares Licht um und machen somit den vorhandenen, häufig vorkommenden Gelbstich weißer Wäsche zu »strahlendem Weiß«.

Es besteht der Verdacht, daß sich die optischen Aufheller auf der Haut ablagern. Kommen Kleidungsstücke, die mit solchen Aufhellern gewaschen wurden, mit Wunden in Kontakt, verschlechtert sich die Heilung. (Verbandsmaterial nie mit »normalen« Waschmitteln waschen!) Statistiken bei Brustkrebspatientinnen deuten darauf hin, daß Hautkontakt – besonders beim Schwitzen – mit optisch aufgehellter Wäsche krebserzeugend wirkt.

Waschhilfsstoffe (Vergrauungsinhibitoren): Schmutzträger halten den abgelösten Schmutz in der Waschlösung und verhindern das Wiederabsetzen auf den Fasern. Die kleisterähnlichen Zellulosederivate (Carboxymethylzellulose) sind biologisch schwer abbaubar und bleiben zudem bei Wolle und den meisten Kunstfasern wirkungslos.

Schauminhibitoren sind Seifen aus besonderen langkettigen Fettsäuren und Silikonen. Keine negativen Eigenschaften bekannt.

Enzymbestandteile der Waschmittel können als Eiweißverbindungen von Mirkoorganismen leicht abgebaut werden, sind ökologisch also ungefährlich. Enzyme dienen der leichteren Beseitigung von Eiweiß- und Stärkeverschmutzungen. Proteasen bauen dabei Eiweiß, Amylasen die Stärke ab. Waschmittelenzyme können aber Hautreizungen und Allergien verursachen. Früher litten vor allem die Arbeiter in der Waschmittelindustrie darunter. Aus diesem Grund werden heute die Enzyme »verprillt«, das heißt mit geeigneten Substanzen umhüllt, so daß sie in staubfreier Form vorliegen. Dennoch scheinen empfindliche Menschen auf Waschmittel mit allergieähnlichen Symptomen zu reagieren.

Waschalkalien (Alkalisilikate, zum Beispiel Wasserglas) sollen als Korrosionsinhibitoren die Waschmaschine schützen. Können die Wäsche hart machen. Es ist noch unklar, ob sie dadurch auch die Fasern schädigen.

Ballast-, Füll- und Stellmittel verhindern das Verklumpen der Waschmittel, erhöhen ihr Volumen und wirken staubbindend. Meist Natriumsulfat (Glaubersalz) und andere Salze. Konventionelle Waschmittel weisen in der Regel einen

hohen Anteil dieser Füllstoffe auf (bis zu 30%), die zur unnötigen Gewässerbelastung mit Salzen führen. Sie sind mit ein Grund, weshalb die Wäsche oft hart und strohig wird und den Einsatz von Weichspülern erfordert.
Parfümöle: Meist synthetische Duftstoffe, die den unangenehmen Laugengeruch überdecken helfen und der Wäsche einen »frischen« Duft verleihen. Sie sind schwer abbaubar und vielen Wasserlebewesen abträglich, deren Sozialleben und Fortpflanzung von äußerst geringen Mengen eigener Duftstoffe abhängig ist (Kommunikation, Orientierung). Werden diese natürlichen Substanzen von synthetischen Parfümölen überdeckt, gerät das Ökosystem aus dem Gleichgewicht, was zur Gefährdung verschiedenster Tierarten führt. Synthetische Parfümöle stehen auch im Verdacht, Auslöser für Allergien und Hauterkrankungen zu sein.

Tips für umweltbewußtes Waschen und Spülen

● Umweltfreundliche Waschmittel kann man heute überall in den alternativen Läden (Bio- und Naturkostläden, Reformhäuser) kaufen, von Naturwarenversandhäusern oder direkt von Herstellern beziehen. Aber auch hier gibt es Unterschiede. Ein gutes alternatives Biowaschmittel erfüllt nachstehende Forderungen:

▶ Enthält nur leicht abbaubare Tenside wie zum Beispiel Seife oder aus Kokosöl und Palmöl gewonnene waschaktive Substanzen.

▶ Es ist frei von Phosphaten und enthält statt dessen am besten die Natriumaluminiumsilikate Sasil oder Zeolithe.

▶ Keine optischen Aufheller.

▶ Keine Perborate (borhaltige Bleichmittel), sondern höchstens Percarbonate.

▶ Überflüssige Ballast-, Füll- oder Stellmittel fehlen ebenso wie synthetische Duftstoffe (allenfalls natürliche Parfümöle wie zum Beispiel Lavendelzusätze oder ähnliches). Man achte daher beim Kauf auf die Bezeichnung »Konzentrat«.

▸ Herstellungsgrundlage ist vorwiegend Seife (Kernseife in pulverisierter Form). Im Gegensatz zu den synthetischen Waschmitteln wird Seife nicht aus Erdöl hergestellt, sondern aus ständig erneuerbaren oder im Überfluß vorhandenen Rohstoffen wie Salz, natürliche Öle und Fette. Seife ist ein naturnahes Produkt, enthält keinerlei künstliche Substanzen und wird von Bakterien gut abgebaut. Sie ist waschaktiv, Schmutzträger, enthärtet, ist alkalisch, duftet gut, und die geringen Kalkseifenreste im Gewebe geben der Wäsche einen weichen Griff (macht Weichspüler überflüssig).

● Wer nur mit Seife wäscht, aber über sehr hartes Wasser verfügt, kommt um einen Enthärter nicht herum. Man verwendet dann aber kein phosphathaltiges Mittel, sondern die Natriumaluminiumsilikate Sasil oder Zeolithe.
Enthärter sind nur dann nötig, wenn das Wasser härter als 14 Grad ist. Waschen mit reinen Seifenflocken ist die umweltfreundlichste Lösung, weil dabei die Enthärterzusätze den gegebenen Bedingungen optimal angepaßt werden können.
Auch die Dosierung der Seifenflocken hängt vom Härtegrad des Wassers ab und reicht von einem halben mit Seife gefüllten Joghurtbecher bei weichem Wasser bis zu einem ganzen Becher bei hartem Wasser. Bleichmittel (am besten Natriumperoxycarbonat) fügt man ebenfalls nur dann bei, wenn Weiß- oder helle Buntwäsche hartnäckige Flecken aufweist. Da das Bleichmittel erst ab 60° C wirkt, muß in solchen Fällen stets das Kochwaschprogramm gewählt werden.

● Selbst bei herkömmlichen Waschmitteln lassen sich Qualitätsunterschiede feststellen. Man beachte die auf der Packung angegebenen Inhaltsstoffe. Wer dieses Kapitel gelesen hat, kann sich dabei vielleicht besser zurechtfinden. Hier noch ein paar Hinweise:

▸ 60°-Waschmittel haben in der Regel einen höheren Phosphatgehalt, verfügen wie Vollwaschmittel über Enzyme und können mit oder ohne Perborat (Bleichmittel) aufgebaut sein.

► Feinwaschmittel enthalten keine chemischen Bleichmittel und optischen Aufheller, damit sich die Farben nicht verändern.

► Vorwaschmittel beinhalten meist ebenfalls Enzyme, die eiweißhaltige Verschmutzungen schon bei niedriger Temperatur abbauen helfen.

► Sogenannte Zwischendurchwaschmittel für die Handwäsche weisen sehr viel Tenside auf, aber kein Perborat.

Daraus lassen sich einige Hinweise ableiten:

● Vollwaschmittel nur für die Kochwäsche verwenden, denn die in ihnen enthaltenen Bleichmittel und optischen Aufheller sind bei der Buntwäsche völlig überflüssig. Die Perboratbleiche wird ja erst bei Temperaturen von über 60° C voll wirksam.

Da auch erst ab dieser Temperatur Kalk ausfällt, darf bei niedrigen Temperaturen phosphatarm oder sogar ganz ohne Phosphat gewaschen werden, besonders bei kalkarmem, weichem Wasser.

● Hauptwaschmittel bis 60° C sind bei Waschgängen mit niedrigen Temperaturen genauso wirksam wie Vollwaschmittel, dafür aber im Verbrauch billiger, weil sparsamer dosiert werden kann. Wenn also schon ein herkömmliches (phosphathaltiges) Waschmittel für die Wäsche von 30 bis 60° C, dann besser ein Bunt- statt einem Vollwaschmittel.

► Laut »Stiftung Warentest« wird in fast zwei von drei Haushalten mindestens einmal pro Woche Wäsche gekocht. In 18% dieser Haushalte weicht man zudem vorher noch ein, und bei 58% wird das Vorwaschprogramm eingeschaltet.

Bei aller Liebe zur Sauberkeit: So viel schmutzige Wäsche kann es in unserem Land gar nicht geben. Wer normal verschmutzte Wäsche öfters bei 60° C wäscht, leistet ausreichende Dienste an Hygiene und Sauberkeit. So manche Kleidungsstücke werden auch bei 30° C sauber. Eine Vorwäsche ist in der Regel ebenfalls überflüssig. Vorwaschprogramme erfordern nicht nur doppelt soviel Energie, sondern auch erheblich mehr Waschmittel. Man spart also Geld und schont die Umwelt, wenn der Waschvorgang dem Grad der Verschmutzung angepaßt ist, ganz zu schweigen vom geringeren Verschleiß der Textilien.

- Wer die Wäsche vorsortiert, kann für jeden Temperaturbereich so viel Schmutzwäsche ansammeln, daß sich die Waschmaschinentrommel bis zur Obergrenze füllen läßt. Das senkt den Wasser-, Strom- und Waschmittelverbrauch erheblich.
- So oft wie möglich Feinwaschmittel verwenden (geht auch bis 95° C). Sie werden mit leicht verschmutzter Wäsche immer fertig. Einzelne Flecken lieber gezielt mit einem speziellen Bleichmittel vorbehandeln, als die ganze Wäsche unnötig dem aggressiven bleichenden Vollwaschmittel aussetzen.
- Weichspüler sind überflüssig. An ihrer Stelle besser Seife verwenden. Sie macht die Wäsche durch ihr Rückfettungsvermögen ebenfalls weich und wird problemlos biologisch abgebaut. Gerade für die Unmengen der beliebten Weichspüler gibt es hinsichtlich ihrer schwer abbaubaren amphotytischen und kationischen Tenside bei uns (noch) keine gesetzliche Regelung.
- Sparsam dosierte Waschmittel sparen Geld und schädigen die Umwelt weniger. Die untere Dosierungsangabe der Hersteller sollte in der Regel völlig ausreichen. Das zuständige Wasserwerk informiert gerne über den Härtegrad des Wassers. Je weicher das Wasser, desto weniger Waschmittel ist notwendig.
- Jeder sechste bundesdeutsche Haushalt verwendet zu den »normalen« Waschmitteln (die schon überreichlich mit Enthärtern wie Phosphat oder neuerdings Sasil oder ähnlichem gesegnet sind) einen zusätzlichen Enthärter. Die meisten möchten damit auf »Nummer Sicher« gehen, obwohl diese

Gewohnheit höchstens bei außergewöhnlich hartem Wasser einigermaßen gerechtfertigt wäre.
In der Mehrzahl aller Fälle ist ein zusätzlicher Enthärter völlig überflüssig, kostet viel Geld und belastet unnötig die Gewässer. Die Entfernung von 1 kg Phosphat aus den Gewässern kostet über 100 DM (vorausgesetzt, die Abwässer laufen in eine moderne Kläranlage; wenn nicht, läßt sich der ökologische Schaden heute nicht mehr mit Geld messen).

- Alle, auch die biologischen und umweltfreundlichen Alternativwaschmittel belasten die Umwelt, letztere natürlich in viel geringerem Ausmaß. Nur die bewußt sparsame, auf den individuellen Bedarf abgestimmte Handhabung sämtlicher Wasch- und Reinigungsmittel ist tagtäglich praktizierter Umweltschutz im bestmöglichen Sinn.

Das tägliche Spülen: Es läßt sich leider nicht vermeiden, und jede Hausfrau bzw. jeder Hausmann möchte es möglichst schnell hinter sich bringen. Mehrere Möglichkeiten stehen zur Wahl: mit Hand oder Maschine, mit chemisch aggressiven oder mit sanften Spülmitteln.

- *Handgeschirrspülmittel* enthalten sehr viel Tenside, von denen mehr oder minder kleine Spuren bei den Mahlzeiten mitgegessen werden. Wer darauf keinen Wert legt, spült Geschirr, Besteck und Töpfe lieber mit klarem Wasser nach und verwendet das Spülmittel sparsam.
- Wasserlösliche Stoffe, zum Beispiel Zucker, Salz und Fruchtsäuren, aber auch frisches Hühnereiweiß, Saft und Wein werden mit Spülmittel nicht besser beseitigt als mit reinem heißen Wasser.
- Biologische haut- und umweltfreundliche Handgeschirrspülmittel gibt es aus unbedenklichen Substanzen wie Molke, Milchsäure, Eiweißhydrolysat, amphotere und nichtionische Tenside aus pflanzlichen Ölen (Kokos- oder Palmkernöl). Sie sind frei von Phosphaten, Enzymen, Alkalien und enthalten kein Chlor.

Geschirrspülmaschinen werden immer beliebter. Jeder fünfte unserer Haushalte besitzt eine, jeder zweite liebäugelt mit ihr. Abgesehen davon, daß sie zu den stromfressenden Großverbrauchern im Haushalt gehören, brauchen sie auch verhältnismäßig viel Chemie, um den gängigen Vorstellungen von Sauberkeit zu entsprechen. Der fehlende mechanische Druck bzw. die Reibung der Handspülbürste muß durch viel heißes, mit Chemie angereichertes Wasser ersetzt werden.

Die üblichen Reiniger sind entsprechend ausgerüstet: Sie enthalten reichliche, hochwirksame Tenside und Phosphate, sehr oft auch chlorabspaltende Verbindungen (chloriertes Trinatriumphosphat) und Enzyme. Packungsaufdrucke wie »Vorsicht, ätzend!«, »Nicht mit Schleimhäuten oder Augen in Berührung bringen!«, »Von Kindern fernhalten!« und andere bestätigen die aggressiven Eigenschaften der meisten Spülmaschinenreiniger.

Damit nicht genug. Spülmaschinen erfordern laut Gebrauchsanweisung den regelmäßigen Zusatz von Klarspülern und Regeneriersalzen, die alle zusammen zwar für sauberes Geschirr, aber auch für eine gehörige Gewässerbelastung sorgen.

Geschirr aus alten oder nicht richtig funktionierenden Maschinen riecht häufig nach Chlor oder anderen Chemikalien und fördert nicht gerade den Appetit, zumal Spuren dieser Stoffe auf den Tellern und Gläsern zurückbleiben und in den Magen gelangen können.

Es gibt aber auch hier Möglichkeiten zur umweltgerechteren Handhabung:

- Die meisten Maschinen benötigen einen bestimmten Wasserdruck, wenn sie einwandfrei funktionieren sollen. In jedem Fall muß sichergestellt sein, daß die Spülprogramme optimal ablaufen, damit auch alle Reste der Reiniger wirklich weggespült werden.
- Viel hilft nicht viel. Die Dosierung lieber knapp bemessen und die angegebenen Untergrenzen nicht überschreiten.

- Für Klarspüler besteht keine technische Notwendigkeit. Sie sollen nur einen schnell trocknenden Glanz verleihen, der zwar spiegelnd schön ist, sich aber beim Anfassen oft als unangenehm stumpf erweist. Klarspüler verbleiben in Spuren auf dem Geschirr und können auf diese Weise mit der Nahrung aufgenommen werden.
- Nur eine volle Spülmaschine ist eine zu rechtfertigende Haushaltshilfe – nicht nur aus Energiespargründen, auch zur Gewässerentlastung.
- Selbst für Spülmaschinen gibt es heute auf dem großen Alternativmarkt umweltfreundliche Reiniger. Sie sind frei von Phosphaten, Enzymen und Chlor und enthalten dafür zum Beispiel nichtionische Tenside aus pflanzlichen Ölen, Citrate, Silikate und Carbonate. Auch wer auf Klarspüler nicht verzichten möchte, kann sich eines umweltfreundlicheren Produktes bedienen. Ein Anbieter stellt es aus Zitronensäure, Alkohol und Tensiden aus pflanzlichen Ölen her.

Haushaltsreiniger machen todsicher sauber!

Beim Umweltbundesamt sind die Rahmenrezepturen für über 11 000 Reinigungsmittel hinterlegt! Wenn man bedenkt, daß vor gar nicht allzu vielen Jahrzehnten Seife, Soda und Sand die einzig verfügbaren Saubermacher im Haushalt waren …

Sicher war das Putzen mit mehr körperlicher Arbeit verbunden, dafür gab es weniger Chemieunfälle und so gut wie keine Umweltbelastung durch Reinigungsmittel. Heute nimmt Chemie der Hausfrau bzw. dem Hausmann die Plackerei im Handumdrehen ab.

Tausende von Vergiftungsunfällen – meistens sind Kinder die unschuldigen Opfer – beweisen, daß die warnenden Gebrauchshinweise aus gutem Grund auf der Verpackung stehen. Nicht, daß es in deutschen Häusern und Wohnungen von Jahr zu Jahr schmutziger würde – was aber mag der eigentliche Grund für die steigenden Verkaufsziffern der un-

übersehbaren Zahl von Haushaltsreinigern sein? Schafft allein die raffinierte Werbung solch blindes Vertrauen in die chemischen »Wunderwaffen«? Muß man denn wirklich alles so sauber haben, daß man vom Boden essen könnte? Wäre es nicht angebrachter, am Tisch zu essen und auf die allwöchentliche Desinfektion des Fußbodens zu verzichten? Ganz abgesehen davon, daß die aufgedruckten Warnungen häufig auf eine mögliche gesundheitliche Schädigung der Benutzer hinweisen, fließen alle Reinigungschemikalien mit dem Abwasser auch umweltverschmutzend nach draußen.
Es gibt für die meisten Fälle harmlosere Ersatzlösungen. Hier einige Beispiele:

- Viele *Allzweckreiniger* enthalten außer reichlich Tensiden und Phosphaten noch Chlor zur Bleiche und Desinfektion oder Ammoniak (Salmiak) zur Alkalisierung. Chlor reizt schon in großer Verdünnung die Atmungsorgane, die Lösung im Wasser geht allmählich unter Sauerstoffentwicklung in eine wässerige Salzsäure über. Ammoniak wirkt ätzend.

Manche Reiniger sind für außergewöhnlich hartnäckigen Schmutz praktische Helfer geworden. Trotzdem darf man sich daran erinnern, daß es für harmlosen Schmutz (und das ist doch dic Rcgcl) auch entsprechend harmlose Mittel gibt. Schmierseife sei nur als ein Beispiel genannt. Auch von den ökologisch unbedenklichen neuen Allzweckreinigern der Bio-Szene sollte stärker Gebrauch gemacht werden, will man für die Umwelt etwas mehr tun.

- *Scheuermittel* enthalten ebenfalls viel Tenside, Phosphate und zudem Salze. Es gibt bleichende und nichtbleichende Varianten. Der Bleicheffekt wird meist durch chlorabspaltende Verbindungen erzielt. Alternative Scheuerpulver sind häufig auf Seifenbasis hergestellt und bestehen beispielsweise aus Soda, Quarzmehl oder Kalkspat als Poliermittel und echten Pflanzenölen für den Frischeduft. Sie sollten in jedem Fall frei von Chlor und Phosphaten sein.

• *Spezialreiniger* sind die Renner der ganzjährigen Putzsaison. Ihre Wirkung ist meist von geradezu durchschlagendem Erfolg – auch in bezug auf ihre Umweltfeindlichkeit!
Die *Sanitärreiniger,* die im extremen Fall sogar das hochgiftige Chlorgas bilden können, wenn alkalische Chlorprodukte mit chemisch sauren Reinigern zusammenkommen, habe ich ja bereits am Anfang des Kapitels erwähnt.
Wer sich hier an die Grundsätze hält: »Viel hilft wenig« und »Je schwächer, desto besser«, lebt gesünder und umweltbewußter. Auch WC-Reiniger gibt es in milden Alternativausführungen, und diese einmal die Woche angewendet, genügt der Hygiene allemal.
Nahm man früher bei verstopften Abflüssen die altbewährte Gummisaugglocke zur Hand, greifen heute nicht wenige regelmäßig und gewissermaßen vorbeugend – was völlig unsinnig ist – zu chemischen *Rohrreinigern.* Diese gehören aber zu den gefährlichsten Haushaltschemikalien. Wenn der verstopfende Dreck nur im Syphon steckt, was meistens der Fall ist, sparen ein paar praktische Handgriffe nicht nur viel Geld (Spezialreiniger sind sehr teuer), sondern bewahren auch die Abwässer vor unnötiger Belastung mit giftigsten Chemikalien.
Wer sich bisher von der eintrichternden Werbung angesprochen fühlte, sollte in Zukunft vielleicht erst kurz überlegen, ob denn das eine oder andere Mittel dieser Art wirklich notwendig ist. Tut es ein einfaches, bereits vorhandenes nicht auch, oder erinnert man sich nicht an altbewährte Hausmittel?
In unserem Haushalt werden *Fenster* stets mit klarem Wasser geputzt und mit Zeitungspapier blankgerieben. Das ist billig, schnell, sauber und umweltfreundlich. Für Fensterputzmittel, gar noch für spezielle Sprays, gibt es in unserem Etat keinen Posten. Wenn schon Fensterreiniger, dann besser die Spritzflasche statt einer Spraydose.
Auch die *Backofenspraydose* wird überflüssig, wenn man die

Backröhre noch in warmem Zustand mit Sodalösung (Natriumcarbonat) reinigt. Kuchen, Brot oder Überbackenes esse ich dann zudem mit einem besseren Gefühl als bei der Verwendung der mittlerweile üblichen scharfen Reinigungssprays. Wer garantiert denn, daß auch die letzte Chemikalienspur aus dem kleinsten Winkel wirklich weggewischt worden ist?

Wer *Flecken* sofort mit Wasser auswäscht, kann in der Regel mit leichtem Herzen auf die Fleckenkiller-Spraydosen verzichten.

Die Beispiele ließen sich beliebig fortsetzen. Jeder sollte über den Gebrauch der vielen Spezialreiniger einmal nachdenken, sie zumindest bewußter und gezielter einsetzen, ganz gleich, ob es sich um *Reiniger für Glas, Metall, Herde, WC, Fußböden, Kacheln, Abfluß* oder *Öfen* handelt, um *Pflegemittel für Polster, Teppiche, Möbel, Leder und Auto,* aber auch um *Pinselreiniger, Rostentferner* und *Abbeizmittel.* Alte Farbenpinsel werden auch in heißem Essigessenz-Wasser wieder gebrauchsfertig.) Gerade aber Lösungsmittel, Lackentferner und Abbeizmittel sollten nie in den Abfluß gelangen (siehe auch Seite 172 f.).

● *Desinfektionsmittel:* Der bereits zitierte Hygieneprofessor Franz Daschner hält sie für völlig überflüssig. Milde Reinigungsmittel reichen in einem normalen Haushalt aus. Weder Toilettenbrillen und Waschbecken noch Telefonhörer oder Spielzeug müssen regelmäßig desinfiziert werden. Nur bei ansteckenden Krankheiten, wie beispielsweise Hepatitis oder Tuberkulose, müssen die Keime in der Wohnung fachgerecht vernichtet werden.

Desinfektionsmittel sind starke, konzentrierte Gifte. Vor der in Mode gekommenen chemischen Sterilisation von Babyschnullern und Trinkfläschchen muß deshalb eindringlich gewarnt werden. In vielen Kliniken mit verantwortungsbewußtem Ärzte- und Pflegepersonal ist man heute wieder zu dem einfachen, wirksamen und ungefährlichen Auskochen übergegangen, nachdem bei zahlreichen Säuglingen das berühmte »Bäuerchen« unverfälscht nach Chlor gerochen hat. Doch nicht nur das: Bei unsachgemäßer Handhabung der chemischen Sterilisationsmittel wird genau das Gegenteil des beabsichtigten Effekts bewirkt. Falsch angesetzte Lösungen, Luftblasen in Flasche und Sauger, wodurch die entkeimende Flüssigkeit nicht überall einwirken kann, fördern das Gedeihen von Pilzen und Bakterien. So sicher wie von den Herstellerfirmen angepriesen (»Es gibt nichts Sichereres ...«) ist die chemische Methode also nicht. Am billigsten und wirklich auch am sichersten ist und bleibt das Auskochen, das ja bei genauer Betrachtung überhaupt nicht arbeitsaufwendig ist.

2. Nicht jede Spraydose ist eine gute Spraydose

Seit der Norweger Eric Rotheim im Jahr 1926 die Spraydose patentieren ließ, wissen die Verbraucher in den Industrienationen ihre Vorzüge zu schätzen. Per Knopfdruck lassen sich eine Vielzahl von Reinigungs- und Pflegeprodukten für Körper, Haushalt, Textilien, Auto und andere Bereiche in feinstem Nebel versprühen. Immer beliebter wird diese bequeme, praktische, leicht dosierbare und für den Benutzer saubere Anwendung für Wirkstoffe und Lösungsmittel aller Art.

1981 wurden allein in der Bundesrepublik 493 Millionen Spraydosen hergestellt, davon 273 Millionen nur für die Haar- und Körperpflege. Insgesamt macht das 8 Spraydosen pro Einwohner und Jahr.

Die dafür notwendigen Treibgase sind in der Mehrzahl Fluorchlorkohlenwasserstoffe – kurz FCKW genannt. Diese ungiftigen, nicht brennbaren und leicht flüchtigen Gase entweichen nach ihrer Freisetzung rasch in unsere Atmosphäre. 1974 schreckten die beiden amerikanischen Wissenschaftler Molina und Rowland die Öffentlichkeit zum erstenmal mit ihrer These, daß durch die Treibgase der weltweit benutzten

Spraydosen die Ozonschicht der Atmosphäre langsam zerstört würde.
Der Ozongürtel, der sich in 20 bis 40 km Höhe rund um den Erdball zieht, ist für alles Leben auf unserem Planeten lebensnotwendig. Er schützt die Erde vor dem gesamten Spektrum der ultravioletten Strahlen (UV-Einstrahlung) und läßt nur eine geringe, verträgliche Menge auf die Erdoberfläche durch. Wenn nun diese Ozonschicht angegriffen wird, kommt es zu einer vermehrten UV-Einstrahlung. Laut dem amerikanischen Nationalen Forschungsrat (NRC) bedeutet schon 1% weniger Ozon in der Atmosphäre 50 000 Hautkrebserkrankungen mehr – allein in den USA. In der Bundesrepublik sterben jährlich rund 1500 Menschen an Hautkrebs. Eine angegriffene Ozonschicht würde aber nicht nur zu vermehrtem Auftreten von Hautkrebs führen, sondern auch Schäden und Ertragsminderungen bei Feldfrüchten nach sich ziehen und das Klima beeinflussen.
Rowlands und Molinas Forschungen ergaben, daß die FCKW-Gase erst mehrere Jahre nach ihrer Freisetzung die oberen Schichten unserer Atmosphäre erreichen. Dort werden sie von den ultravioletten Strahlen aufgespalten. Die dabei entstehenden Chloratome zerstören langsam die uns schützende Ozonschicht. Beide Wissenschaftler gingen davon aus, daß in den nächsten 100 Jahren das atmosphärische Ozon um über 10% verdünnt wird.
Über das wahre Ausmaß des bereits vorhandenen und des zu erwartenden Schadens sind sich die Experten heute nicht einig. Alle stimmen aber darin überein, daß die FCKW-Gase ozonzerstörend wirken. Diese sind jedoch nicht allein daran beteiligt. Auch Stickoxyde, die von hochfliegenden Flugzeugen erzeugt werden, sollen das Ozon bedrohen.
Während aber die einen Gegner der Ozonthese an einer bereits angegriffenen Ozonschicht zweifeln, vermuten andere, daß der bisherige Ozonabbau durch Neubildung etwa gleicher Mengen in geringerer Höhe ausgeglichen wird. Über

die Folgen einer eventuellen Höhenverlagerung des atmosphärischen Ozons wissen aber auch sie nichts zu sagen.
Andere Wissenschaftler hingegen bezeichnen die Spraydosen-Treibgase als Zeitbombe, denn sind die Fluorchlorkohlenwasserstoffe einmal in die Atmosphäre aufgestiegen, können sie weder mit wissenschaftlichen Erkenntnissen noch mit modernstem technischen Know-how auf die Erde zurückgeholt werden. Und das Heimtückische liegt eben gerade darin, daß es Jahre dauert, bis die Gase die Ozonschicht erreicht haben und ihr Zerstörungswerk beginnen können.
Der Ozontheorie kritisch gegenüberstehende Wissenschaftler räumen immerhin die Möglichkeit einer Ozonverdünnung von 5 bis 10% für das nächste Jahrhundert ein. Grund genug, heute zu handeln.
Einige Länder reagierten auch sofort: Seit 1979 ist die Verwendung von FCKW-haltigen Spraydosen in den USA verboten. Auch Schweden, das umweltpolitisch konsequenteste Land, sowie Kanada und Norwegen nahmen die amerikanischen Forschungsergebnisse zum Anlaß, diese Treibgase zu verbieten.
Die Länder der Europäischen Gemeinschaft konnten sich bislang nicht zu einer gesetzlichen Beschränkung jener umweltschädlichen Treibgase entschließen. Der Ministerrat der EG forderte 1979 lediglich ihre Einschränkung um 30%, wobei die Hersteller einer freiwilligen Selbstkontrolle unterliegen. Ein grundsätzliches Verbot wäre angebrachter. Denn noch immer werden weltweit rund 800 000 Tonnen Fluorchlorkohlenwasserstoff hergestellt, davon 100 000 Tonnen allein in der Bundesrepublik. Die Möglichkeiten des Verbrauchers:

- Nicht immer muß es eine Spraydose sein. Gerade bei Kosmetik- und Körperpflegemitteln gibt es eine Reihe bewährter Alternativen, die meist auch billiger sind: Deo-Stifte oder -Roller, Puder, Pasten und Cremes, bei den Reinigungsmitteln vielfach feste, flüssige oder ebenfalls pulverisierte Substanzen. Oft kann man auch preiswertere Nachfüllpackungen erwerben.

- Einfachster Spraydosenersatz sind die mechanischen Pumpzerstäuber, die vorwiegend für Körper- und Haarpflegemittel angeboten werden. Ihre Vorzüge: Sie enthalten keinerlei Treibgase, sind viel sparsamer im Gebrauch, die oft durchsichtigen Behälter aus Glas oder Kunststoff zeigen stets die noch vorhandene Menge an, das angegebene Gewicht entspricht auch tatsächlich dem Inhalt der reinen Wirkstoffe. (Gewichtsangaben bei Spraydosen schließen den flüssigen Treibgasanteil mit ein.) Die Pumpventile lassen sich in der Regel abschrauben, so daß der Behälter mit preisgünstigen Nachfüllpackungen aufgefüllt werden kann. (Das teurere Pumpventil macht sich dadurch mit der Zeit bezahlt, Spraydosen sind rohstoffverschwendende Einwegprodukte, nicht wieder verwertbar und führen zu größeren Abfallmengen.)

Wer auf Spraydosen nicht verzichten will oder kann, ist heute nicht mehr auf FCKW-haltige Sprays angewiesen. Es gibt verschiedene Varianten:

- Spraydosen mit einem Zweikammersystem, bei dem Treibmittel und Wirkstoff getrennt sind. Als Treibgas dient meist Preßluft oder Stickstoff, und sie sind in der Regel erkennbar an einem elastischen Pfropfen an der Dosenunterseite. Die Mengenangaben beziehen sich auch hier nur auf den Wirkstoff. Das aufwendigere Verfahren schlägt sich allerdings auch im Preis nieder. Spraydosen mit Zweikammersystem kosten mehr als herkömmliche Sprays, etwa so viel wie die Pumpzerstäuber, können aber im Gegensatz zu diesen nicht wiederverwendet werden.
- Spraydosen mit umweltfreundlichen Treibgasen: In ihrer Wirkungsweise unterscheiden sie sich nicht von den FCKW-haltigen Sprays. Der Fluorchlorkohlenwasserstoff ist jedoch durch Propan, Butan, Isobutan, Kohlendioxyd oder Stickstoff ersetzt. Bitte Dosenaufdrucke beachten, denn Treibgase

wie Butan, Propan und Isobutan sind leicht brennbar und dürfen keinesfalls in der Nähe von offenem Feuer, Kerzen oder ähnlichem gelangen. Solche »umweltfreundlichen« Spraydosen (trifft nur auf das Treibgas zu, die Wegwerfdose als solche ist bei unserem derzeitigen jährlichen Verbrauch von fast 500 Millionen Stück weder rohstoff- noch energie-, noch abfallfreundlich) kosten heute in der Regel nicht mehr als die herkömmlichen Sprays und sind trotz gleichem Wirkstoffanteil oft leichter als diese. Leider enthalten sie manchmal auch Zusatzstoffe wie Methylenchlorid, das schon in kleinen Mengen dem Menschen schädlich sein kann.

● Die »Jury Umweltzeichen« hat erstmals 1978 FCKW-freien Sprayprodukten das Umweltzeichen verliehen. Mittlerweile sind Spraydosen, die das Zeichen mit dem blauen Umweltengel tragen (siehe auch Seite 273 ff.), mit folgenden Inhaltsstoffen auf dem Markt: Körperpflegemittel, Haarsprays, Pflegemittel für den häuslichen Bedarf, Wirkstoffe, die mit Lebensmitteln in Berührung kommen, Imprägnierungs- und sonstige Ausrüstungsmittel, Raumsprays, Desinfektions- und freiverkäufliche Arzneimittel. Das Umweltzeichen garantiert bei diesen Spraydosen

- FCKW-freie Treibgase
- Nichtbrennbarkeit
- Zusatzstoffe, die weder gesundheits- noch umweltgefährdend sind.

Rund 75% der weltweit verwendeten Fluorchlorkohlenwasserstoffe wurden 1979 in Spraydosen verarbeitet. Während sich dieser Prozentsatz wegen der alternativen Treibgase bzw. Sprayersatzprodukte jedoch zunehmend verringert, verbraucht die Industrie immer mehr FCKW-Gase für Kältemittel in Kühl- und Gefriergeräten, für Wärmepumpen und Klimaanlagen, als Treibgase in der Kunststoffverschäumung (zum Beispiel bei der Styroporherstellung) und für chemische Reinigungsmittel.

Außer Kaufboykott hat der Verbraucher hier keine Möglichkeit, auf eine Verringerung des FCKW-Anteils Einfluß zu nehmen. Jeder Haushaltskühlschrank enthält in seinem Kühlmittel das umweltfeindliche Gas. Spätestens bei der Verschrottung alter Geräte entweichen die Fluorchlorkohlenwasserstoffe ins Freie und steigen langsam in die oberen Schichten unserer Atmosphäre auf. Immerhin werden allein in der Bundesrepublik jährlich rund 3 Millionen Kühl- und Gefriergeräte ausrangiert. Und noch immer landen sie auf den Müll- oder Schrottplätzen. Weder bei Gemeinden noch bei Privatfirmen lassen sich alte Geräte zur sachgerechten Wiedergewinnung der FCKW-Gase abgeben. Der Staat täte gut daran, einen gezielten Abtransport zu organisieren und gleichzeitig die Entwicklung von ökologisch unbedenklichen Kältemitteln zu fördern.

3. Schönheit: Synthetische oder natürliche Kosmetika stehen zur Wahl

Billige und teure Kosmetikprodukte werben in nie dagewesener Anzahl um die Gunst schönheits- und körperbewußter Käufer. Chemie ist auch hier reichlich vertreten, denn ein Großteil der wohlduftenden Pflege- und Schönheitsmittel enthält chemische Zusätze oder wird sogar vollkommen synthetisch hergestellt.

Hautärzte, die sich tagtäglich mit den rasch zunehmenden Allergien ihrer Patienten abmühen müssen (jeder zehnte Bundesbürger reagiert auf eine oder mehrere Umweltchemikalien allergisch), warnen vor falsch verstandener Schönheitspflege mit Billigkosmetika.

Nachdem die Berliner »Stiftung Warentest« wiederholt äußerst bedenkliche Konzentrationen von Cadmium, Blei und Quecksilber in Lidschatten, Wimperntuschen und Lippenstiften nachgewiesen hatte und auch andere gesundheitsbeeinträchtigende Substanzen und Produktionsrückstände in verschiedenen Kosmetikwaren festgestellt wurden, trat 1978 eine Verordnung über kosmetische Mittel in Kraft. 361 bis

dahin übliche chemische Zusatzstoffe wurden verboten, andere mit Anwendungsbeschränkungen und Kennzeichnungspflicht belegt. Kleingedruckte Packungsaufdrucke wie zum Beispiel »... enthält Formaldehyd«, »... kann eine allergische Reaktion hervorrufen«, »Nicht zur Babypflege benutzen« oder »Vorherige Allergieprobe ratsam« zeugen jedoch davon, daß trotz gesetzlicher Auflage immer noch reichlich Gifte in mehr oder minder gesundheitsschädlichen Konzentrationen den täglich in Gebrauch befindlichen Kosmetikartikeln beigefügt werden dürfen.
Erlaubt sind unter anderem: Formaldehyd, Hexachlorophen, Resorcin, Phenol, verschiedene Quecksilberverbindungen, Fluoride, Amine und Ammoniak (alle ab einer bestimmten Menge kennzeichnungspflichtig).
Formaldehyd (wäßrige Lösung = Formalin) dient in zahlreichen Kosmetikprodukten als Konservierungsstoff. Ab einer Menge von 0,2% muß es auf der Verpackung angegeben sein. Bei niedrigeren Konzentrationen besteht keine Kennzeichnungspflicht (etwa bei Mundpflegemitteln, weil hier nur 0,1% erlaubt sind).
Formaldehyd wurde berühmt-berüchtigt, weil es zum Beispiel aus Spanplatten ausdünsten kann und dann zu starken Belästigungen wie Kopfschmerzen und Atemwegsreizungen führt. Beim Einatmen von konzentrierten Dämpfen sind schwere Lungenschäden zu befürchten. Formaldehyddämpfe lösten im Langzeitversuch bei Tieren Krebs aus. Das Formalin steht zur Zeit unter Verdacht, zu den zehn gefährlichsten krebserzeugenden Umweltgiften zu gehören. Es wirkt nachweislich gewässerschädigend.
Auch wenn die Formaldehydzusätze in Kosmetikprodukten verhältnismäßig gering sind, muß man davon ausgehen, daß sie bei der Verwendung formaldehydhaltiger Hautpflege-, Haarpflegemittel und Haarshampoos die Haut durchdringen und in den Organismus gelangen können.
Hexachlorophen ist ein starkes Bakterizid, das als Bestand-

teil von Seifen, Deodorants, Pudern und anderen Kosmetika die bakterielle Zersetzung des Schweißes hemmen soll. (In Seifen ist es bis zu 1% enthalten.) Es steht im Verdacht, bei höheren Konzentrationen Nerven- und Erbschäden zu verursachen. Hexachlorophenhaltiger Puder brachte vor einigen Jahren in Frankreich 30 Säuglingen den Tod, in Schweden kam es in einem Krankenhaus bei Neugeborenen zu Mißbildungen, weil Krankenschwestern, die Mütter wurden, häufig mit Hexachlorophen in Berührung gekommen waren. In dieser Chemikalie sind immer Spuren des »Seveso-Giftes« TCDD enthalten.

Resorcin findet Verwendung in Haarfärbemitteln und dringt beim Färben unter Umständen in die Kopfhaut ein. Kommt es auf größere Hautflächen, besteht Vergiftungsgefahr. In höheren Konzentrationen beeinträchtigt es das Kreislauf- und Nervensystem, kann langfristig Nieren- und Leberfunktionsstörungen verursachen, mutagen (erbliche Veränderungen erzeugend) wirken und das Blutbild verändern. Resorcin ist auch für Wassertiere und Pflanzen giftig.

Phenol kann Bestandteil verschiedenster Kosmetikartikel sein und wird vor allem bei desinfizierenden Mitteln als Zusatzstoff verwendet. Auf der Haut ätzt es, in konzentrierterer Form zeigt es ähnliche Wirkungen wie Resorcin. Es ist ebenfalls eine umweltschädigende Chemikalie.

Quecksilberverbindungen: Organische Verbindungen des hochgiftigen Quecksilbers kommen bei der Herstellung von Kosmetika und Schädlingsbekämpfungsmitteln zur Anwendung. Mit den Industrieabwässern und den Produkten gelangen sie in die Umwelt (Gewässer), wo sie sich in Fischen anreichern und somit in die Nahrungskette des Menschen gelangen und vom Organismus leicht aufgenommen werden. Organo-Quecksilberverbindungen speichern sich in Leber, Nieren, Gehirn, Zentralnervensystem und Muskeln und können unter Umständen bei Schwangeren Schäden am Embryo bewirken.

Fluoride werden verschiedenen Zahnpasten und Mundwässern in geringen Mengen zugesetzt. Über ihre Wirkung als kariesvorbeugende Mittel sind sich die Wissenschaftler uneinig. Jedenfalls kann die Fluoridierung des Trinkwassers (in manchen Ländern heute üblich) und der Zahnpasten nur eine Symptombehandlung sein, weil die Ursache des Gebißverfalls bei den Völkern unserer Zivilisation in den denaturierten Nahrungsmitteln zu finden ist. An sich sind Fluoride starke Umweltgifte, die bei Menschen in höheren Konzentrationen zu Knochen-, Zahn-, Nieren- und Hautveränderungen führen können. Für Pflanzen sind sie besonders schädlich.
Amine kommen als Azo-Farbstoffe in kosmetischen Produkten vor. Sie sind Abkömmlinge des Ammoniaks und können eine besondere Rolle bei der Bildung von N-Nitrosoverbindungen (gehören zu den Nitrosaminen) spielen (starke krebserzeugende Substanzen).
Ammoniak in reiner Form wirkt stark ätzend auf Haut und Schleimhäute und führt zu Husten, Brechreiz und Kopfschmerzen. In geringen Mengen kann es Bestandteil von synthetischen Kosmetika sein.

Viele Pflege- und Schönheitsmittel belasten nicht nur die Umwelt, sondern sind langfristig auch der Gesundheit abträglich. Das heißt jedoch nicht, auf kosmetische Produkte grundsätzlich verzichten zu müssen:

- Umweltfreundliche und wirklich gesundheitserhaltende Kosmetika werden heute von vielen Firmen angeboten (Bio- und »grüne« Läden, Reformhäuser, aber auch Apotheken und gut sortierte Drogerien). Ausgangssubstanz sind dabei rein natürliche Stoffe. Empfehlenswerte Produkte enthalten keine mineralischen Öle, weder synthetische Duft- oder Aromastoffe noch künstliche Konservierungsmittel und sind auch nicht chemisch gefärbt.
- Deodorantien, welche die Ausgänge der Schweißdrüsen verschließen, sind besser zu meiden.

- Dekorative Kosmetikmittel enthalten die höchsten Schadstoffrückstände. Neuerdings gibt es aber sogar Lippenstifte aus Pflanzenölen und natürlichen, unbedenklichen Farbstoffen. Das Angebot der alternativen Produkte nimmt mit der wachsenden Nachfrage zu.
- Bessere Beratung des Verbrauchers tut not. Aber schon ein aufgedrucktes Haltbarkeitsdatum ist ein gutes Zeichen: Diese Produkte sind meist nicht chemisch konserviert.
- Aufwendige Verpackungen blenden das Auge und bieten keine Garantie für Qualität. Glasflaschen sind umweltfreundlicher als Plastikgefäße, besonders dann, wenn sie sich dank Nachfüllpackungen immer wieder verwenden lassen.
- Naturkosmetika selbst herzustellen ist zur Zeit große Mode. Eine umfangreiche Literatur liefert genaue Hinweise und Rezepte. Für manche ist dies außerdem eine echte Alternative zu den zwangsläufig teureren käuflichen Naturprodukten, die sich bezahlt macht.
- Umwelt- und gesundheitsbewußte Verbraucher meiden viele überflüssige Mittel wie Deo-, Intim- und Haarsprays, färben ihre Haare, wenn überhaupt, mit dem ungiftigen Henna und achten beim Kauf von »normalen« Kosmetika auf kleingedruckte Warnhinweise.

Auch ein ethisches Problem darf nicht unerwähnt bleiben: Hand- und Gesichtscremes, Gesichtswasser, Augenbrauen- und Lippenstifte, Badezusätze, Seifen, Shampoos, Make-ups, Haarfärbe- und Sonnenschutzmittel, Wimperntuschen und viele andere Produkte werden in der Regel von den Herstellerfirmen in Tierversuchen getestet. Zahlreiche Tiere müssen lang andauernde Schmerzen ertragen, viele Versuche enden für sie noch während des Experiments tödlich. Keines der Tiere verläßt die Labore lebend.
Chemikalien werden in den Magen der Versuchstiere gewaltsam eingeführt, Flüssigkeiten durch Einträufeln in die Augen getestet, für die Hautverträglichkeitsprüfung reibt

man Wirkstoffe in die kahlgeschorene und aufgeritzte Haut von Katzen, Kaninchen und anderen Leidensgenossen. Dabei sind sie in Gestellen festgeschnallt und zur Bewegungslosigkeit auf unbestimmte Zeit verdammt.

Laut dem Deutschen Tierschutzbund e. V. muß man »davon ausgehen, daß nicht nur im Ausland (Frankreich, USA), sondern vor allem auch in Deutschland fast alle Kosmetikhersteller direkt (Erprobung der Fertigprodukte am Tier) oder indirekt (die Rohstofflieferanten führen Tierversuche durch) an diesen Tierversuchen beteiligt sind . . .

Die Hersteller können sich dabei zum Teil auf den Gesetzgeber berufen, der vorschreibt, daß chemische Substanzen, die in Kosmetika enthalten sind, zum Beispiel Konservierungs-, Farb- und Duftstoffe, auf ihre Unbedenklichkeit für den menschlichen Gebrauch geprüft werden müssen.

Die Qualen der Tiere dienen nur der Eitelkeit der Menschen und den Profitinteressen der Unternehmen.«

Wer natürliche Produkte ohne synthetische Zusätze kauft, wie sie heute von immer mehr Kosmetik- und Heilmittelfirmen hergestellt werden, handelt auch im ethischen Sinn umweltbewußt. Seit 1982 vergibt der Deutsche Tierschutzbund ein sogenanntes Kaninchensymbol für kosmetische Artikel, das auf den Verzicht von Tierversuchen hinweist. Das heißt aber nicht, daß bei altbewährten Herstellern von Naturprodukten, die kein solches Symbol besitzen, Tierversuche durchgeführt werden. Viele dieser Firmen verwenden das neue Symbol (noch?) nicht.

Der Deutsche Tierschutzbund e. V., Baumschulallee 15, 5300 Bonn 1, versendet auf Anfrage eine Liste mit Herstellern von natürlichen Kosmetikprodukten, die auf Tierversuche verzichten und keine an Tieren erprobte Rohstoffe verarbeiten, außerdem auch eine Auflistung jener Firmen, die Tierversuche durchführen. (Bitte eine Spende oder zumindest Rückporto beilegen.)

4. Was sonst noch so alles anfällt: Verschiedene umweltgefährdende »Alltags-Chemikalien«

- Sogenannte *Pflanzenschutzmittel* finden einen zunehmend größeren Abnehmerkreis. Nicht nur Landwirte und Gärtner, auch immer mehr Hausfrauen und andere Blumenfreunde greifen zu chemischen Schädlingsbekämpfungsmitteln, die in der Bundesrepublik noch erlaubt und frei verkäuflich sind. Hauptbestandteil der meisten Pestizide, die im Haushalt versprüht werden, ist Lindan. Es steht als chlorierter Kohlenwasserstoff in enger Verwandtschaft zu DDT und Endrin. (Endrin löste 1982 am Bodensee das verheerende Vogelsterben aus. Danach wurde es verboten.)

Lindan ist mittlerweile als angeblich unverzichtbares Insektizid der einzige noch zugelassene chlorierte Kohlenwasserstoff. Alle Gifte, die zu dieser Gruppe zählen, sind in kleinen Dosen für den Menschen unschädlich. Aber – und das trifft auch auf Lindan zu – chlorierte Kohlenwasserstoffe sind gefährliche Summationsgifte, die sich im Fettgewebe von Menschen und Tieren ablagern und mit der Zeit dort anreichern. Auf diese Weise kommt es nach Jahren oder Jahrzehnten zum Überschreiten der Toleranzgrenze und somit zur schädigenden Giftwirkung.

Lindan baut sich schneller ab (Halbwertzeit 3 Jahre). Trotzdem ist es wichtig zu wissen, daß das Gift, selbst bei einem einmaligen Besprühen von Zimmerpflanzen, noch jahrelang in den Blumentöpfen und somit in den Räumen verbleibt.

Bei unsachgemäßer Handhabung solcher Mittel kann es unter anderem zu Übelkeit, Kopfschmerzen, Erbrechen, Krampfanfällen oder Atemlähmung kommen. Lindan zeichnet sich auch durch eine relativ hohe Giftigkeit für Fische aus.

Überzüchtete Blumenstöcke aus Gärtnereien sind sehr anfällig für Schädlinge wie Blattläuse usw. Biologisch gesunde

Pflanzen hingegen brauchen in der Regel nicht gespritzt zu werden. Natürliche Feinde von Blattläusen sind beispielsweise Marienkäfer und Florfliegen (helle, zartgrüne Fliegen mit langen, durchscheinenden Flügeln und glänzenden Augen), die von den Spritzmitteln mitvernichtet werden. Dürfen sie im Blumenfenster mitleben, schaffen sie ein natürliches ökologisches Gleichgewicht, bei dem Schädlinge – Pflanzen mit stabilen Erbanlagen vorausgesetzt – nicht überhandnehmen können.

- *Lösungsmittel* wie zum Beispiel Terpentin und Nitro-Verdünnungen dienen in fast jedem Haushalt mit Do-it-yourself-Ambitionen irgendwann einmal zum Pinselreinigen oder ähnlichem. Wohin mit der verschmutzten Lösung? Wenig schadet sicherlich nicht viel, denken wohl die meisten und kippen sie in den Abfluß oder ins Freie. Bei den Recherchen zu diesem Buch wurde mir klar, daß solche Lösungsmittel aus den Haushalten fast ausnahmslos unmittelbar in die Umwelt gelangen; nicht zuletzt deshalb, weil es dafür keine Sammelstellen gibt, wie sie etwa für Altöl heute bei uns überall selbstverständlich sind.

Angenommen, in nur jedem vierten bundesdeutschen Haushalt würde pro Jahr ein halber Liter dieser Lösungsmittel anfallen und weggekippt werden, dann wäre dadurch die Umwelt mit nicht weniger als 3 137 500 Liter jener hochgiftigen und besonders umweltschädigenden Chemikalien zusätzlich belastet.

Farbengeschäfte und Malerhandwerk führen ihre giftigen Sonderabfälle der Wiederverwertung oder einer umweltgerechten Beseitigung zu. Umweltschutz- und für Müll und Sonderabfall zuständige Kreisverwaltungsbehörden gaben zu, daß man bei der Umweltverseuchung mit Lösungs- und anderen Reinigungsmitteln aus den Haushalten von einer hohen Dunkelziffer ausgehen muß. Was kann der Heimwerker tun?

▸ Terpentine und Nitroverdünnungen lassen sich mehrmals

wiederverwenden. Verunreinigte Lösungen einige Zeit stehen lassen, bis sich die Farbreste am Boden niedergeschlagen haben. Den geklärten oberen Teil dann abgießen und aufbewahren.

▸ Nicht wiederverwendbare Lösungen in einem dichten Behälter ansammeln und einmal pro Jahr bzw. bei Bedarf zu einer Deponie für Sonderabfälle bringen. Auskunft darüber erteilt auf Anfrage die zuständige Kreisverwaltungsbehörde, Gemeinde- oder Stadtverwaltung.

▸ Vielleicht läßt sich durch persönliches Engagement ein entsprechendes Zwischenlager bei der Gemeinde oder an einer Altölsammelstelle einrichten.

▸ Manches Farbengeschäft oder auch ein Malerfachbetrieb nimmt unter Umständen kleine Mengen der explosiven, umweltschädigenden Lösungen an.

▸ Auch Farben und Lacke, die häufig Schwermetalle enthalten, dürfen keinesfalls in die Umwelt gelangen. Fachgeschäfte bzw. Sonderdeponien sind die richtigen Abgabeorte.

● Jährlich landen in der Bundesrepublik Deutschland für rund 10 Milliarden DM *Arzneimittel* auf den Müllkippen! Viele bestehen aus umweltschädigenden Substanzen, die das Grundwasser beeinträchtigen können. Jede Apotheke nimmt alte oder überflüssige Medikamente kostenlos an und beseitigt sie fachgerecht.

Auch ein zerbrochenes *Thermometer*, bei dem das Quecksilber noch nicht ausgelaufen ist, darf man in die Apotheke bringen. Dort nehmen Fachleute das hochgiftige Quecksilber heraus und verwahren es ordnungsgemäß. Ausgelaufenes Quecksilber in geschlossenen Räumen kann über Jahre gefährliche Dämpfe abgeben und die Bewohner schädigen. Darübergestreutes Zinkpulver saugt das Quecksilber auf.

● Wer weiß schon, daß im Heizöl gewissermaßen die halbe organische Chemie versteckt ist, darunter viele krebsverdächtige Substanzen wie die Polycyclischen Aromate? Der Umgang mit diesem Primärenergieträger sollte daher auch aus gesundheitlichen und Umweltschutzgründen mit Vorsicht erfolgen.

Gift im Essen

Niemand kann es verleugnen, und auch die Verbraucher erfahren immer mehr darüber: Viele Umweltgifte gelangen in Spuren und nicht selten auch in gefährlichen Mengen in die Nahrung der Menschen. Weidetiere (heute üblicherweise in Massentierställen gehalten) bauen zum Beispiel aus pflanzlicher Biomasse tierische Substanzen auf, die dem Menschen als Nahrung dienen. Die Nutzpflanzen werden künstlich gedüngt und mit Pestiziden gespritzt. Ein Teil dieser Chemikalien gelangt bereits dadurch in die Nahrungskette, ein anderer fließt in Binnengewässer und Meere und reichert sich in den dortigen Lebewesen an. Mit den rückstandsbelasteten Fischen kommen Gifte wie Quecksilber, Cadmium, DDT, PCB und andere auf unseren Eßtisch. In jedem Fall sitzt der Mensch am Ende jeder Nahrungskette und ist somit den stärksten Gefährdungen ausgesetzt.
Alle Schwermetalle und Pestizide belasten in zunehmendem Maße die Öko-Systeme auf dieser Erde. Gelangen sie aber in Nahrungsmittel, bedrohen sie auch unsere Gesundheit. Zusätzliche chemische Stoffe wie verboten angewandte Tierarzneimittel sowie erlaubte Lebensmittelzusätze wie Konservierungs-, Farb- und Aromastoffe, Geschmacksmittel, Nitrit, Phosphor, Phosphorsäure und verschiedene Oberflächenbehandlungsmittel für Zitrusfrüchte (Diphenyl, Orthophenylphenol, Thiabendazol) tun ein übriges, um den menschlichen Organismus zu beeinträchtigen.
Chemierückstände und -zusätze in der Nahrung sind ein Thema für sich. Leider können die Verbraucher hier kaum unmittelbar eingreifen, um Schaden abzuwenden. Lediglich bei den Schwermetallen Blei und Cadmium ist jeder Bürger

in der Lage, einen kleinen, direkten Umweltschutzbeitrag zu leisten. Auf längere Ausführungen habe ich daher hier bewußt verzichtet.

Aufgeschreckte umwelt- und gesundheitsbewußte Menschen möchten aber den Schadstoffanteil in ihrer täglichen Nahrung wenigstens auf ein »erträgliches Maß« verringern. Eine ausgezeichnete Hilfestellung gibt ihnen dabei die Arbeit der gemeinnützigen Katalyse-Umweltgruppe Köln e. V. Wie keine andere Veröffentlichung klärt das heute von ihr herausgegebene Buch (»Chemie in Lebensmitteln«), das ständig aktualisiert wird, gründlich auf und gibt genaue Verbraucherhinweise zu den Bereichen Fleisch, Fisch, Milch und Milcherzeugnisse, Eier, Brot, Obst, Gemüse, Kartoffeln und Reis, Speisepilze, Suppen, Gewürze und Salz, Fette und Öle, Nüsse und Mandeln, Zucker, Süßstoffe, Muttermilch, Kindernahrung, Trinkwasser, Bier, Wein, Spirituosen, Tee, Kaffee, Kakao und Schokolade, Keramik und Porzellan sowie zur biologischen Landwirtschaft.

In Leinen gebunden und mit einem praktischen Griffregister versehen, leistet dieses Standardwerk wirklich gute Hilfe bei der täglichen Auswahl der Nahrungsmittel. Nach völlig chemikalienfreien Lebensmitteln wird der gesundheitsliebende Verbraucher zwar vergeblich suchen, aber der Grad der Schadstoffbelastung schwankt doch von einem Nahrungsmittel zum anderen sehr.

Die 20 Autoren und Mitarbeiter der Katalyse-Umweltgruppe haben ihre Arbeit unentgeltlich geleistet. Ihre Honorare fließen in eine von Staat und Wirtschaft unabhängige Umweltforschung. Das Buch »Chemie in Lebensmitteln« gehört in jeden umweltbewußten Haushalt – am besten direkt zu den Kochbüchern in der Küche. Es ist zu beziehen beim Verlag Zweitausendeins, Postfach, 6000 Frankfurt 61.

Pharmazeutische Präparate in Fleischprodukten

In der Bundesrepublik werden jährlich für weit mehr als 200 Millionen DM verbotene Tiermedikamente auf dem Schwarzmarkt gehandelt. Käufer dieser illegalen Arzneimittel sind vorwiegend Schweine-, Rinder- und Kälbermäster, deren Machenschaften das Bundeskriminalamt als »eine Gefahr für die Volksgesundheit« bezeichnet hat. In das Fleisch und dadurch nicht selten auf den Tisch gelangen folgende Pharmastoffe:

- *Antibiotika und Sulfonamide:* Sie sollen die Tiere vor Krankheitserregern schützen und werden daher häufig schon prophylaktisch regelmäßig verabreicht. Vor allem aber auch deshalb, weil sich durch sie bei gleichbleibender Futtermenge das Gewicht der Tiere um bis zu 10% steigern läßt. Sie können bei Menschen Allergien auslösen und machen immer mehr Bakterien gegen Antibiotika und Sulfonamide resistent.
- *Beta-Rezeptoren-Blocker:* Es handelt sich dabei um äußerst starke Herzmittel, die den Herzinfarkt bei den überzüchteten Schweinen verhindern. Sie können herzkranken Menschen gefährlich werden.
- *Tranquilizer:* Dienen zur Beruhigung der Schlachttiere. Diese Eigenschaft wirkt sich auch auf den Menschen aus.
- *Thyreostatika:* Schilddrüsenhormone, die die Wasserausscheidung bei Rindern bremsen, so daß diese ein höheres Schlachtgewicht erreichen. Sie können krebsfördernd wirken und stören die Schilddrüsenfunktion.
- *Östrogene:* Weibliche Geschlechtshormone, die zur Gewichtszunahme in der Kälbermast verwendet werden. Einige der im Umlauf befindlichen Hormone sind nachweislich krebsfördernd und greifen in den noch unentwickelten Hormonhaushalt von Kindern ein. Verschiedene Landwirte spritzen auch das in der Bundesrepublik verbotene männli-

che Sexualhormon Trenbolon und erreichen dadurch bei den Tieren eine Gewichtszunahme von bis zu 20%. Die EG-Kommission möchte, daß dieses Hormon in allen EG-Mitgliedstaaten legalisiert wird.

Pestizide

30 000 Tonnen Unkraut- und Schädlingsbekämpfungsmittel (Herbizide und Insektizide) gelangen Jahr für Jahr bei uns in die Umwelt. Die Hersteller bieten 300 verschiedene chemische Substanzen in rund 1500 Präparaten an. Weil auch viele nützliche Tiere und Mikroorganismen beim Spritzen zugrunde gehen, geraten die Öko-Systeme immer mehr aus dem Gleichgewicht. Riesige Acker-, Wald- und Weinmonokulturen können nur noch mit Hilfe der Chemie künstlich am Leben erhalten werden.
Viele der mittlerweile bei uns verbotenen langlebigen Pestizide zirkulieren unablässig in der Nahrungskette und reichern sich in den Geweben von Menschen und Tieren an. Selbst dort, wo keine Gifte Anwendung finden, zum Beispiel beim bewußt biologischen Landbau, ist eine völlige Rückstandsfreiheit nicht mehr zu garantieren. Aus Umwelt und Nahrungskette derzeit nicht entfernbar sind außer den Pestiziden DDT und HCH auch die hochgiftigen PCBs und HCB.

Kunstdünger

Er hat einen beträchtlichen Anteil an der Überdüngung unserer Gewässer (Eutrophierung durch Phosphatdünger). Nitrate verseuchen zunehmend das Grundwasser und reichern sich in Blattgemüsen an (siehe auch Seite 204 ff.). Nitrat kann sich im menschlichen Organismus zu Nitrit umwandeln und in Verbindung mit Eiweißbausteinen die Bildung von Nitrosaminen verursachen (stark krebsauslösende Wirkung).

Der einzelne hat nur indirekte Möglichkeiten, die genannten Schadstoffbelastungen zu verringern helfen, indem er durch gezielten Einkauf von biologisch erzeugten Lebensmitteln Druck auf Bauern und Gärtner ausübt. Dazu einige Argumente:

- Die Nachfrage nach biologisch-organisch bzw. biologisch-dynamisch angebauten und chemisch unbehandelten Lebensmitteln nimmt Jahr für Jahr zu; ein Zeichen dafür, daß viele Verbraucher mit der Chemisierung der Landwirtschaft nicht mehr einverstanden sind. Biologisch gedüngtes Gemüse ist nicht künstlich getrieben und »aufgedunsen« und weist, wie Professor W. Schuphan, der frühere Leiter der Bundesanstalt für Qualitätsforschung, in 12 Jahre lang durchgeführten Vergleichsversuchen gezeigt hat, viel bessere Werte auf:

Trockensubstanz	+ 23%
relativer Eiweißgehalt	+ 18%
Vitamin C	+ 28%
natürliche Zuckerstoffe	+ 19%
Methioningehalt (essentielle Aminosäure)	+ 23%
Kalium	+ 18%
Calcium	+ 10%
Phosphor	+ 13%
Eisen	+ 77%

An unerwünschten Stoffen hatten biologische Erzeugnisse bedeutend weniger, nämlich:

Nitrat	− 93%
Natrium	− 12%
freie Aminosäuren	− 42%

- Die Pestizidrückstände sind hier viel geringer und rühren eben nicht von der unmittelbaren Anwendung her, sondern ausschließlich von der allgemeinen Grundbelastung. Vehikel der Pestizidausbreitung ist in erster Linie die Luft, und diese verschont auch die biologisch bewirtschafteten Felder nicht.

Je mehr Verbraucher aber die biologische Landwirtschaft unterstützen, desto weniger Pestizide gelangen in Umwelt und Nahrungsmittel. Gegner der biologischen Wirtschaftsweise behaupten, daß die Menschheit mit ihr nicht ausreichend ernährt werden könne. Das Gegenteil ist richtig. Denn die Industrienationen kranken an ihrem übermäßigen Genuß von tierischem Eiweiß.

Würden alle Menschen unserer Erde eine derart einseitige, täglich Fleisch enthaltende Nahrung beanspruchen, wie sie der durchschnittliche Nordamerikaner heute als selbstverständlich erachtet, dann könnten bei der gegenwärtigen landwirtschaftlichen Weltproduktion statt über 4 Milliarden nur noch 1,5 Milliarden Menschen ernährt werden.

- Ganz wesentlich ist die folgende Tatsache: Vorwiegende Fleischnahrung muß als unrentabler Umweg betrachtet werden. Denn dieselbe landwirtschaftliche Fläche, die ausreicht, um 10 Menschen mit vollwertigen pflanzlichen Lebensmitteln zu ernähren, benötigt man bei der Fleischmast zur Haltung von Tieren (Futtermittelerzeugung), deren Produkte dann nur einen einzigen Menschen ernähren können. Mit anderen Worten: Mit vollwertiger vegetarischer Lebensweise könnten auf demselben Raum zehnmal mehr Menschen ausreichend und gesund ernährt werden als bei rein tierischer Fleischnahrung.
- Die Nahrungskalorien, die das Tier zum Fleischansatz benötigt, gehen dem Menschen verloren. (Das sind etwa vier Fünftel des verfütterten Nährwertes.) So führt man dem Mastschwein insgesamt rund 1 100 000 Kalorien zu, um danach Fleischprodukte mit nur 210 000 Kalorien zu erhalten. Rechnet man aber alle Energie hinzu, die durch die Kraftfutterproduktion verbraucht wird (Landmaschinen, Kunstdünger- und Pestiziderzeugung, Transport aus Übersee und Beförderung im Binnenland usw.), dann muß man in die Masttierhaltung 1000 Kalorien hineinstecken, um mit dem Fleisch 1 Kalorie zu gewinnen!

- Nahrungsgrundlage der Masttierzucht sind hochwertige pflanzliche Produkte wie Vollgetreide und Sojabohnen. Allein in den USA werden 80% der Getreideernte an die Tiere in den Massentierhaltungen verfüttert. Der dabei entstehende Verlust an reinen Proteinen (Eiweiß), der zwangsläufig für die Menschen entsteht, beträgt 20 Millionen Tonnen!
- Um 1 kg tierische Proteine zu gewinnen, muß man einem Rind 20 kg hochwertige pflanzliche Proteine zuführen.
- Ein Rechenbeispiel, das wegen der Macht der Wirtschaft und den bequemen Eßgewohnheiten sicherlich utopisch bleiben wird: Würde man allein in den USA den Fleischtierbestand nur um die Hälfte verringern, dann bliebe so viel Vollgetreide übrig, daß man das gesamte Kalorien- und Vitalstoffdefizit der Dritten Welt viermal decken könnte.

Cadmium – hochgiftiges Schwermetall in Nahrung und Umwelt

Am ausführlicheren Beispiel von Cadmium möchte ich aufzeigen, wie vielschichtig die Umweltbelastung durch Schwermetalle ist.
Es fällt leicht, die heimtückischen Schwermetalle zu ignorieren. Man kann sie nämlich weder sehen noch riechen, schmecken oder fühlen. Einer ihrer schädlichsten Übeltäter ist das Cadmium (Cd).
Cadmium wird von der Industrie verwendet für Galvanisierungsprozesse, als Farbpigment zum Färben von Glas, Porzellan, Steingut und Emaillewaren im Farbbereich von Gelb nach Rot bis Braun, häufig im gelben Autolack, bei der Herstellung von Batterien aller Art (von der Taschenlampenbatterie bis zu den großen Akkumulatoren), bei der Produktion von PVC-Kunststoffen, als Stabilisator in Kunststoffen, als Baumaterial in der Elektronik und als Neutronenfänger im Kernreaktor. Es entweicht aber nicht nur in vielen Bereichen der Schwer- und Leichtindustrie, sondern ebenso im Gewebe

und hat auch seinen festen Platz in der scheinbar so harmlosen Papierindustrie.
Wen interessiert es schon, von Beunruhigung oder Panik erst gar nicht zu reden, daß weltweit jährlich rund 20 000 Tonnen dieses Schwermetalls gefördert und davon allein 2500 Tonnen in der Bundesrepublik verbraucht werden? Und daß ungefähr 160 Tonnen Cadmium auf diese Weise jedes Jahr in unsere Abwässer gelangen? Bloße Zahlen sagen ja noch nichts über die Schädlichkeit aus.
Von diesen cadmiumverseuchten Abwässern wird ein Teil in den Kläranlagen zurückbehalten, der Klärschlamm reichert sich ungehindert mit Cadmium an, um dann als billiger »Naturdünger« auf die Felder zu kommen. So gelangt Cadmium in das Masttierfutter und hat schließlich Anteil an der schleichenden Vergiftung unserer Nahrung.
Da Cadmium zu den leicht flüchtigen Schwermetallen gehört, wird es bei der Müllverbrennung (Kunststoffe, Batterien, Lackprodukte) in die Atmosphäre geblasen und belastet die gesamte Umwelt.
Von den Lebensmitteln haben Milch und Früchte das geringste Aufnahmevermögen für Cadmium (0,001 bis 0,1 mg/kg). Es reichert sich vornehmlich in Leber und Nieren an, wobei die Innereien von Schlachttieren den höchsten Cadmiumgehalt aufweisen.
Ein Beispiel: Laut der Weltgesundheitsorganisation (WHO) darf eine Rinderniere höchstens 0,5 mg/kg Cadmium enthalten. Den Tagesgrenzwert für den Menschen legt die WHO auf 0,07 mg fest. Das heißt, in der Woche sollte der Mensch nicht mehr als 0,5 mg Cadmium zu sich nehmen. Nun handelt es sich bei diesen Mengenangaben ohnehin nur um Richtwerte, deren Sicherheit bzw. Richtigkeit außerdem immer fragwürdig ist. Von Unschädlichkeit ist dabei nicht die Rede. Nullwerte lassen sich in unserer chronisch belasteten Industriegesellschaft nicht mehr erzielen.
Das ist aber keineswegs ein Grund zur Resignation. Liebha-

ber von Innereien sollten sich jedoch vor Augen führen, daß bereits 200 g Schweine- oder Rindernieren ausreichen, um mehr als das Doppelte der von der WHO für den Menschen als zulässig festgelegten Menge Cadmium mitzuverspeisen. Vorausgesetzt, das Schlachtvieh hat sich zu Lebzeiten bemüht, die Cadmiumanreicherung in seinen Nieren bei der WHO-Toleranzgrenze zu stoppen. 1 mg/kg Cadmium in Rinder- bzw. Schweinenieren ist nicht selten, 10 mg/kg sind als krimineller Höchstwert bei Stichproben schon aufgetaucht. Selbst in Leber und Nieren von Wild ließen sich bis zu 3 mg/kg Cadmium nachweisen; bei Tieren also, die nicht mit Tierarzneien und Futtermitteln in Berührung kommen. Diese Bio-Indikatoren geben unverblümt Auskunft über den Verseuchungsgrad unserer »freien« Natur.

Was ist an Cadmium so gefährlich für den Menschen? Vor allem der Zeitfaktor, der Ursache und Wirkung trennt. Das Schwermetall reichert sich nämlich über Jahre in der Nierenrinde an, ohne daß irgendwelche Krankheitszeichen auftreten. So wächst die Schadstoffkonzentration im menschlichen Organismus unmerklich von Jahr zu Jahr an und schädigt mit ihrer Langzeitwirkung die Leber und vor allem die Nieren. Spürbar wird die Schädigung erst beim Erreichen der Kapazitätsgrenze. Mit dieser Krankheit muß man dann leben, solange es die Schulmedizin mit ihren Chemotherapeutika ermöglicht.

Die Nieren des Zivilisationsmenschen weisen heute durchschnittlich 10 bis 20 mg/kg Cadmium auf. 30 bis 40 mg/kg reichen aus, um schwere Vergiftungen mit bleibenden Schäden auszulösen. 3000 Fälle von endgültigem Nierenversagen konstatieren die Ärzte jedes Jahr allein in unserem Land. Die davon betroffenen Menschen können nur noch mit einer künstlichen Niere leben. Bei rund 100 000 Bundesbürgern im Alter von über 50 Jahren vermutet man schwere Nierenfunktionsstörungen. Cadmium steht mittlerweile auch unter Verdacht, krebserzeugend zu sein.

Da aber zwischen Ursache und Wirkung ein relativ großer Zeitfaktor liegt, will man an verantwortlicher Stelle nichts wahrhaben, zumindest wird kaum etwas getan, um die Cadmiumbelastung zu vermindern.
Im Tierversuch beobachtete man bei wiederholter Verabreichung von Cadmium eine Steigerung der Tötungslust. Daneben tritt eine Schwächung des Immunsystems auf. Die Empfindlichkeit gegenüber bestimmten Krankheitserregern erhöhte sich durch eine gleichzeitige Verabreichung von toxischen Schwermetallen (darunter auch Cadmium) um das 100 000fache.
Schweden reagierte prompt! Kurzentschlossen wurde dort die Verwendung von Cadmium für eine Reihe wichtiger Produktionsbereiche verboten, ferner eine Importsperre für cadmiumhaltige Produkte durchgesetzt. Die Bundesregierung will sich bislang solchen Maßnahmen nicht anschließen. So läßt sich Cadmium dennoch vermeiden:

- Keine Lebensmittel einkaufen, die in PVC-Folie eingeschweißt sind.
- Boykott von buntem Porzellan, Steingutgeschirr, Gläsern und Emaillewaren in den Farben Gelb, Orange oder Rot. Sie enthalten Cadmiumfarbpigmente.
- Kunststoffenster enthalten Cadmiumstabilisatoren. Bei Brand entsteht größte Gefahr, wenn sich das Cadmium verflüchtigt.
- Boykott von cadmiumhaltigem Spielzeug, das unter anderem aus PVC-Kunststoffen hergestellt wird.
- Cadmium wirkt nur dann giftig, wenn es sich verflüchtigen kann. Durch den Boykott cadmiumhaltiger Produkte hilft man indirekt, die Belastung der Umwelt zu senken, denn sowohl während des Produktionsprozesses als auch bei der Beseitigung dieser Wohlstandsgüter in den Müllverbrennungsanlagen werden große Cadmiumanteile in die Umwelt gebracht.
- Eine Zigarette enthält zwischen 0,5 und 1,5 mg Cadmium.

Wichtig für Nichtraucher: Der Nebenstrom des Zigarettenrauchs enthält den größten Anteil, so daß der Nichtraucher mit der passiven Inhalation mehr Cadmium in sich aufnimmt als der Raucher direkt durch die Zigarette.

- Batterien für den Hausgebrauch sind typische Wegwerfprodukte. Sie enthalten Cadmium und dürfen deshalb niemals in die Mülltonne geworfen werden, da dieses Gift sonst unweigerlich in die Umwelt gelangt. Batterien aller Art werden in den Fachgeschäften zurückgenommen. Oder man erkundigt sich bei der Gemeinde bzw. Stadtverwaltung, wo man cadmiumhaltige Produkte abliefern kann. Recycling-Firmen haben sich bereit erklärt, gebrauchte Batterien beim Fachhandel abzuholen und unter Tage »sicher« zu deponieren. Cadmium-Batterien enthalten auch das hochgiftige Schwermetall Quecksilber. Ein Grund mehr, auch die kleinste Taschenlampenbatterie nicht mehr unkontrolliert wegzuwerfen. Im Gegensatz zu den kleinen Knopfbatterien kann das Quecksilber der Nickel-Cadmium-Batterien nicht wiederverwertet, sondern nur ordnungsgemäß gelagert werden (siehe auch Seite 232 f.).

Eine Alternative stellen die neuen wiederaufladbaren Batterien dar. Diese Akkus können bis zu 1000mal wiederaufgeladen werden. Bei 1000maliger Aufladung kostet dann jede Ladung durchschnittlich 2 Pfennig, der höhere Anschaffungspreis amortisiert sich schnell. Mittlerweile werden auch Ladegeräte für normale Nickel-Cadmium-Batterien vertrieben. Das Fachgeschäft erteilt gerne Auskunft.

Ein weiteres Schwermetall, das unsere Umwelt schädigt und letztlich auch in die Nahrungskette der Menschen gelangt, ist *Blei.*

Blei ist in staubförmiger oder gelöster Form ein starkes Umweltgift. Schon in Spuren führt eine ständige Aufnahme zur Schädigung des Nervensystems und beeinträchtigt das Blutbild. Chronische Bleivergiftungen verursachen Verdauungsstörungen, Appetitlosigkeit und Nierenschäden. Bei Stadtmenschen, die in besonderem Maße dem Straßenverkehr ausgesetzt sind, läßt sich heute ein erhöhter Bleigehalt im Blut nachweisen. Vor allem Kinder und Schwangere (Schädigung des Embryos) sind hier gefährdet.

● Alle Kraftfahrzeuge sind an der Bleibelastung beteiligt. Die auf Seite 113 ff. genannten Hinweise für energiebewußtes Autofahren gelten auch für die Möglichkeiten, die jeder hat, um den Bleiausstoß seines Autos zu verringern.

Chemie und Wohnumwelt

Baubiologie, das ist eine neue Disziplin, die, ähnlich dem Umweltschutz und der Ökologie, ein biologisch ganzheitliches Bewußtsein erfordert. Durch eine umfassende Betrachtung will sie die Zusammenhänge zwischen Mensch, Haus und Natur beleuchten und in biologischem Sinn wiederherstellen. Ein baubiologisch gesundes Haus soll folgende Grundforderungen erfüllen:

- ▸ Verwendung von natürlichen, unverfälschten Baustoffen wie Holz, Ziegel, Lehm, Kalk. Sie müssen feuchtigkeitsregulierend, atmungsaktiv (diffusionsfähig), wenig radioaktiv und regenerationsfähig sein.
- ▸ Das Haus steht auf einem geologisch ungestörten, strahlungsunbelasteten Platz.
- ▸ Organische Isolierstoffe garantieren gleichzeitig Luftdurchlässigkeit und Wärmedämmung.
- ▸ Die Oberflächenbehandlung der Baustoffe (Imprägnierung, Lackierung, Anstrich) erfolgt mit luft- und dampfdurchlässigen, giftfreien Materialien ebenfalls auf biologisch unbedenklicher Basis.
- ▸ Keiner der Stoffe darf schädliche Gase oder Fasern an die Luft abgeben.
- ▸ Elektrische und magnetische Felder des Wechselstromnet-

zes sind weitgehend abgeschirmt (auf jeden Fall in Arbeits- und Erholungsräumen) und/oder durch eine Netzfreischaltautomatik in der Nacht abschaltbar.

- Die Heizung besteht aus einer Strahlungsheizung (Kachelofen, Heizleisten, heizbare Wände usw.). Alternative Energieträger, vor allem die Sonnenwärme, werden aktiv (Kollektor) und passiv (Architektur) genutzt.
- In einem wohngesunden Haus mit seiner harmonischen, auf die individuellen Bedürfnisse der Bewohner zugeschnittenen Architektur kommt es in den Innenräumen zu keiner elektrostatischen Aufladung, es herrscht ein natürliches, biologisch zuträgliches Klima – im Gegensatz zu den Null-Feld-Bedingungen von Betonbauten (Faraday-Käfig) –, Spezialglas läßt an Fenstern im Wohn- und Schlafbereich ultraviolette Strahlen durch, und die Räume sind ausreichend gegen Lärm geschützt. Solch ein nach baubiologischen Gesichtspunkten erbautes Haus ist gewissermaßen eine natürlich-lebendige dritte Haut des Menschen. Diese ist gerade heute notwendig, weil sich die Menschen unserer Zivilisation sehr oft bis zu 90% ihrer Zeit in geschlossenen Räumen aufhalten.
- Für den Großteil der verwendeten Materialien gilt: Keine Umweltbelastung und Gesundheitsschädigung bei der Herstellung, Verarbeitung und beim Verschleiß, sowie kein Raubbau an wichtigen Rohstoffen.

Immer mehr Architekten lassen sich heute als Baubiologen ausbilden. Heutzutage kann sich jeder ein baubiologisch gesundes Haus bauen oder seine Wohnung in diesem Sinne ausbauen oder renovieren lassen. Man verfügt (wieder) über das entsprechende Wissen und die Materialien, aber auch über Forscher, die sich auf allen Gebieten der Baubiologie betätigen und die gewonnenen Erfahrungen wissenschaftlich untermauern.

Hier hat sich vor allem das Institut für Baubiologie und Oekologie in Neubeuern (Chiemgau) unter der wissenschaftlichen Leitung von Professor Anton Schneider als Pionier hervorgetan. Das Institut will der Förderung der Gesundheitspflege sowie einer biologisch orientierten Baukultur dienen, insbesondere

- durch die Erforschung der vom Bauen und Wohnen verursachten Krankheiten des Menschen,
- durch Übertragung aller Erkenntnisse der Baubiologie, Bauphysiologie, Wohnpsychologie und -soziologie auf das Bau- und Siedlungswesen,
- durch Verbraucherberatung im Sinne einer objektiven Information über praktische Maßnahmen zur Gesundheitsvorsorge beim Bauen, Wohnen und Siedeln.

Das Institut bietet seine Hilfe der Öffentlichkeit, baustoff- und umweltgeschädigten Bürgern, Bürgerinitiativen sowie Organisationen und Firmen an, die sich um die Wiederherstellung und Verbesserung einer gesunden Wohnumwelt bemühen, und bildet Baubiologen aus (Anschrift siehe Anhang, Seite 283).
Zur Förderung und Kennzeichnung biologischer Baustoffe, Bauten und Einrichtungen werden in Neubeuern Prüfungen nach folgenden Kriterien durchgeführt: Radioaktivität, chemische Analyse, Diffusionsfähigkeit, Hygroskopizität, (Feuchtigkeitsaufnahme), Feuchtegehalt, Trocknungsdauer, Wärmeleitung, elektrostatisches Verhalten, Hautwiderstand, Biotest (Keimversuche), elektrische und magnetische Felder. Neben bauphysikalisch-chemischen Kriterien werden auch biologisch-ökologische berücksichtigt. Da ständig neuartige Baustoffe und Einrichtungsgegenstände auf dem Markt erscheinen, die zwar hinsichtlich technisch-physikalischer Eigenschaften geprüft und zugelassen sein müssen, in ihrer gesundheitlichen Anwendung jedoch nicht bzw. nicht hinreichend untersucht werden, benötigen Architekt und Bauherr auch Prüfungsergebnisse über biologische Materialeigenschaften.
Das Institut wirkt auch bei der Planung und Realisation

baubiologischer Häuser und Siedlungen mit, zum Teil in Zusammenarbeit mit baubiologischen Beratungsstellen, die es mittlerweile in der gesamten Bundesrepublik gibt. Baubiologisch gesunde Häuser sind die Voraussetzung für ökologisch sinnvolles Siedeln.

Allen chemischen Umweltgiften gemein ist die bedauerliche Tatsache, daß sie nur selten zu *akuten* Gefährdungen führen. Zwischen Ursache und Wirkung klafft in der Regel eine Zeitspanne, die den Zusammenhang von auslösenden Schadstoffen und Ausbruch einer Krankheit verschleiert. Bedauerlich deshalb, weil genau aus diesem Grund die Ursachenerforschung unserer zahllosen Zivilisationskrankheiten unbefriedigend bleibt und statt dessen der Symptomtherapie weiterhin Vorrang eingeräumt wird. Das trifft auch für die unzähligen Chemikalien in Haus und Wohnung zu, die sich heute in synthetischen Isolierstoffen, Farben, Lacken, Imprägnierungsmitteln, Leimen, künstlichen Wand- und Bodenbelägen, Möbeln usw. befinden und die Gesundheit und Umwelt schleichend gefährden. Einige Beispiele, die häufig vorkommen:

Fluorchlorkohlenwasserstoffe

Sie dienen als Treibmittel bei der Produktion von Kunststoffschäumen, die man für die Wärmedämmung verwendet (zum Beispiel Styropor). Bei der Herstellung entweichen Gase und schädigen das atmosphärische Ozon (siehe auch Seite 160 ff.).

Chlorierte Kohlenwasserstoffe (PCP, PCB, Lindan u.a.)

Diese Substanzen kommen vor in Holz- und Flammschutzmitteln, synthetischen Lasuren, Lacken und Leimen, in Kunststoffen als Weichmacher und in Hauspflegemitteln. Mögliche Schadwirkung bei lang andauernder Ausdünstung solcher Gase in Wohnung und Haus: Kopfschmerzen, Brechreiz, Schwächegefühl, Krämpfe, Abmagerung, Muskelschwäche, Angina, Allergien, Verdauungsbeschwerden, Leber- und Nierenschäden, Hormonstörungen bis zu genetischen Schäden und Krebs. Als schwer abbaubare chemische Substanzen belasten sie zunehmend die Umwelt und gelangen in die Nahrungskette aller Lebewesen.

Kohlendioxyd

Zu einem vermehrten Kohlendioxydanteil in der Luft und somit unter Umständen zu chronischem Sauerstoffmangel führen atmungsunfähige Baumaterialien, die Haus und Wohnung »luftdicht« abschließen (»Plastiktütenklima«), zum Beispiel Dampfsperren und synthetische Wärmedämmstoffe (geschäumte Platten), Fugendichtungen, Kunststoffe als Beläge für Boden, Wand und Decke, Dispersionsfarben, Kunstharzlacke usw. Mögliche gesundheitliche Auswirkungen: Kopfschmerzen, chronische Müdigkeit, Konzentrationsmangel, Leistungsschwäche, Schweratmigkeit, Störung der Gehirnzellenfunktion.

Formaldehyd

Diese Chemikalie findet immer noch trotz größter Giftigkeit als Anteil von Bindemitteln Verwendung in Spanplatten (Möbelbau, Innenausbau), synthetischen Leimen und Klebern, Schaumkunststoffen (sogenannte UF-Schäume) und in mineralischen Dämmstoffen. Formaldehyd dünstet aus diesen Materialien eine bestimmte Zeit lang aus; bei Spanplatten beispielsweise muß man damit bis zu 3 Jahren rechnen. Je nach Konzentration führen die Formaldehydgase bei Menschen und Tieren zu Kopfschmerzen, Atembeschwerden, Bronchitis, allergischen Reizerscheinungen, Husten, Lungenödemen, Nasenbluten, Juckreiz, Übelkeit, Ekzemen und Schwindelgefühlen.

Sonstige giftige Stoffe wie Vinylchlorid, Fluor, Phenol, Styrol, Zinkchlorid, Phosphatverbindungen, Lösungsmittel usw.

Solche Substanzen sind enthalten in verschiedensten Kunststoffen, Imprägnierungs- und Brandschutzmitteln, synthetischen Farben, Lacken und Lasuren. Sie können zu folgenden Krankheitssymptomen führen: Kopfschmerzen, Atemnot, Übelkeit, Erbrechen, Haut- und Schleimhautreizung, Geschwüre, Stoffwechsel- und Kreislaufstörungen, Anämie, Gelenkrheuma, Lähmung, Koliken, Leber- und Nierenbeschwerden.

PVC (Polyvinylchlorid) galt lange Zeit als harmloser Kunststoff. Heute weiß man, daß PVC-Produkte, sofern sie noch den ungebundenen PVC-Ausgangsstoff Vinylchlorid enthalten, ein beträchtliches Gesundheitsrisiko darstellen, vor allem, wenn sie mit Lebensmitteln in Berührung kommen. In der Bundesrepublik hergestelltes PVC enthält heute nur noch vergleichsweise geringe Rückstände des krebserzeugenden Vinylchlorids. Ältere und ausländische PVC-Kunststoffe müssen aber als bedenklich eingestuft werden, da sie neben Vinylchlorid auch andere giftige Gase der Fabrikationshilfsstoffe von PVC abspalten können (vor allem bei erhöhten Temperaturen durch Sonneneinstrahlung oder Heizkörper usw.).

PVC ist ein vielseitig verwendeter Kunststoff, der als Hart-PVC zum Beispiel zu Rohren, Dachschindeln, Fassadenverkleidungen, Dachrinnen, Rolläden und Fensterprofilen, als Weich-PVC zu Tischtüchern, Vorhängen, Fußbodenbelägen, Klebefolien, Verpackungen und Spielzeug verarbeitet wird. Die weltweite Produktion von reinem PVC liegt zur Zeit bei rund 6 Millionen Tonnen pro Jahr.

Bei der PVC-Beseitigung in Müllverbrennungsanlagen entstehen zusätzliche Umweltprobleme: PVC gibt beim Verbrennen Chlorwasserstoff (Salzsäure) ab, eine Substanz, die für Menschen giftig ist, aber auch Tiere und Pflanzen gefährdet. Als wasserlösliche Chemikalie gelangt sie in Flüsse, Seen und Grundwasser.

Radon-Gase

Diese Gase befinden sich in Verbindung mit radioaktiver Strahlung mehr oder minder in allen erdigen Materialien wie Stein, Sand, Mörtel, Ton, Gips usw. Unter normaler natürlicher Belastung sind sie für den Menschen in freier Natur in der Regel wenig gefährlich. An einigen stärker durch radioaktive Strahlung und/oder Radon belasteten Orten ließ sich jedoch über Generationen hinweg bei den Bewohnern eine auffallend vermehrte Krebsentstehung feststellen.
Synthetische Gipsplatten (man muß zwischen Natur- und Chemiegips unterscheiden; letzterer ist ein Abfallprodukt aus der Phosphatindustrie) strahlen relativ viel Radioaktivität ab, ebenso Produkte aus Hochofenschlacke und vulkanischem Gestein. Eine erhöhte Radon-Belastung des menschlichen Organismus wird zudem gefördert, wenn in Innenräumen kein regelmäßiger Luftwechsel stattfindet und sich die Atemluft (je nach Baumaterialien) übermäßig radioaktiv anreichert. Mögliche gesundheitliche Auswirkungen auf die Bewohner: Schädigung des gesamten Organismus, Krebs, Leukämie, Genmutationen, Mißbildungen und Geisteskrankheiten.
Atmungsaktive, baubiologisch gesunde Dämm- und Baustoffe sowie ausreichende Lüftungsmöglichkeiten wenden solche Gefahren im vorhinein ab. (Eine geopathologische Bauplatz- bzw. Standortuntersuchung ist empfehlenswert, um terrestrische Strahlungen zu vermeiden.)

Elektrostatische Aufladung

Sie erfolgt häufig in modernen Wohnungen durch synthetische Teppiche, Vorhänge, Polstermöbel, Matratzen, Kunststoffbeläge, Lacke, synthetische Wärmedämmstoffe und Dampfsperren. Elektrostatische Aufladung führt zu typischen Zivilisationskrankheiten wie Nervosität, Gereiztheit, Schlafstörungen, Depressionen, Kopfschmerzen, chronische Müdigkeit, Stoffwechsel- und Blutdruckstörungen, Asthma und erhöhte Anfälligkeit für Infektionen.

Geringe Raumluftfeuchte

Zu trockene Luft in den Räumen und somit überhöhter Bakterien- und Staubgehalt in der Luft ist Folge von atmungsunfähigen Bau- und Isoliermaterialien, synthetischen Teppichen und Zentralheizungen mit Konvektionswärme (Heizkörper, Warmluftheizung usw.). Das erklärt viele heute übliche Gesundheitsstörungen: Neigung zu häufiger Erkältung, Katharre, Kopfschmerzen, Allergien, Reizung der Atemwege und Nervosität.

Anton Schneider

Verwirklichung von Baubiologie und Ökologie

(Prof. Dr. Anton Schneider, geboren 1931, lehrte von 1968 bis 1982 an der Fachhochschule Rosenheim Holzbiologie, Holztechnik und -physik, Werkstoffprüfung, Holzschutz und Baubiologie. Er beschäftigt sich seit 25 Jahren mit der Baubiologie, ist Gründer und Leiter des unabhängigen Instituts für Baubiologie und Oekologie in Neubeuern. Professor Schneider ist auch als Autor von zahlreichen Schriften und Büchern bekannt geworden.)

Die Erde ist ein Organismus. Seit Milliarden von Jahren haben sich Pflanze, Tier und Mensch in Abhängigkeit von den klimatischen Gegebenheiten sowie den kosmisch-terrestrischen Strahlungsverhältnissen entwickelt. Sie bilden, bei einem hohen Grad von Wechselbeziehungen, harmonisch geordnete Lebensgemeinschaften – solange das natürliche Gefüge nicht gestört wird. Besonders die höher entwickelten Lebewesen können sich künstlichen Lebensbedingungen nicht anpassen und gehen zugrunde.

Die Ohnmacht der Ökologie als Wissenschaft

Die Ökologie als »Lehre vom Haushalt der Natur« hat sich die anspruchsvolle Aufgabe gestellt, die vielseitigen Beziehungen zwischen den Lebewesen und ihrer Umwelt zu untersuchen; sie will die wissenschaftlichen Grundlagen zur Lösung der großen Umweltprobleme erarbeiten.
Als es noch keine der zahlreichen Wissenschaften und weder Ökologie noch Ökonomie gab, waren Lebensraum und Lebewesen gesund, existierten keine Umweltprobleme im heutigen Sinne. Je mehr der Mensch in diesen empfindlichen Organismus eingriff, desto bedrohlicher wurde die Umwelt- und Gesundheitskrise.

Man muß sich ernstlich fragen, ob wir, zumal als Spezialisten (Wissenschaftler sind Spezialisten) fähig sind, die Zusammenhänge genügend zu erkennen und eine naturgemäße Ordnung herbeizuführen. Das Wissen des Spezialisten ist doch sehr bruchstückhaft, es ist allzuoft eine Flucht in Einzelaspekte des Lebens. (Man vergleiche zum Beispiel ein ökologisches Lehrbuch!) Aber nur vollkommenes und verantwortungsbewußtes Wissen steht in Einklang mit der notwendigen Einheit und Ganzheit. Unser Verstand ist jedoch einseitig und unvollkommen – heute besonders; hinzu kommt eine gefährliche materialistische und mechanistische Lebenseinstellung, welche Albert Schweitzer als Mangel an »Ehrfurcht vor dem Leben« beklagt hat. Von da aus wagt der Mensch verantwortungslose Eingriffe in den bereits sehr kranken Organismus Erde.

Symptombehandlung statt bio-logisch ganzheitliche Lösung

Die Erfahrung zeigt, daß sich trotz gutem Willen und positiver Experimente seit Jahrzehnten in allen Kontinenten die Situation immer mehr zuspitzt. Überall herrscht dasselbe Dilemma: ein Nebeneinander

- von Verstädterung in Ballungszentren und Naturreservaten für Pflanzen und Tiere (nicht für Menschen!),
- von Monokulturen in Land- und Forstwirtschaft und ursprünglichen Wäldern und Feldern,
- von Umweltzerstörung einerseits und Erfüllung der gesunden, elementaren Lebensbedürfnisse (Luft, Wasser, Nahrung, Licht, Wohnung, Kleidung, Arbeit, Bildung usw.) andererseits.

Überall Manipulation, Fremdkörper im Organismus, technokratische statt ökologische Ökonomie, Kunststoffe statt Naturstoffe, Machtausübung bzw. Kampf gegen die Natur anstelle einfacher Einordnung und weiser, ganzheitlich orientierter Einsicht in die Naturgesetze, Fortschrittswahn statt Harmonie und Maßhalten. Dazu scheinen wir weder gewillt noch fähig zu sein. Die Tendenz geht nach wie vor in Richtung Trennung, Spezialisierung, Isolierung, Symptombehandlung, Vermassung, Entwurzelung und Entseelung des Menschen.

»Macht Euch die Erde untertan«

Der Mensch von heute ist nicht mehr das »Kind der Natur«, sondern Produkt der Gesellschaftsordnung. Alles dreht sich darum, was ihm als »Maß aller Dinge« nützt und daß er sich möglichst störungsfrei verwalten läßt.
Der Natur steht der moderne, materialistische, seelenlose Zivilisationsmensch fremd und feindlich gegenüber – nach dem Motto »Macht Euch die Erde untertan« wird sie beherrscht, verwaltet, ausgebeutet, vernichtet.
Die Wurzeln aller Umweltkrisen liegen überall in der Verstädterung, welche unaufhaltsam (und unabhängig von der Besiedlungsdichte!) auf der ganzen Erde zunimmt. Um die Jahrtausendwende werden 80% der Menschen in Städten über 20 000 Einwohner leben; zu Beginn der Industrialisierung waren es nur 2,4% und vor 30 Jahren 20%.
Bisher wurde gegen diese Lawine der Zerstörung der Umwelt und der Menschheit nichts unternommen. Man hat weltweit die große Gefahr nicht einmal erkannt; und wenn, dann steht man ihr ohnmächtig gegenüber. Es ist überall die gleiche tödliche Konzentration, die nicht nur zum »Untergang des Abendlandes« (Oswald Spengler) führte. Die Selbstmordgesellschaft isoliert sich zunächst von der Natur, vernichtet sie und beraubt sich damit der physischen und psychischen Lebensgrundlage.

Biologie und Einheit statt Technokratie und Spezialisierung

Für eine Lösung des Dilemmas besteht – im Kleinen wie im Großen – keine Chance, solange wir noch immer trotz massiver Fehlschläge versuchen, die großen Gegensätze zu vereinigen. Ordnung und Unordnung sind sowenig wie Liebe und Haß in Harmonie vereinbar.

Von dieser Erkenntnis aus sollten wir auch die Probleme unserer nächsten Umwelt, Wohnung – Haus – Siedlung, von der wir ständig umgeben sind und womit sich die *Baubiologie* befaßt, verstehen lernen und zu lösen versuchen. Auch hier muß als Grundeinstellung vorherrschen: Harmonie mit der Natur, Einfachheit, Verantwortung – mit dem Gespür für Einheit und Ganzheit. Dann arbeitet die Natur nicht gegen uns, sondern für uns.

Voraussetzung für diese gesunde geistig-seelische Basis im Menschen wäre die richtige Bildung mit der eigentlich selbstverständlichen Aufgabe, die disharmonischen Eigenschaften (wie Habgier, Ehrgeiz, Neid, Wettbewerb, Rücksichtslosigkeit, Machtstreben, Egoismus), welche den Kampf aller gegen alle bewirken, unter Kontrolle zu bringen bzw. durch Verantwortung, Harmonie, Altruismus, Wohlwollen, Mitgefühl, Wahrheit, Einordnung, Dienst, Einfachheit zu ersetzen.

Ohne diese gesunde geistige Basis bleiben alle schmalspurigen Symptombehandlungsversuche zur Verbesserung unserer katastrophalen Lebensverhältnisse grundsätzlich erfolglos. Mittels Gesetzen und Polizei läßt es sich nicht verhindern, daß durch Häuser, Wohnungen und Einrichtungen wegen der Verwendung zahlreicher toxischer Baumaterialien und wegen elektrobiologischer, raumklimatischer, radioaktiver Störungen sowie wegen Lärm, Licht- und Beleuchtungsmängeln usw. die menschliche Gesundheit physisch und psychisch ruiniert wird. Auch die elementare Aufgabe, den Menschen wieder in die Natur zu integrieren, um eine harmonische Ordnung herzustellen, läßt sich nur verwirklichen, wenn wir dazu moralisch und religiös reif sind. Nur dann kann aus dem Zusammenspiel von Bio-Logie (Bios und Logos), von Lebenskraft und Weltordnung eine Kulturblüte in einer gesunden Wohn-Umwelt erwachsen. Diese scheinbare Utopie ließe sich realisieren, wenn das

»Problem Mensch« gelöst würde; und dazu wäre in erster Linie eine radikale Änderung der üblichen Erziehung hin zur wahren Bildung notwendig.

Solange der arrogante Mensch des Verstandes sich über die Natur erhebt, nicht in ihr und mit ihr lebt, sondern sich in den lebens- und naturfeindlichen Städten isoliert, solange kann die allseits erhoffte, neue humane Erde der Einheit und Ganzheit nicht entstehen. In verkehrsgerechten, aber lebensfeindlichen Massensilos lassen sich Baubiologie und Ökologie nie verwirklichen; in den ursprünglichen, naturverbundenen Dorfgemeinschaften waren sie jedoch schon immer die Regel.

Zuständig für Baubiologie und Ökologie sind aus den genannten Gründen nicht in erster Linie Spezialisten, welche Funktionen aufbauen und diktieren, sondern besonders diejenigen Menschen, welche die Gabe haben, die Schöpfungsordnung aufmerksam und intuitiv zu beobachten und daraus zu lernen, um das Erkannte vor allem durch passive Einordnung zu realisieren.

III. Kein Leben ohne Wasser

In einem Land, in dem jedes Jahr rund 200 Milliarden Kubikmeter Regen fallen, in dem die Bewohner nicht selten über zuviel Naß und zuwenig Sonne klagen, wo man sich mit Überschwemmungen mehr schlecht als recht abgefunden hat, und wo saftiges Grün überall das Auge verwöhnt – in so einem Land kommt niemand auf den Gedanken, daß trinkbares Wasser knapp werden könnte. Und doch spricht alles dafür, daß Deutschland und allen anderen Industrienationen der Erde, ähnlich den Ländern der Dritten Welt, ein großer Wassernotstand bevorsteht.

Schon 1974 prophezeite die UNESCO in einer Analyse, daß spätestens in 25 Jahren, also Ende dieses Jahrhunderts, die ganze Welt von einer schweren Wasserkrise betroffen sein wird. Ein paar Jahre später bestätigten die Verfasser des Umweltreports »Global 2000« ihrem Auftraggeber, dem amerikanischen Präsidenten Jimmy Carter: »Süßwasser, einst eine reichlich vorkommende Naturressource in den meisten Ländern der Welt, wird in den nächsten Jahren immer knapper werden.«

Wirklich auch bei uns? Früher besaßen die Deutschen gutes Wasser im Überfluß. Ihr Bedarf war geringer, und die Gewässerbelastung mit Umweltgiften hielt sich in Grenzen; sie blieb auf einige Ballungszentren der Großindustrie beschränkt. Jeder Bürger der Bundesrepublik benötigte 1950 im Durchschnitt 80 Liter Wasser pro Tag. Heute sind es schon mehr als das Doppelte (über 200 Liter).

1974 lag der gesamte Wasserverbrauch für Privathaushalte, Industrie, Elektrizitätswerke, Gewerbe, öffentliche Einrichtungen und Landwirtschaft bei 31 Milliarden Kubikmeter pro Jahr; bei den derzeitigen Zuwachsraten werden es nach einer Untersuchung des Frankfurter Battelle-Instituts im Jahr 2000 schon rund 70 Milliarden Kubikmeter sein. Immer mehr Wasser brauchen vor allem die Elektrizitätswerke für das Kühlwasser ihrer Atomkraftwerke, beachtliche Steigerungen verbuchen aber auch Industrie und Privathaushalte. Vom Industriewasser verschlingen allein die Chemieunternehmen mit ihrer wachsenden Produktion zur Zeit 36%. Um zu veranschaulichen, wieviel Frischwasser (meist aufbereitetes Trinkwasser) die Herstellung von ganz selbstverständlichen Wohlstandsgütern erfordert, die achtlos konsumiert oder verschlissen werden, hier einige Beispiele:

1 kg Papier erster Qualität (ca. 200 Blatt DIN A 4)	über 450 l
1 kg Papier, normale holzfreie Qualität	bis 300 l
(1 kg Recycling-Papier	1,8 l!)
1 kg Wolle	bis 1 l
1 kg Stahl	bis 50 l
1 kg Fleisch (Schlachtalter)	9500 bis 22 700 l
1 kg Reis	1500 bis 1900 l
1 l Bier	bis 20 l
1 Auto	bis 380 000 l

Von den 200 Milliarden Kubikmeter Niederschlag in unserem Land – das reicht aus, um den 68 km langen und bis zu 250 m tiefen Bodensee viermal zu füllen – verdunstet über die Hälfte durch Bäume und Pflanzen. Mehr als zwei Drittel von den verbleibenden rund 91 Milliarden Kubikmeter fließen über Bäche und Flüsse ins Meer zurück. Der Rest deckt gerade unseren derzeitigen unersättlichen Wasserdurst.
Die Trinkwasserversorgung zeigt vier Problembereiche:

- Der bereits erwähnte kontinuierlich steigende Wasserverbrauch von zur Zeit 10% pro Jahr.
- Die Konkurrenz zwischen Industrie und Wasserwerken um Rohwasser (vor allem um sauberes Grundwasser) verschärft sich von Jahr zu Jahr.
- Der früher noch natürliche Wasserkreislauf wird durch nicht mehr zu verantwortende Manipulationen gestört.
- Verschmutzung von Oberflächen-, aber zunehmend auch von Grundwasser mit Schwermetallen, chlorierten Kohlenwasserstoffen, Säuren, Laugen, Salzen, Nitrat und anderen Schadstoffen.

Wassermanipulationen ohne Ende

Selbst wenn es mehr regnen würde, kämen wir nicht in den Genuß von zusätzlichen Grundwasserreserven. Denn wir arbeiten täglich daran, daß unser Wasser immer schneller abfließt. Schon heute sind etwa 10% der gesamten Fläche unseres Landes mit Beton und Asphalt bedeckt. Jedes Jahr werden der Natur weitere 120 Hektar entrissen und wasserdicht »versiegelt«. Der darauf fallende Regen versickert nicht in den Boden, sondern wird in verdreckte Flüsse abgeleitet.
Bachauf, bachab trocknen einst wasserreiche Landschaften aus. Wildbäche zwängen wir in Röhren, jeden natürlichen Wasserlauf glauben wir begradigen und kanalisieren zu müssen; die Landwirtschaft muß wegen der verfehlten EG-Agrarpolitik jeden Quadratmeter Land und Wiese nutzen, um noch mehr Vieh halten zu können. Die Verdienste der Bauern sind in Gefahr, ausbleibende Preissteigerungen müssen sie durch Mehrproduktion ausgleichen (vor allem bei Milch, mit den Folgen der Butter- und Milchpulverberge). Deshalb trocknen sie Feuchtgebiete zur Landgewinnung aus, Uferböschungen werden glattgewalzt, Wälder abgeholzt – immer weniger Wasser findet im Boden Halt.

Heute ist die Gefahr erkannt, und entsprechende Verordnungen hindern die Landwirte an ihrem Expansionsdrang. Doch zu spät: So führen zum Beispiel die Hälfte der in Bayern amtlich verzeichneten Bäche, Tümpel und Teiche schon heute kein Wasser mehr, und auch 90% aller Quellen und Quellmoore sind bereits trockengelegt. In unserem größten und einst sehr wasserreichen Bundesland herrscht in manchem Sommer Wassernot. Schmilzt aber der in Bayern reichlich vorhandene Schnee unter der warmen Frühlingssonne, so fließt das Wasser in den manipulierten Bachläufen zu schnell ab, und in den Niederungen kommt es zwangsläufig zu Überschwemmungen, weil die früheren Grundwasserspeicher fehlen bzw. das Wasser an ihnen vorbeigeführt wird.

Durch übergroße Grundwasserentnahmen senkt sich der Grundwasserspiegel. Hamburg, das noch nie in seiner Geschichte Trinkwasserprobleme hatte, muß heute bereits weit entfernte Gebiete anzapfen. Daß es gerade Biotope in der Lüneburger Heide sein müssen, birgt eine zusätzliche Gefahr, die zur Trinkwasserverknappung hinzukommt: Man holt das Wasser natürlich aus unverdorbenen Gegenden. Dort werden aber durch die ungeheuren Wasserentnahmen Bäche und Quellen versiegen, und die unvermeidliche Grundwasserabsenkung um mehrere Meter bewirkt das Aussterben vieler Tierarten und Pflanzen.

Wenn beispielsweise der Grundwasserspiegel unter einem Buchenwald nur um 25 cm abgesenkt wird, gehen die Buchen langsam zugrunde. So empfindlich ist das ökologische Gleichgewicht, und so rücksichtslos egoistisch greift der Mensch dort ein!

Während die Hamburger Wasserwerke noch bestreiten, daß sie dadurch die angeblich anspruchslose Heidelandschaft schädigen können, hat die Natur den Frankfurtern bereits eine saftige Lehre erteilt. Im hessischen Ried zwischen Rhein und Odenwald begannen vor Jahren Industrie und Wasser-

werke eine Landschaftsidylle, die den Frankfurtern als Naherholungsgebiet diente, systematisch abzupumpen, um sich aus der Abhängigkeit des unzumutbar verschmutzten Mains zu befreien.
In der Folge sackte der Grundwasserspiegel im Ried um bis zu 10 m ab; der »Erfolg« der Wasserentnahme zeigte sich nicht nur in vollen Reservoirs mit sauberem Wasser, sondern auch über der Erde. Die Landschaft begann zu versteppen, Felder und Wiesen verdorrten, wertvolle Eichenbestände starben ab, Bachläufe trockneten aus, die einst hohen Erträge der Bauern gingen rapide zurück, selbst Häuserwände reagierten auf die plötzlich unstabil gewordenen Bodenverhältnisse mit klaffenden Rissen. Bis 1984 soll ein Sanierungsprogramm mit über 200 Millionen DM helfen, das Schlimmste zu verhüten.

Gift im Wasser

Neben den ökologischen Gefahren, die unser Wasserverbrauch mit sich bringt, gibt es noch ein weiteres Problem: Zunehmende Umweltgifte bedrohen heute die Sauberkeit des Trinkwassers. Zwar kommen noch rund 70% der Bürger unseres Landes in den Genuß von mehr oder minder gutem Grundwasser, 30% aber müssen ihr Wasser aus Flüssen und Uferfiltraten beziehen. In Ballungszentren ist kaum noch sauberes Grundwasser zu holen. Und zwischen Basel und Bingen ist der Salzgehalt in den Grundwasserreservoirs dank den Abfällen der elsässischen Kaliminen (20 000 Tonnen pro Jahr) dreimal höher als in der Nordsee.
Experten schätzen, daß bundesweit rund 300 000 Tonnen Salze und eine unbekannt große Zahl von krebsfördernden Umweltgiften, Schwefeloxyden, Schwermetallen und anderen Substanzen aus undichten Mülldeponien in den Boden gelangen. Grundwasser reagiert langsam. Es kann Jahrzehn-

te dauern, bis solche Schadstoffe im Trinkwasser auftauchen. So ließen sich in Trier erst 30 Jahre nach einem Giftunfall die Chemikalien im Trinkwasser nachweisen.
Jährlich sickern in der Bundesrepublik rund 10 000 Tonnen Öl in den Boden. 1 Liter Mineralöl – ich erwähnte es bereits – ist in der Lage, 1 Million Liter Wasser zu verseuchen.
10 Millionen Deutsche trinken, kochen und waschen sich mit aufbereitetem Rheinwasser, obwohl täglich bis zu 30 000 Tonnen Salz, 3 Tonnen Arsen, 450 kg reines Quecksilber und rund 100 Tonnen organische Chlorverbindungen (krebsfördernd) in den dreckigsten europäischen Fluß geleitet werden. 20% der gesamten Chemieindustrie der westlichen Welt haben sich an diesem berühmten Gewässer niedergelassen. Trotz firmeneigenen modernen Kläranlagen fließen weiterhin viele Schwermetalle und halogenisierte Kohlenwasserstoffe direkt in den Fluß, weil sie in Minuten die empfindlichen Bakterien der Filteranlagen vernichten würden. Geklärt werden vor allem leicht abbaubare organische Verbindungen.
Selbst mit größtem technischen Aufwand läßt sich zur Zeit aus Flüssen wie Rhein oder Main kein einwandfreies Trinkwasser gewinnen. Das zur Desinfektion verwendete Chlor (es tötet Bakterien und Viren) bedeutet, den Teufel mit dem Beelzebub auszutreiben. Auch die Bundesregierung kennt die Gesundheitsgefährdung durch gechlortes Trinkwasser, steht aber hilflos vor der Tatsache, daß es keine Alternativen zum giftigen Chlor gibt.
In Langzeittests stellten französische Wissenschaftler bei Versuchstieren schwere Leber- und Lungenschäden, Tumore und eine hohe Sterblichkeit fest. Die Tiere bekamen lediglich das gechlorte Trinkwasser der französischen Hauptstadt zu trinken.
Das zur Gruppe der Halogene gehörende Chlor führt je nach Konzentration zu Entzündungen und Verätzungen der Atemwege, zu Krampfhusten, Lungenentzündung und Lun-

genbluten. In der Natur reagiert vor allem die Pflanzenwelt sehr empfindlich auf das gelbgrüne Giftgas. Auch das Wasser in Badeanstalten wird meist mit sehr viel Chlor entkeimt. Wem tränen dort nicht schon nach einer halben Stunde Schwimmen die Augen?

Das Trinkwasser unseres Landes kommt auch bei der Suche nach halogenisierten Kohlenwasserstoffen nicht gut weg. Verschiedene organische Verbindungen mit Chlor- und Bromatomen sind in letzter Zeit zum Mittelpunkt des öffentlichen Interesses geworden, nachdem man immer wieder hohe Konzentrationen dieser starken Gifte im Trinkwasser nachgewiesen hat. Es besteht der Verdacht, daß sie krebsauslösend und erbgutverändernd wirken. Beim Chloroform gelten diese Eigenschaften bereits als nachgewiesen. Ein Teil jener Gifte gelangt durch industrielle Abwässer ins Grundwasser, ein anderer wird bei der Chlorung dem Trinkwasser direkt zugesetzt! Noch gibt es keinen gesetzlich festgelegten Grenzwert für diese hochgiftigen Umweltchemikalien, die als besonders gewässerbelastende Substanzen auch Fische und Mikroorganismen schädigen. Während die zuständige EG-Kommission nur 1 Mikrogramm pro Liter Trinkwasser zulassen will, sieht ein Entwurf des Bundesgesundheitsministeriums 25 Mikrogramm pro Liter vor.

Ein weiteres deutsches Trinkwasserproblem ist der stellenweise hohe Nitratgehalt. In 5% aller Fälle entspricht er nicht einmal den gesetzlichen Bestimmungen von maximal 90 mg Nitrat pro Liter. Die EG-Richtlinien (sie sollen voraussichtlich 1985 in Kraft gesetzt werden) sehen lediglich 50 mg pro Liter vor. Damit dürften beim derzeitigen Stand 10% unseres Trinkwassers nicht mehr verwendet werden! Und selbst 50 mg pro Liter sind ein umstrittener Grenzwert, denn die Schweizer beispielsweise haben die Höchstgrenze für Nitrat in ihrem Trinkwasser auf 40 mg pro Liter festgelegt und erachten Mengen darüber für ihre Bevölkerung als gesundheitsschädlich.

Die hohen Nitratgehalte im Wasser stammen von stickstoffhaltigen Düngemitteln, von denen je nach Jahreszeit 50%, ja sogar bis zu 80% einfach weggeschwemmt werden und ins Grundwasser gelangen. Dieses Übermaß an Kunstdünger – das aus dem Zwang zur Ertragssteigerung resultiert –, aber auch immer mehr Mist, Jauche oder Gülle, die in den tierquälerischen Massentierhaltungen anfallen, sind die Verursacher einer Gefahr für Gesundheit und Umwelt, von der wir anscheinend erst die Spitze des Eisberges sehen. Denn die heute versickernden Nitratsalze brauchen Jahre oder Jahrzehnte, bis sie sich auf das Grundwasser auswirken, das wir für Trinkwasserzwecke abpumpen. Und erst seit 20 Jahren steigt der Kunstdüngerverbrauch in steiler Kurve nach oben, erst in den letzten 10 Jahren gingen Tiermäster daran, ihre riesigen Massentierställe für jeweils Tausende von Schweinen, Kälbern, Rindern und Geflügel zu bauen. Da diese artfremd gehaltenen Tiere nur zum geringsten Teil mit selbsterzeugtem Futter gemästet werden, verfügen die Tierfabrikbesitzer auch nicht über die notwendigen Wiesen und Felder, um die lästigen Mist- und Jaucheabfälle so auszubringen, daß sie im Boden bleiben und dort von Mikroorganismen zersetzt werden. Das Nitrat, das gestern in den Boden kam, ist heute eine Zeitbombe, die morgen auf einen Schlag explodieren kann. Dann nämlich, wenn die derzeit ungeheuren Nitratmengen die Stellen im Boden erreicht haben, aus denen die Menschen das Grundwasser für sich abpumpen. In Zukunft wird man immer mehr Nitrat mitpumpen ...

Nitrat in Wasser und Nahrung ist ein ernährungsphysiologisches Problem: Nitrit, ein Reduktionsprodukt des Nitrats, kann bei Säuglingen bis zum dritten oder vierten Lebensmonat zur Blausucht führen. Dabei nimmt das Blut der Kinder immer weniger Sauerstoff auf, es wird dunkler und infolge innerer Erstickung kann der Tod eintreten. Dieses Problem ist inzwischen erkannt, und mit entsprechend niedrigen Nitratwerten in der Babynahrung kann man der Gefährdung

entgegenwirken. (Nitrat reichert sich vornehmlich im Blattgemüse an.)
Beim Trinkwasser sieht das jedoch anders aus. Hier kann es sogar dem Erwachsenen gefährlich werden: Im Magen-Darm-Bereich entsteht durch nitratreduzierende Mikroorganismen Nitrit; dieses verbindet sich aber sehr leicht mit den beinahe immer vorhandenen Aminen und Amiden zu den sogenannten Nitrosaminen, äußerst krebserregenden Substanzen. Viele Ärzte und Toxikologen fordern heute eine sofortige Verringerung der Nitratbelastung; ihr Warnruf kommt aber leider zu spät.

So kann jeder schon heute Wasser sparen helfen

Wir können zwar ohne Fremdenergie (über)leben, aber niemals ohne Wasser! Wasser läßt sich nicht mit materiellen Werten messen. Während zum Beispiel Energiesparen in unserer jetzigen Situation sinnvoll und angebracht ist, kommt dem Wassersparen und dem bewußten Umgang mit dem kostbaren Naß der Rang des wirklich Lebensnotwendigen zu. Im privaten Bereich kann jeder schon heute seinen Beitrag zur Einschränkung des Wasserverbrauchs (immer Trinkwasserqualität!) leisten:

- Auch wenn die Privathaushalte bei uns nur rund 7% des gesamten Wasserverbrauchs für sich in Anspruch nehmen, darf man ihre Möglichkeiten nicht unterschätzen. Man muß hier nämlich die Zusammenhänge sehen: Aus Unwissenheit gehen die meisten Menschen gedankenlos mit Wasser um. Wer Strom spart (siehe Seite 84 ff.), hilft mit, Kraftwerkskapazitäten zu verringern, statt sie ständig zu vergrößern; damit nimmt er indirekt aber auch Einfluß auf den verschwenderischen Wasserverbrauch der Elektrizitätswerke. Zur Zeit liegt dieser hierzulande bei etwa 40% des gesamten Wasserverbrauchs, im Jahr 2000 wird er 70% betragen. Die Zahlen des steigenden Bedarfs sind errechnet, allein es fehlt das Wasser ...

- Mit den Warmwasserspartips auf Seite 85 ff. wird sowohl der Energie- als auch der Wasserverbrauch gesenkt.
- Ebenso mit der umweltfreundlichen und wirtschaftlichen Handhabung von Wasch- und Spülmaschinen (siehe Seite 90 ff.).
- Die Amerikaner entwickelten für die Raumfahrt spezielle Nebelsprühköpfe, die im Vergleich zu herkömmlichen Duschköpfen mehr als 90% Wasser einsparen und dabei trotzdem den hygienischen Anforderungen genügen. Eine solche Raumfahrtdusche verbraucht in 5 Minuten nicht mehr als 2 bis 3 Liter statt üblicherweise 50 Liter Wasser. In Amerika und Kanada ist sie schon zu haben, verschiedene Entwicklungsländer mit großem Wassermangel experimentieren damit. Es wird die Zeit kommen, da diese Wasserspardusche auch bei uns zu kaufen ist.
- Rund ein Drittel des häuslichen Wasserverbrauchs geht heute auf das Konto einer ehemals revolutionären, mittlerweile aber völlig falsch gehandhabten Zivilisationserrungenschaft: Gemeint ist das Wasserklosett. Bei jedem Ziehen an der Kette oder Drücken des Spülkastenhebels fließen bei uns aufgrund gesetzlicher Verordnung 9 Liter aufbereitetes Trinkwasser in die Kanalisation – was für eine Verschwendung!

Angenommen, jeder Bewohner der Bundesrepublik, die rund 1,7 Millionen windeltragenden Kleinkinder bereits abgezogen – geht täglich fünfmal zur Toilette, dann rauschen jährlich über 1 Milliarde Kubikmeter (= 1 000 Milliarden Liter) durch den Abfluß. Würden all diese Menschen nur die festen Fäkalien (durchschnittlich einmal täglich) mit den vorgeschriebenen 9 Liter Wasser beseitigen (6 Liter täten es nachweislich auch), bei den anderen viermal aber das bißchen Urin mit 3 Liter wegspülen, wären pro Jahr eine halbe Milliarde Kubikmeter Trinkwasser zum Trinken oder ähnlich

vernünftiger Nutzung übrig. Bei einem Gesamtverbrauch der Haushalte von zur Zeit 3 Milliarden Kubikmeter pro Jahr wäre das eine beachtliche Wassereinsparung ohne jegliche Komfort- oder Hygieneeinschränkung.
Durch den Einsatz eines Spülkastenregulators ist jeder in der Lage, die Wasserdurchflußmenge seines WCs den wirklichen Erfordernissen anzupassen. Solch einen Spülkastenregulator kann man beziehen beim Bund Naturschutz in Bayern, Naturalien-GmbH, Schönfeldstraße 10, 8000 München 22. Er kostet 10 DM. Je nach Familiengröße und Wasserkosten haben sich diese 10 DM in wenigen Monaten, längstens aber nach einem Jahr amortisiert.
Ein Tip für Bastler: Ich habe mit wenigen Handgriffen unseren WC-Spülkasten selbst dosierbar gemacht. Der Kunststoffzylinder, der das Abflußloch verschließt, ist so leicht, daß er beim Drücken des Hebels (Zylinder geht hoch und läßt das Wasser des Kastens abfließen) durch den Wasserfluß von alleine oben bleibt, bis eben besagte 9 Liter vergeudet sind. Hängt man nun an diesen Zylinder bzw. an der Stange, die den Hebel mit dem Stopfen verbindet, ein ausreichendes Gewicht (Kieselstein oder ähnliches), schließt der Stopfen in dem Moment, da der Hebel wieder losgelassen wird. Es fließt also nur dann Wasser, wenn der Hebel nach unten gedrückt wird.

- Die Japaner haben dieses Problem längst erkannt und eine Toilette mit Sparknopf für »kleine Geschäfte« entwikkelt. Damit aber nicht genug. Der Spülkasten für das WC wird nicht mit Trinkwasser gespeist, sondern mit dem Abwasser eines eingebauten Waschbeckens.
- Wasserwiederverwendung ist ein Thema für die nahe Zukunft. In verschiedenen deutschen Versuchshäusern wird seit einigen Jahren Wasser aus Badewannen, Duschen und Waschbecken zu einer Abwassersammelanlage geleitet und von dort über ein eigenes Leitungsnetz den WC-Spülkästen zugeführt. Das macht sich nebenbei auch bezahlt: In einem

Haus mit 50 Wohneinheiten hat auf diese Weise jede Familie verringerte Wasserkosten von durchschnittlich 60 DM pro Jahr.

- Durch tropfende Wasserhähne rinnen langsam, aber kontinuierlich Millionen Liter Trinkwasser unnötig in den Abfluß. Wäre das nur in jedem fünften bundesdeutschen Haushalt der Fall, gingen jährlich bereits rund 50 Millionen Liter verloren. (Wahrscheinlich sind es in Wirklichkeit noch viel mehr.)
- Unwissende Amateurgärtner zählen ebenfalls zu den Wasserverschwendern. Viele überschwemmen tagsüber regelrecht ihre großen und kleinen Vorgärten, wenn ein blauer Himmel viel Sonne verspricht. Dieses Wasser verdunstet zum Großteil und nützt den Pflanzen nicht viel. Es ist wassersparender und auch für die Pflanzen besser, in den kühleren Abendstunden oder ganz früh am Morgen zu sprengen, wenn Boden und Pflanzen noch nicht aufgewärmt sind (Vermeidung eines Kälteschocks). Alle paar Tage gründlich gießen ist besser als täglich, aber oberflächlich. Bodenbedekkung (Mulchen) verhindert unnötige Wasserverdunstung und fördert gleichzeitig die Humusbildung im Biogarten. Gemulchte Gärten müssen in einem normalen Sommer meist überhaupt nicht bewässert werden.
- Hausbesitzer können reichlich Regenwasser gewinnen und dieses nicht nur dem Garten zuführen, sondern mit einem zweiten Wassernetz zum Beispiel Wäsche waschen (Regenwasser ist sehr weich, man braucht viel weniger Waschpulver bzw. keinen Enthärter), WC-Spülkästen versorgen oder auch das Auto wieder auf Hochglanz bringen. Einmal Autowaschen verbraucht 200 bis 300 Liter Trinkwasser. Die 23 Millionen Personenkraftwagen in der Bundesrepublik würden, einmal die Woche gewaschen, 230 bis 345 Millionen Liter Trinkwasser im Jahr erfordern. Aufgrund der deutschen Sauberkeitsliebe ist der Wasserverbrauch hier wahrscheinlich noch höher.

• Wer Leitungswasser nebenbei auch als Trinkwasser verwenden möchte, kann es beim Bremer Umwelt-Institut auf Schadstoffe untersuchen lassen.

▸ Eine halbquantitative Nitratuntersuchung kostet 10 DM und gibt an, ob sich der Nitratgehalt zwischen 0 bis 10, 10 bis 30, 30 bis 100, 100 bis 250 mg pro Liter oder darüber befindet. Bei der quantitativen Nitratuntersuchung erhält man den genauen Wert, muß aber 30 DM berappen. In beiden Fällen wird auf Anfrage ein besonderes Fläschchen zur Wasserentnahme zugesandt.

▸ Für die Untersuchung auf Pestizidrückstände und leichtflüchtige Kohlenwasserstoffe verlangt das Institut jeweils 90 DM. Eine Anleitung für die Probeentnahme bekommt man mit der Post zugeschickt.

▸ In alten Häusern kann es noch Wasserleitungen aus Blei geben. Steht das Wasser über Nacht in solchen Rohren, kommt es in ihm zu Bleiwerten, die unter Umständen über dem höchstzulässigen Wert liegen. Eine Bleiuntersuchung macht das Bremer Institut für 40 DM. Zwei Untersuchungen (eine Probe von gestandenem Wasser am Morgen, eine nach längerem Wasserdurchfluß) kosten nur 50 DM. Bei Verdacht auf Bleirohre – in Berlin schätzt man zum Beispiel noch 10% der Häuser damit ausgestattet – morgens das Wasser so lange über den Handrücken laufen lassen, bis es spürbar kälter wird. Das frische, dann sicher bleifreie Wasser hat in der Regel eine Temperatur von 11° C, das gestandene Leitungswasser im Haus durchschnittlich 18° C.

Hier die Anschrift des Instituts: Bremer Umwelt-Institut, Colmarer Straße 22a, 2800 Bremen 1, Telefon: 0421-349811.

Hubert Weinzierl

Gnade für die Schöpfung

Einen Friedensvertrag mit der Natur schließen!

(Dipl.-Forstwirt Hubert Weinzierl, geboren 1935, zählt zu den aktivsten Natur- und Umweltschützern unseres Landes. Er ist seit 1969 Präsident des Bundes Naturschutz in Bayern e.V. und gehört außerdem zahlreichen Vorständen deutscher Naturschutzorganisationen an. Hubert Weinzierl ist unablässig bemüht, mit Büchern, Rundfunk- und Fernsehsendungen, Aufsätzen, Zeitungsartikeln und Vorträgen die Bevölkerung über die Umweltgefahren aufzuklären.)

In einer Rede zur Gründung des Bundes Naturschutz vor 70 Jahren wurde vor »tantenhaften Ermahnungen und dem Getüte der Moraltrompete« gewarnt und statt dessen die »Fröhlichkeit beschworen, etwas Bleibendes, nicht in Geld Ausdrückbares zu tun«. An diese Tradition will ich anknüpfen und klarstellen, daß wir Naturschützer uns weder in die Ecke von staatsfeindlichen Radikal-Ökologisten noch unter die Miesmacher einreihen lassen, sondern daß wir das schier aussichtslose Unterfangen, seit Jahrzehnten aus den roten Zahlen des Naturverbrauchs herauskommen zu wollen, eigentlich nur mit dem Galgenhumor und der Selbstironie von Habenichtsen meistern können. Dies hilft uns, an Wunder zu glauben, und gibt Hoffnung; dabei haben wir weder eine bessere Moral als unsere Mitbürger, noch sind wir weniger in die verhängnisvollen Zugzwänge dieses Zivilisationssystems verstrickt.
Wir sind uns aber bewußt, daß wir heute an viele Grenzen stoßen. Darum bitten wir jeden, der Verantwortung für unsere Zukunft trägt, mit uns über diese Grenzen zu reden,

über die Grenzen der Machbarkeit, der Verantwortbarkeit und des Kompromisses.

Immer deutlicher verdichten sich die Anzeichen eines unabwendbaren Zusammenbruchs der menschlichen Art. Angesichts dieser Krisensituation stellen sich gegenwärtig viele Ökologen die berechtigte Frage nach dem Sinn ihres Tuns. Wer dabei den Menschen als »Maß aller Dinge« begreift, also auch die Natur einzig »für den Menschen« betrachtet, der könnte sein naturschützendes Tun getrost als hoffnungslos beenden und der Zerstörung ihren Lauf lassen.
Wer aber menschliches Leben als das solidarische Leben unter Millionen Mitgeschöpfen empfindet, der wird sich auch als Anwalt seiner Mitgeschöpfe fühlen; denn das Plankton unserer Teiche, die Blumenwiesen und die Regenwürmer der Erde oder die Vögel des Waldes, sie alle haben dasselbe schutzbedürftige Recht zum Überleben wie die »Krone der Schöpfung«. Zweifellos ist der Trend negativ: Aber jedes einzelne Lebewesen ist es wert, gerettet zu werden.
Solches zu vollziehen bedarf zuerst einer Renaissance des Glaubens und der Religion, eines Glaubens an das Lebendige und an eine Schöpfungsethik, deren Wurzeln weit über das Christentum hinaus tief ins Kreatürliche zurückreichen. Diesen »moralischen Weg der Umweltpolitik«, der sich am Lebensraum der Enkel und nicht nur am eigenen Wohlstand orientiert, heißt es in die Umweltpolitik einzubringen, und es muß die Bedeutung alles Lebendigen auf dieser Erde politisiert werden.
Es wird Zeit, daß die Tugend der Ehrfurcht sich nicht im Anbeten des von Menschen Gemachten erschöpft, sondern daß uns eine »Theologie der Natur« hilft, diese Ehrfurcht auch scheinbar unbedeutenden Mitgeschöpfen entgegenzubringen und sowohl Leidfähigkeit als auch christliche Liebe auf jene Geschöpfe zu übertragen. Das mag bei einem Hund noch möglich sein, bei einer »teuflischen« Kreuzotter, bei einem »heidnischen« Apollofalter, bei einem »schädlichen«

Borkenkäfer oder gar bei den unsichtbaren Collembolen der Muttererde (die wir mit Herbiziden dahinmorden) wird's schon problematischer! Oder gar das Lebensrecht einer Dorflinde, einer Schlüsselblume oder Heckenrose zu beschwören – setzt man sich hier nicht eher der Lächerlichkeit als dem Mitgefühl aus?

Und wo bleiben Leidfähigkeit und Mitgefühl, wenn wir in jedem Jahr unseren Mitgeschöpfen 600 Millionen Quadratmeter Lebensraum »bebauend« vernichten? Wenn wir allein in Deutschland jährlich 400 Millionen Haustiere – zumeist in artfremder Batteriehaltung und ohne ihnen jemals das Licht der Mutter Sonne zu gewähren – heranmästen, um sie in einem überzogenen Eiweißverbrauch zu verprassen, oder wenn wir gar 20 Millionen gottgewollte Brüder und Schwestern, von denen ein jedes eine Persönlichkeit ist, als Versuchstiere Jahr für Jahr um unserer Eitelkeit oder vordergründiger Humanität willen dahinschinden?

Müssen wir die Tugend der Wahrheit nicht auch gegen uns Christen selbst anwenden? Hat nicht das Christentum Anteil am Degradieren der Schöpfung, der Natur zur Ware? Haben wir nicht leichtfertig unsere Kreatürlichkeit verleugnet, uns zum »Maß der Dinge« erhoben und damit die Ursünde der Naturzerstörung angelegt? Sind wir nicht der Versuchung erlegen, »Ersatzschöpfer« sein zu wollen, haben wir nicht die Schicksalsgemeinschaft durch den Herrschaftsanspruch verraten?

Jetzt stehen wir aber vor der letzten Entscheidung, weltweit den Frieden unter den Menschen zu erhalten, was einen Friedensvertrag mit der Natur voraussetzt.

Gleichzeitig wird immer offenkundiger, wie eng die soziale Frage mit dem Niedergang des Lebens auf dieser Erde verbunden ist: Nicht »die Menschheit«, sondern immer nur einige wenige profitieren am Ausverkauf der Schöpfung! Immer aber bleiben – die Dritte Welt ist dafür der sterbende Beweis – die Ärmsten auf der Strecke …

Wozu soviel Emotion, wird der Leser fragen. Weil ich Angst

vor jenen habe, die über Wälder ohne Leidenschaften sprechen, denen Bäume »Holz« und Waldboden »Landreserven« bedeuten, die keiner Blume ausweichen, vor keinem Vogellied und keinem Schmetterling innehalten ...
Sie, die sich zum Ersatzschöpfer aufspielen und an das Allmachbare ihrer morbiden Technik, an steten Fortschritt, an das immer Größer, Schneller, Schöner, Mehr und Weiter, an Wachstum ohne Sinn und Ende glauben, sie, die uns Emotionen vorwerfen, tragen diese nicht die größeren Emotionen auf ihren Pharisäerlippen?
Wir nennen uns Christen und plündern die uns anvertraute Erde;
Wir nennen uns Christen und stehlen unseren Kindern die Zukunft;
Wir nennen uns Christen, erheben uns aber selbst zum Maß der Dinge und reden die Schöpfung zu Tode ...
Ist es nicht hohe Zeit, daß wir Begriffe wie Mord, Diebstahl, Gotteslästerung oder Verbrechen neu definieren? Wer ein Bild von Albrecht Dürer zerstörte, würde als Verbrecher rund um die Erde verdammt. Welche honorigen Titel aber tragen jene, die die Eichen und Linden, den Buchfinken und den blauen Sturmhut aus dem Wald verbannen ...
Jede Planierraupe kann heute in einer Stunde vernichten, was Jahrtausende Erd- und Naturgeschichte geschaffen haben. Und niemand denkt darüber nach, weil wir uns immer noch als die »Krone«, anstatt als Partner der Schöpfung vorkommen.
Auch der Begriff Reichtum muß neu überdacht werden: Wir sind reich an 27 Millionen Autos, aber arm an 300 todgeweihten Störchen, wir sind reich an 40 000 MW Atomstrom, aber arm an köstlichem Quellwasser, von dem nur noch 3% uneingeschränkt genießbar ist, wir sind reich an Panzern und an Kampfflugzeugen, aber arm an Sumpfdotterblumen und an Kindermärchen. Wir haben den Mond erobert, aber wir stehen hilflos vor den sterbenden Wäldern, hinter denen er aufgeht ...

Von der Ökologie zur Ökosophie

So kommen wir Naturschützer also, nachdem die Naturwissenschaft alles gesagt und die Politik versagt hat, zu dem Ergebnis, daß wir zu »neuen« Werten und zur Umweltmoral finden müssen. Es drängen sich Fragen über Fragen auf:

- Wie läßt sich Friedenspolitik im ökologischen und moralischen Sinne betreiben, wie muß beispielsweise Entwicklungshilfe neu formuliert und wie kann die Ausbeutung der Dritten Welt wirkungsvoll bekämpft werden?
- Wie kann der innere Friede unserer Gesellschaft durch einen neuen Lebensstil erreicht werden?
- Wie kommen wir zu einer Vernetzung von Frieden, Ökologie und Schöpfungsethik als möglichem Ausweg aus der derzeitigen Weltkrise?

Dazu die Antwort eines Kirchenmannes, Kardinal Joseph Höffner: »Wir sind verpflichtet, den Grundbestand der Schöpfung in seinem ganzen Reichtun zu wahren ... Dabei geht es nicht bloß um das Belassen von Einzelexemplaren, also um etwas wie eine Arche Noah, in welcher der Mensch einen Rest von Schöpfung gegen eine von ihm selbst veranstaltete Sintflut schützte. Nein, die pflanzlichen und tierischen Arten brauchen Lebensraum, in dem sie sich entfalten. Das Lebendige soll leben können, nicht nur um der Nützlichkeit für den Menschen willen, sondern um der Fülle, um der Schönheit der Schöpfung willen, einfach um zu leben und dazusein. Es wäre maßloser Hochmut, wenn der Mensch in der Schöpfung nichts anderes als ein Rohstofflager zur Befriedigung seiner Bedürfnisse sehen würde.«

Solche von höchster politischer Verantwortung, von naturwissenschaftlicher Einsicht und von philosophischem Denken gleichermaßen geprägte Aussagen können Wegweiser sein: Weil sie, abgewandt von kleinkariertem Spezialistentum, zur Vernetzung von Natur- und Geisteswissenschaft hinführen. Denn es muß endlich die Ökologie zu einer Art Ökosophie, einer Philosophie des Lebendigen, fortentwik-

kelt werden, und es bedarf dabei der Rückkoppelung zwischen Naturwissenschaft, Ethik, Moral und auch der Theologie mit dem Ziel, zu einem kreatürlichen Weltbild und zu jenem Artverständnis zurückzufinden, das uns Menschen im Rahmen der gesamten Schöpfung zusteht.
So ist letztlich Naturschutz auch keine Wissenschaft, sondern eine Denkweise.

Ende der Kompromiß-Ethik

Dies bedeutet auch, daß wir an die Grenzen des Kompromißdenkens und der Verantwortbarkeit gestoßen sind. »Die gewöhnliche Ethik«, so schreibt Albert Schweitzer, »sucht Kompromisse, sie will festlegen, wieviel ich von meinem Dasein und von meinem Glück dahingeben muß, und wieviel ich auf Kosten des Daseins und Glücks anderen Lebens davon behalten darf. Mit diesen Entscheiden schafft sie eine angewandte, relative Ethik. Was in Wirklichkeit nicht ethisch, sondern ein Gemisch von nicht-ethischer Notwendigkeit und Ethik ist, gibt sie als ethisch aus. Damit stiftet sie eine ungeheure Verwirrung an. Sie läßt eine zunehmende Verdunkelung des Begriffes des Ethischen aufkommen. Die Ethik der Ehrfurcht vor dem Leben erkennt keine relative Ethik an.«
Ich möchte dies verdeutlichen: Die Ehrfurcht vor Schwertlilien, Brachvögeln oder Feuersalamandern läßt keinen Kompromiß etwa im Sinne von: »Ein bißchen Feuchtgebiets-Drainage macht doch nichts!« zu. Storch und Frauenschuh lassen sich nicht »ein bißchen« schützen oder ausrotten, und der Kompromiß, gegen das Waldsterben höhere Schornsteine aufzumauern, ist so unmoralisch wie der Wahn, Atomkraftwerke über 20 000 Jahre sicher bewachen zu wollen. Es gibt weder »ein bißchen Schwangerschaft« noch »ein bißchen Tod«, sondern es gibt Naturgesetze, die nicht mit Kompromiß und scheinbarer Toleranz oder mit politischen Mehrheiten ungestraft überschritten werden dürfen.

Wer aber angesichts der Todesschreie geschundener Kreatur, angesichts des letzten Fischotters und des vorletzten Storches, wer angesichts des Zuschüttens letzter Moortümpel, des Vergiftens von Mohnblüten und Zukunftsträumen dennoch immer wieder vom »Kompromisse-Machen« daherredet, der ist bereits kein Pharisäer mehr, sondern schon ein handfester Sünder.
Neben der verlogenen Kompromißpolitik haben wir ein zweites satt: Daß man uns vorrechnen möchte, was Natur wert ist. »Die Ökologie muß meßbar gemacht werden«, heißt es, und schon wird die Dorflinde gegen eine asphaltierte Straße aufgerechnet und das Abwasser gegen die Bachforelle. Solchen naturfeindlichen Rechenkünstlern möchte ich die Frage stellen, für wieviel Geld sie denn Frau und Kind verkaufen würden, und was der Duft der Lindenblüten, das Lied der Singdrossel und das Plätschern einer klaren Quelle wert ist?
Die uralten Werte, das Irrationale, muß endlich wieder vollwertig dem Meßbaren entgegengestellt werden. Angst, Liebe und Hoffnung, sind sie weniger wert als der Strompreis, nur weil sie nicht in Geld auszudrücken sind? Eine kompromißlose Ethik und der Mut zum Irrationalen, zum Glauben an Wunder und zur Hoffnung sind tragende Säulen einer Philosophie des Lebendigen, wie wir sie heute nötig haben.

Leidfähigkeit und Hoffnung

Ebenso unehrlich sind jene, die noch immer die »Belastbarkeitsgrenzen des Naturhaushaltes erforschen« wollen, was ja in einem Lande müßig ist, dessen Belastbarkeitsgrenzen längst überschritten sind. Rote Listen für bedrohte Arten sind letztlich ebenso makabre Irrgänger unseres Geistes wie jene esoterischen Zirkel, in denen sich eine neue Öko-Schikkeria im Genuß der Dekadenz ergeht: Schon wuchern die Planstellen für Öko-Plauderer und Gefälligkeitsgutachter, aber es fehlt an den blanken Fäusten, die um den Lebensraum des Teichfrosches und unserer Kinder zu raufen bereit sind. Auch dazu braucht es Gefühl, Emotionen, Lust und jenen heiligen Zorn, ohne den es nie Qualitätsfortschritte gab.

Zur Philosophie des Lebendigen gehört auch die Leidfähigkeit, deren wir so sehr verlustig gegangen sind: Wer beim Frühlingserwachen der Erdkröten ohne Erregung über die laichschwangeren Leiber hinwegrasen kann, wer das Ausbleiben der Mönchsgrasmücke nicht mehr wahrnimmt und den Veilchenduft nicht vermißt, ist krank geworden, befallen von Seelenkrebs und Kältetod. Der Verlust der Leidfähigkeit eröffnet aber auch der Atombombe ihre Chance.

Brauchen wir tatsächlich erst die Not zu einer Renaissance der Moral?

Haben wir nicht allesamt das Recht auf unsere eigene Entwicklung und Geschichte? Haben wir nicht alle noch vor zwei Jahrzehnten ganz anders gedacht als heute, ist es eine Schande, klüger geworden zu sein? Gegen uns selber müssen wir protestieren, bevor wir von den anderen die Umkehr verlangen!

Was aber sollen wir jenen jungen Menschen sagen, die vor dem Trümmerhaufen der Schöpfung stehen, denen noch Tränen kommen, wenn die Waldamsel ihr Abendlied singt, denen, die dieser Welt keine eigenen Kinder mehr zumuten möchten, denen, die lieber in den Rausch der Verzweiflung flüchten und Tiere für die besseren Menschen halten? Jenen ewig Jungen, welche in die siechen, greisen Gedanken hineingewachsen sind, jenen, die sich den Hungernden der Dritten Welt näher verwandt fühlen als ihren eigenen Eltern? Was sollen wir denen noch sagen?

Ich kann mit ihnen nur auf Wunder hoffen, hoffen, daß Liebe stärker ist als Atomenergie, hoffen, daß ein Tag sein wird, an dem, wie damals Phönix aus der Asche, ein Maikäfer in den blauen Himmel fliegt.

Ich wünsche den Lesern franziskanische Frömmigkeit, kindliche Einfalt und eine lustvolle Zukunft.

IV. Im Wohlstand leben – im Müll ersticken?

In der Tat, heute, im letzten Viertel des ausgehenden 20. Jahrhunderts, läßt sich unser Lebensstandard an der Menge des täglich anfallenden Mülls messen. Während auf jeden Amerikaner schon 1300 kg Abfälle im Jahr kommen, bringt es die bundesdeutsche Landbevölkerung auf 200 kg, Städter in Ballungszentren immerhin bereits auf bis zu 500 kg pro Jahr und Bewohner.

1981 fielen in unserem Land 25,7 Millionen Tonnen Hausmüll und hausmüllähnliche Abfälle wie Papier, Pappe, Glas, Textilien, Leder, Gummi, Kunststoffe, Metalle, Küchen- und Gartenabfälle, Heizungsrückstände und verschiedenste Gebrauchsgegenstände an. 1983 werden es schon über 30 Millionen Tonnen sein.

Wohin damit? Würde man den bei uns alljährlich anfallenden Hausmüll in einer 1 m hohen Schicht ausbreiten, ließe sich mit ihm Jahr für Jahr eine Fläche bedecken, die der von Kiel, Ulm oder Darmstadt entspricht. Wollte man diese unangenehme Kehrseite unserer Wohlstandsgesellschaft gar mit einem Zug wegtransportieren, bräuchte man über 1 Million Güterwaggons, die, aneinandergehängt, einen Zug von 10 000 km Länge ergäben. Das kommt einem Viertel des Erdumfangs gleich.

1981 lagerte man von den 25,7 Millionen Tonnen Hausmüll 20,9 Millionen Tonnen auf Deponien, 4,5 Millionen Tonnen wurden in Müllverbrennungsanlagen verbrannt, 0,3 Millionen Tonnen verkompostiert und der Rest von 0,08 Millio-

nen Tonnen in Schrott-, Altreifenlagern oder Shredder-Anlagen behandelt.
Nur aus unseren Privathaushalten türmen sich jedes Jahr auf:

Altglas	3 Millionen Tonnen
Kunststoffmüll	1,4 Millionen Tonnen
Metalle	0,5 Millionen Tonnen
Altpapier	6 Millionen Tonnen
Autowracks	2,1 Millionen Stück
PKW-Autoreifen	0,2 Millionen Tonnen
Sperrmüll	3 Millionen Tonnen

Allein die Hälfte dieser Unmengen machen die schönen, verlockenden Verpackungen aus (Becher, Büchsen, Schachteln und Kartons, Kisten, Folien, Tuben, Flaschen, Tüten, Taschen usw.)!
Seit Anfang der fünfziger Jahre produzierte unsere Gesellschaft weitgehend nur um des Produzierens willen. Mit unserer Wegwerfmentalität stellten wir immer mehr Waren und Güter her, die dieser Haltung genau entsprachen: Wegwerfflaschen, Wegwerfkleider, Wegwerfgeschirr, selbst Wegwerfhäuser. Nicht Qualität und Langlebigkeit waren gefragt, sondern Wachstum, Wachstum und noch einmal Wachstum.
Heute ist den umweltbewußten Zeitgenossen klar, daß eine Wegwerfgesellschaft keine Zukunft haben kann. Wir können es uns nicht mehr lange leisten, Rohstoffe und Energie zu verschleudern und die damit verbundenen Umweltbelastungen in Kauf zu nehmen. Wir müssen handeln. Zwei mögliche Bereiche bieten sich hier an:

1. Wiedergewinnung von Rohstoffen
2. Verminderung von Abfällen

Recycling: Die Wiedergewinnung von Rohstoffen

Das Wort »Recycling« ist sowohl im anglo-amerikanischen als auch im deutschen Sprachgebrauch ganz neu, die Sache als solche aber schon uralt. Recycling, die Rückgewinnung von Rohstoffen aus Abfällen, praktizierten die Menschen seit Jahrtausenden, weil die Gewinnung von Rohstoffen (meist Metalle) aufwendig und ihr Besitz Luxus war. In der vorindustriellen Zeit, also bis vor rund 200 Jahren, kannten die Menschen weder Umwelt- noch Müllprobleme. Nur die unzureichende Kanalisation von menschlichen und tierischen Fäkalien in den mittelalterlichen Städten bereitete ihnen Kopfzerbrechen und bescherte ihnen Seuchen, die sich oft epidemieartig ausbreiteten.

Veraltete Waren oder Güter wurden zerlegt, Metalle eingeschmolzen und wieder verwertet, organische Substanzen verbrannt, zu Humus verkompostiert oder von Tieren gefressen. Unser Hauptproblem des heutigen riesigen Müllaufkommens, die Verpackungen, existierte überhaupt nicht. Selbst Häuser wurden im Laufe der Zeit wieder zu Humus, nachdem alles Brauchbare entfernt worden war (Metallteile, gebrannte und gewachsene Steine, Dachziegel, Fenster, Nägel, Eisenverbindungen usw.). Die Verwendung von organischen Rohstoffen – veredelt und handwerklich zwar weiterverarbeitet, aber direkt aus der Natur gewonnen – konnte zu keinen Mülldeponien führen.

Heute ist das in jeder Beziehung anders. Und das ist sicher auch gut so. Nur muß jetzt technisches Know-how und Erfindergeist nicht nur in der Produktion unter Beweis gestellt werden, sondern auch für eine energiesparende Wiederverwertung von Rohstoffen – damit nicht auch in Zukunft Wohlstand in Verbindung mit Müll-Alpträumen und Umweltzerstörung gebracht wird.

Ökologisch ausgerichtetes Wirtschaftswachstum, Verbrauch und Recycling schließen sich nicht aus. Ganz im Gegenteil:

Dies kann ein Kreislauf sein, den die Natur uns in ähnlicher Weise seit Jahrmillionen vormacht. Mit den vier Jahreszeiten ist dort ein ausgeklügeltes System von Rohstoffvorratnutzung, Produktion, Verbrauch und Wiederaufbereitung geregelt, bei dem die verschiedenen Faktoren in gegenseitiger Abhängigkeit stehen. Ständig zugeführte Fremdenergie ist dabei die Sonne.

Noch sind wir weit entfernt davon, in unserem technisierten Leben einen ökologischen Kreislauf zu verwirklichen, noch betreiben wir zuviel Raubbau an Rohstoffen und Primärenergieträgern, noch denken wir zuviel an unsere heutige Bequemlichkeit und zuwenig an den Lebensstandard unserer Nachkommen.

Wir können nicht mehr zurück und ein autarkes bäuerliches Leben führen, um unser Tun und Handeln wieder in die Naturkreisläufe zu integrieren. Wir alle sind aber von unserer siechenden Umwelt dazu aufgerufen, unser »Eintagsdenken« zu überprüfen. Sehr viele Menschen haben diesen Ruf vernommen und greifen jede Möglichkeit auf, ihren Alltag umweltgerecht zu gestalten.

Recycling ist für sie heute kein Fremdwort mehr, sondern eine Selbstverständlichkeit. Die ersten Weichen sind gestellt, erste Erfolge werden am verschmutzten Horizont sichtbar. Wir haben auf diesem Weg viele Möglichkeiten:

Glas-Recycling

In den goldenen Wirtschaftswunderjahren unseres Landes schnellte der Verbrauch von Einwegflaschen rapide nach oben. Benutzte man im Jahr 1967 noch 43 Millionen dieser Flaschen, so waren es 1977 bereits über 980 Millionen. Die Müllberge wurden zusehends von nicht verrottbarem Glas überrollt. Als aber 1972 mit einer Klausel im neuen Abfallbeseitigungsgesetz die Möglichkeit geschaffen wurde, diesen unsinnigen Glaskonsum zu verbieten, organisierte die deutsche Glasindustrie in kürzester Zeit ein – mittlerweile ganz lukratives – Altglas-Recycling-System. Schon 1974 konnte sie 150 000 Tonnen Altglas in speziellen Containern einsammeln und den neugeschaffenen Aufarbeitungsanlagen zuführen, im Jahr 1980 wurden bereits knapp 500 000 Tonnen wiederverwertet.

Heute stehen 15 000 Altglascontainer im ganzen Bundesgebiet bereit, um weißes, braunes und grünes Glas aufzunehmen. Das Umweltbundesamt in Berlin möchte die Zahl der Container künftig noch erhöhen. Zur Zeit kommt auf rund 4000 Einwohner 1 Altglascontainer.

Die durchschnittliche Fehlerquote beim sortierten Altglaseinfüllen nach Farben beträgt übrigens nur 2%. Überhaupt ist die Altglasverwertung in wenigen Jahren zum Symbol für erfolgreiches Recycling schlechthin geworden. Immer mehr Menschen tragen leere Flaschen zu den Sammelstellen; ein Zeichen dafür, daß die Bevölkerung gewillt ist, umweltbewußt zu handeln, sofern ihr nur die Möglichkeit dazu geboten wird.

Zwar werden bei der Glasherstellung keine knappen Rohstoffe verbraucht (Sand, Kalk und Salz sind reichlich vorhanden), die Energieeinsparung und Gewässerschonung sowie verringerte Müllmengen sind aber Grund genug, um Altglas den Schmelzöfen wieder zuzuführen.

Bei der Herstellung einer Grünglasflasche aus 100% Altglas werden rund 25% Energie gespart und die Gewässer überhaupt nicht mit Salzen belastet. In der Regel fügt man geschmolzenes Altglas den Neuproduktionen jedoch nur zu einem bestimmten Prozentsatz bei.

- Altglas-Sammelcontainer stehen heute an vielen zentralen Stellen wie Großparkplätzen, Einkaufszentren und ähnlichem. Die Gemeinde- oder Stadtverwaltung teilt gerne auf Anfrage mit, wo sich der nächste erreichbare Container befindet.
- Nur Hohlglas (kein Fensterglas) in die aufgestellten Container werfen.

- Alle Metallteile wie Deckel, Schraubverschlüsse und Metallverkleidungen der Flaschenhälse müssen entfernt werden.
- Porzellan- und Steingutscherben bitte nicht in den Altglascontainer, sondern in den Mülleimer werfen.

Altpapier und Umweltbewußtsein

Ein richtiger Öko-Freak lehnt weißes, chemisch gebleichtes Papier aus Holz ab und schreibt nur noch auf grauem, bräunlichem oder graugrünem Umweltschutzpapier (UWS-Papier). Horst Stern aber, Deutschlands populärer Naturschützer, bringt seine Umweltzeitschrift »natur« nicht auf Recycling-Papier (hergestellt aus 100% Altpapier) heraus, sondern auf einem blütenweißen Qualitätserzeugnis, und leitete damit eine heiße Diskussion über das Für und Wider von UWS-Papier ein. Denn für viele bedeutet die konsequente Verwendung von Altpapierprodukten ein nach außen getragenes Umweltbewußtsein – ähnlich der Jutetasche. Die Lager sind gespalten, und doch kann jeder ein bißchen Recht für sich beanspruchen.

► Die deutsche Zellstoff- und Papierindustrie ist trotz eines Produktivitätsanteils von lediglich ca. 1% der Gesamtwirtschaft einer der größten Umweltverschmutzer. Rund 500 Millionen Kubikmeter Frischwasser verbraucht sie pro Jahr, je Tonne Zellstoff gibt sie einen Zentner Schwefeldioxyd an die Luft ab, und mit unzähligen giftigen Chemikalien belastet sie die heimischen Gewässer.

► Es ist falsch, anzunehmen, daß in der Bundesrepublik ausgewachsene Bäume für die Papierproduktion gefällt werden. Vielmehr stammen ohnehin nur 13% des von der Papierindustrie benötigten Holzes aus inländischen Beständen, der Rest wird importiert. Bei uns fällt jedoch relativ viel Schwachholz an, das zur Pflege des Waldes herausgeholt werden muß. Dies ist aber bei den derzeitigen Löhnen zu teuer, so daß die wirklich vorhandenen Schwachholzreserven trotzdem nicht vollständig genutzt werden. (Nur diese dienen der Papierherstellung.)

▸ 1980 wurden von 7,6 Millionen Tonnen hergestelltem Papier und Pappe rund 3,2 Millionen Tonnen Altpapier (= 42% der erzeugten Menge) eingesetzt. Allerdings gehen 80% des verwerteten Altpapiers in die Packpapierproduktion. Hier ist die Aufnahmekapazität bereits völlig erschöpft, während der Altpapieranteil beim graphischen und bei Hygienepapier durchaus noch zu steigern wäre.

▸ Es ist richtig, daß man für die Herstellung von Umweltschutzpapier auch immer wieder neues Papier benötigt; es ist aber denkbar, die Hälfte des gesamten bundesdeutschen Papierverbrauchs aus Altpapier zu decken.

▸ Umweltschutzpapier ist nicht gleich Umweltschutzpapier. Lediglich das »Original-Umweltschutz-Papier« mit dem ap-Zeichen wird – im Gegensatz zu anderen Recycling-Papieren – nicht nur zu 100% aus Altpapier hergestellt, sondern es werden auch bei der Fertigung keine Entfärbe- oder Bleichstoffe verwendet. Durch den völligen Verzicht auf solche Chemikalien kann das Papier in einem geschlossenen Wasserkreislauf produziert werden, so daß keinerlei Verschmutzung von Gewässern entsteht. Außerdem kann auf diese Weise ein Großteil der sonst benötigten Energie eingespart werden (ca. 98% weniger Wasser, ca. 60% geringerer Energieeinsatz).

▸ Bei dem überwiegenden Teil des zur Zeit angebotenen Recycling-Papiers handelt es sich meist um ein ausschließlich kommerziell hergestelltes Papier, für das Altpapier lediglich als Ausgangsstoff dient. Es trägt dann die Bezeichnung »umweltfreundlich«, oft wird es sogar fälschlich als »Umweltschutzpapier« ausgewiesen. Gerade auch größere Firmen der herkömmlichen Papierindustrie haben in letzter Zeit wohl so etwas wie eine Marktlücke entdeckt und bringen neben anderem grün eingefärbtes Papier unter dem Motto »umweltfreundlich« auf den Markt.

► Das Hauptargument für »Original-Umweltschutz-Papier« sind also die Chemikalien, die zur Herstellung von weißem, das heißt umweltfeindlichem Papier verwendet werden und die Gewässer unnötig belasten. Einzig und allein das Papier mit dem ap-Zeichen wird ohne jegliche Chemikalien im geschlossenen Wasserkreislauf hergestellt; alle in der Bundesrepublik gefertigten anderen Recycling-Papiere entfärbt und bleicht man mit hochgiftigen Substanzen, die zwangsläufig in die Gewässer gelangen.

► Der globale Bedarf an Holz wird sich in den nächsten 15 Jahren verdoppeln. Eine vermehrte Verwendung von »Original-Umweltschutz-Papier« brächte uns folgende Umweltvorteile: fast keine Abwässerbelastung, Energieeinsparung von 60 bis 70%, geringer Frischwasserverbrauch (siehe auch Seite 199 ff.), geringerer Müllanfall, weltweite Schonung der Wälder. (In den Flüssen der tropischen Regenwälder liegen schwimmende Fabriken vor Anker, die das massenweise gefällte Holz zu Papierrohstoffen verarbeiten und den Papierfabriken in aller Welt anbieten.) Während wir unser Holz vor allem von den Schweden beziehen, die dafür spezielle Wälder in Monokulturen (sehr großer Pestizideinsatz) anbauen, kaufen diese von uns Haushalts-Altpapier, um damit in ihrem Land graphische Papiere für Zeitungen herzustellen. Bei uns soll das angeblich nicht gehen. Auch Japans Zeitschriftenpapier besteht heute schon zu 50% aus Altpapier.

Wohin mit dem alten Papier?

- Für Zeitungen, Zeitschriften und Kartonpappe gibt es ähnlich den Altglascontainern Sammelbehälter.
- Vielfach kann man das Altpapier bei Sammlungen von karitativen Verbänden oder Sportvereinen loswerden. Es wird dann der Wiederverwertung zugeführt. Um einen problemlosen Abtransport zu gewährleisten, bitte das Altpapier sauber gebündelt bereithalten.

Aluminium, Weißblech und Schrott

Die Bundesrepublik produziert jährlich rund 1,4 Millionen Tonnen Aluminium. Der dafür verwendete Rohstoff Bauxit stammt zu über 75% aus Entwicklungsländern und wird in etwa 90 Jahren aufgebraucht sein. Die Förderländer können sich Aluprodukte nicht leisten, sie sind Luxusartikel der Industrienationen. Zur Aluminiumherstellung benötigt man sehr viel Strom (bis zu 24 000 kWh pro Tonne) – Grund genug für die Betreiber von Atomkraftwerken, um die Gunst der Aluminiumfabriken zu werben. Dieser Industriezweig siedelt daher auch gerne in der Nähe solcher neuerstandenen Kraftwerke.

- Altaluminium erfordert beim Wiedereinschmelzen 95% weniger Energie als die Neuherstellung aus Bauxit. Es fallen auch geringere Schadstoffmengen an. Bei der Produktion von 1 Tonne Neualuminium werden nämlich frei: 1 kg Fluoride, 90 kg Schwefeldioxyd, 300 kg Kohlenmonoxyd und 17 kg Staub. Die Verbraucher könnten 10 bis 20% des von ihnen benutzten Aluminiums der Wiederverwertung zuführen. Allerdings macht der Aluminiumanteil im Alltagshausmüll nur 0,4% aus. In unserem Land kommen rund 30% Altaluminium wieder in die Schmelzöfen.
- Man kann auf jeden Fall folgende Aluminiumprodukte sammeln: Deckel von Dickmilch, Quark, Joghurt und ähnlichem, Schraubverschlüsse von Flaschen (bei Pfandflaschen bitte drauflassen), Aufreißkonserven (aber keine Getränkedosen mit Naht, oft ist nur ihr Deckel aus Aluminium), Cremedosen, Tuben, Schokoladepapier, Alufolie, Deckel von Obst- und Gewürzgläsern, Spraydosen, Alubackformen, Menüteller, Pfannen, Portionsdosen von Konfitüre, Wurst und Kondensmilch, Einwegbesteck, Töpfe, Kessel, Teelichter, Fahrrad- und Autofelgen, Motorteile, Vorhangschienen und Teile der verschiedensten Geräte.
- Wer Aluminium sammeln will, muß darauf achten, daß keine anderen Metalle dabei sind (im Zweifelsfalle Magnet-

probe machen, nur Eisen und Eisenbleche werden angezogen). Auch Alu mit Kunststoff- und Papierbeimengungen (beschichtete Folien) kann nicht wiederverwertet werden. Das Altaluminium sollte von Speiseresten gereinigt sein.

- Es dauert schon lange, bis ein lohnenswertes Paket mit Aluminium in einem Haushalt zusammengetragen ist. Noch sind Aluminiumprodukte nicht so gekennzeichnet, daß jeder dieses Metall sofort erkennt. Und noch gibt es keine Sammelstellen wie für Glas und Papier. Man ist also gezwungen, zum Schrotthändler zu fahren. Je sauberer die Aluteile, desto höher der Preis, den man für seine umweltbewußte Arbeit erzielt (durchschnittlich 1 DM pro Kilo; das Geld wird also bei dem leichten Aluminium niemals Hauptzweck des Sammelns sein). Verschiedene Umweltschutzgruppen führen in unseren Großstädten Aluminiumsammlungen durch.

In Schweden will man mit einer neuentwickelten Maschine Aluminiumdosen auf ein Zehntel ihrer ursprünglichen Größe zusammenpressen. In allerlei Geschäften soll nach der Erprobungszeit ab 1985 mindestens 75% der Aluminiumdosen zurückgenommen werden. Zur Zeit verbrauchen die Schweden 500 Millionen Dosen pro Jahr.

Jährlich fallen in der Bundesrepublik bei der Produktion von Verpackungen rund 700 000 Tonnen *Weißblech* an. Nur 150 000 Tonnen, also 21,5%, können in den Müllverbrennungsanlagen und Kompostwerken magnetisch aussortiert werden. Dieses großtechnische Verfahren gilt als sehr unwirtschaftlich.

- Günstiger wäre es, wenn die Verbraucher schon zu Hause Blechdosen und andere Weißblecherzeugnisse vom übrigen Müll trennen und sie einer Weißblechsammelaktion mitgeben würden. Oder direkt zum nächstgelegenen Schrotthändler bringen.

Auf diese Weise ist die industrielle Wiederverwertung gesichert.

- *Schrott,* wie zum Beispiel Autowracks, alte Öfen, Herde, Wasch-, Spül- und andere Maschinen aus Eisen und Eisenblech, nimmt gerne der Schrotthandel an. 90% des im Umlauf befindlichen Eisens wird heute der Wiederverwertung zugeführt.

Wohin mit den Kunststoffen?

1981 verbrauchten die Bundesbürger 5,8 Millionen Tonnen Kunststoffe. Davon landeten 1,4 Millionen Tonnen schon nach relativ kurzer Zeit in den Mülltonnen der Haushalte. Wenn man also weiß, daß 20% aller Kunststofferzeugnisse spätestens nach einem Jahr in den Abfall gelangen, liegt es eigentlich nahe, diesen Anteil besser ganz zu vermeiden, statt ihn der sehr komplizierten Kunststoff-Wiederverwertung zuzuführen. Trotzdem konnte die Chemieindustrie 1981 400 000 Tonnen Kunststoffe mit einem Neuwert von 1 Milliarde DM recyceln. Man kennt heute vier Wiederverwertungsverfahren:

▸ Beim *Umschmelzen* werden aus sortenreinen sauberen Kunststoffabfällen gemeinsam mit Neumaterial Produkte wie Bau- und Landwirtschaftsfolien oder Flaschenkästen hergestellt. Undefinierbare Kunststoffe dienen als Ausgangsmaterial für weniger anspruchsvolle Erzeugnisse. Aus Kunststoffmischungen, die mit Fremdmaterialien durchsetzt sind, können immer noch einfache Produkte wie Einfriedungen und Fahrbahnrandbefestigungen usw. hergestellt werden. Je sauberer und sortenreiner die Abfälle, desto besser die Wiederverwertungsmöglichkeit.

▸ *Pyrolyse:* Hierbei werden die Kunststoffe in ihre chemischen Bausteine zerlegt. Das geschieht in einem geschlossenen Reaktor durch hohe Temperaturen ohne Sauerstoff. Dabei entstehen keine Abgase. Die Pyrolyse liefert speicherfähige Energie in Form von Gas, Öl und Rußkohle sowie chemische Rohstoffe. Vorteil: Fast alle Kunststoffe sind geeignet; sie können gemischt sein und bis zu 20% Fremdstoffe enthalten.

- Bei der *Hydrolyse* will man die Ausgangsmaterialien von bestimmten Kunststoffprodukten wie Polsterschäumen, Matratzenbeschichtungen, Autoteilen, Textilien, Bodenbelägen und technischen Teilen in qualitativ hochwertiger Form wiedergewinnen.
- *Verbrennung:* Ungefähr 600 000 Tonnen Kunststoffe werden bei uns jährlich in den Müllverbrennungsanlagen verbrannt und dienen auf diese Weise der Energiegewinnung. Dabei werden jedoch auch hochgiftige Gase in die Luft abgegeben (zum Beispiel beim PVC, siehe Seite 190 f.), was nicht gerade umweltfreundlich ist. Andererseits gingen angeblich manche Müllverbrennungsanlagen aus, wären keine Kunststoffe im Müll.

Das Kunststoffproblem ist vielfältig. Nur wo größere Mengen sortenreiner Kunststoffe anfallen, ist die Wiederverwertung verhältnismäßig problemlos. Leider bleibt der Verbraucher im unklaren, um welche Kunststoffe es sich bei seinen Abfällen handelt, und außerdem gibt es noch keine entsprechenden Sammelbehälter. Erst wenn der Erdölpreis sich verdoppeln würde, wäre es auch für die Industrie interessant, den Kunststoffabfall der Haushalte zu sammeln und wiederzuverwerten. Bis dahin kommt er in der Regel in die Müllverbrennungsanlagen.

Garten- und Küchenabfälle liefern Humus

Jeder Gartenbesitzer kann die organischen Abfälle aus Küche und Garten in wertvollen Kompost verwandeln. Er bildet die Grundlage für den biologischen Nutz- und Ziergarten. Humus ist kostbar und wird in der Natur nur sehr langsam erzeugt. Wissenschaftler haben herausgefunden, daß es ca. 1000 Jahre dauert, bis sich ohne menschliche Mithilfe auf dem Boden 5 cm Humus bilden. Ohne Humus kann

kein Grashalm, nicht das kleinste Pflänzchen wachsen. Mit einem richtig angelegten Komposthaufen erzeugt der (Hobby-)Gärtner in wenigen Monaten Humus für seinen Garten selbst.
Laub und Rasenschnitt ist für die Abfalltonne viel zu schade und erhöht unnötig unsere Müllberge. Wer noch keinen Komposthaufen im Garten hat, sollte sich vielleicht einmal mit den Grundlagen des Bio-Gartens vertraut machen. Er erhält dann viele Mikroorganismen und allerlei nützliche Insekten am Leben und kann sich ein ökologisch ausgeglichenes kleines Paradies schaffen, in dem die Schädlinge nicht überhandnehmen. Der nicht mehr notwendige Kunstdünger- und Pestizideinsatz macht sich dann auch noch in barer Münze bezahlt.

Autoreifen

Rund 200 000 Tonnen PKW-Reifen werden in der Bundesrepublik Jahr für Jahr abgefahren. Weil diese Randerscheinungen unseres vom Auto geprägten Wohlstandes nur schwer verrotten und sich auf Deponien Ungeziefer einnisten und/oder Gase bilden können, führt man Altreifen immer häufiger der Wiederverwertung zu. Leider verschleißt sich die Lauffläche der Reifen rasch, während die Karkasse allen Umwelteinflüssen trotzt. Die steigende Anzahl der Altreifen wird zum Problem, zumal noch keines der verschiedenen Wiederverwertungsverfahren (außer der einmaligen Runderneuerung) eine wirtschaftlich interessante industrielle Reife erlangt hat.
Neben der Runderneuerung werden aus Reifen mittels Pyrolyse chemische Rohstoffe gewonnen; zermahlene Reifen verarbeitet man zu Bodenbelägen, Lärmschutzplatten und Materialien für den Straßenunterbau; in der Zementindustrie werden Altreifen zunehmend als Brennstoffersatz eingesetzt. Bei der Verbrennung gelangen aber 60% der Inhaltsstoffe als Kohlenwasserstoffe, 31% als Ruß, 1,5% als

Schwefel, 3,4% als Zinkoxyd und auch andere Stoffe umweltverschmutzend ins Freie. Noch wird beim Altreifen-Recycling viel experimentiert. Auf jeden Fall aber sollten abgefahrene Reifen beim Händler oder in der Werkstatt abgegeben werden.

Quecksilberbatterien

Die kleinen, unscheinbaren Knopfbatterien in Armbanduhren, Taschenrechnern, Film- und Fotoapparaten, Funk- und Sprechgeräten sowie in Hörgeräten enthalten von allen Batterien am meisten Quecksilber. Weil die Benutzung dieser Batterien schließlich überhandnahm, kamen die Hersteller und Importeure mit dem Bundesinnenminister 1980 überein, in Zukunft diese besonders umweltgefährdenden Batterien nach ihrem Verbrauch über den Handel wieder zurückzunehmen.

1977 wurden hierzulande 40 Millionen Quecksilberoxyd-Batterien verkauft (= 25 Tonnen reines Quecksilber!), der größte Teil landete im Hausmüll und gelangte bei der Abfallbeseitigung in die Umwelt. Schon kleinste Dosen verdampften Quecksilbers können dem Menschen gefährlich werden. Ähnlich dem Cadmium reichert es sich in der Nahrungskette an.

Heute nimmt der Fachhandel diese Minibatterien zurück und gibt sie einer Verwertungsfirma in Frankfurt weiter, die das enthaltene Quecksilber zum Teil wiedergewinnt und den restlichen Abfall unter Tage deponiert. Auf Anfrage teilte mir diese Firma mit, daß 1980 erst 27,1 Tonnen Altbatterien, 1981 jedoch schon 39,1 Tonnen abgegeben wurden. Diese Zahlen beziehen sich aber nicht allein auf die Knopfbatterien der privaten Verbraucher, sondern schließen die Abfälle der Industrie mit ein. Aus den 39,1 Tonnen Batterien im Jahre 1981 konnte der Recycling-Betrieb nur 9,32 Tonnen reines Quecksilber erlösen.

- Es ist ungemein wichtig, die unscheinbaren Batteriezellen

dem Fachhandel zurückzugeben, um die schleichende Quecksilbervergiftung unserer Umwelt nicht unnötig voranzutreiben. Foto-, Uhren-, Radio- und Elektrohändler sowie Hörgeräte-Akustiker nehmen die giftigen Minibatterien an (Trockenbatterien siehe auch Seite 184). Die geordnete Ablieferung von quecksilberhaltigen Batterien ist mindestens genauso wichtig wie das inzwischen bereits populäre Altglas- und Altpapiersammeln.

Von der Kunst, seine Abfallmengen zu verringern

Halten wir uns noch einmal vor Augen: Die Hälfte unseres Wohlstandsmülls besteht aus Verpackungen! Rund 12 Milliarden DM werden dafür in der Bundesrepublik jedes Jahr investiert, ein Betrag, den letztlich die Verbraucher bezahlen müssen. Genaugenommen wird jeder von uns sogar dreimal zur Kasse gebeten: Das erste Mal beim Einkauf, das zweite Mal über die Müllabfuhrgebühren, und weil die Abfuhrunternehmen und Müllbeseitigungsanlagen sehr unwirtschaftlich arbeiten und mit Steuergeldern subventioniert werden müssen, zahlt man über das Finanzamt ein drittes Mal.
Immer mehr Kunststoffe, Metalle, Glas und Papier landen als Einwegbehälter bzw. -verpackungen nach kürzester Zeit im Müll. Um unseren Durst schnell zu löschen, werden zum Beispiel jährlich über 2 Milliarden Aluminium- und Weißblechkonserven mit Getränken aller Art abgefüllt. In den letzten 10 Jahren stieg der Getränkekonsum um 43% an, die Wegwerfflaschen aus Glas nahmen aber um fast 150% zu. Verpackungen sind heute mehr denn je

- Rohstoffverschwender
- Energiefresser
- Konsumanheizer
- Umweltverschmutzer

Das Umweltbundesamt in Berlin rührt daher die Werbetrommel für wachsendes Umweltbewußtsein mit dem Slogan: »Einweg ist Irrweg!« Hier ein paar Tips, wie man sich der ausgeuferten Verpackungseuphorie einigermaßen entziehen kann:

- Die Zukunft gehört der Mehrwegflasche. Selbst Milch wird man wieder offen kaufen können. Entsprechende Testreihen in Supermärkten waren ein voller Erfolg. Einwegflaschen kosten oft mehr als ihr Inhalt (Material, Arbeit und Energie). Noch hat man die Wahl zwischen Mehrweg- und Wegwerfflaschen. Niemand wird daran gehindert, wieder ausschließlich Getränke in Pfandflaschen zu kaufen. Denn diese Art der direkten Wiederverwertung ist viel umweltfreundlicher als Recyceln. Für den Altglascontainer fallen trotzdem noch genügend andere Glasbehälter und Fläschchen an. Tägliche Getränke sind aber in Einwegflaschen schlecht aufgehoben.
- Dasselbe gilt für Aluminium- und Weißblechdosen. Beim Dosenbier zum Beispiel kostet die Herstellung der Verpakkung genausoviel wie der Inhalt. Nahrungsmittelkonserven enthalten denaturierte Produkte und sind daher Mitverursacher vieler weltweit verbreiteter ernährungsbedingter Zivilisationskrankheiten (siehe auch Seite 238 ff.). Sie können auf Dauer keine gesunderhaltende Nahrungsgrundlage sein. Aluminiumfolien und Teelichtpötte kann man mehrmals benutzen, Getränkebehälter aus Aluminium lassen sich durch Glasbehälter (Pfandflaschen) ersetzen, Butterbrotpapier tut es genauso wie Alufolie, und Portionsdöschen für Kondensmilch, Konfitüre, Honig usw. dürften bald der Vergangenheit angehören.
- Lebensmittel, die von Natur aus schon »verpackt« sind, wie Gurken und Zitrusfrüchte usw., brauchen keine zusätzliche Synthetikverpackung. Auch die in Folien und Styropor eingepackten Lebensmittel aller Art werden immer üblicher, obwohl heute erwiesen ist, daß die im Selbstbedienungsladen eingesparten Personalkosten in der wachsenden Ver-

packungsindustrie und den Folgekosten wieder auftauchen. Der Verbraucher kommt in Wirklichkeit nicht billiger weg.

- Wer einen Markt in der Nähe hat oder vielleicht sogar noch direkt vom Erzeuger einkaufen kann, handelt am umweltgerechtesten. Künstliche Verpackungen fallen hier ganz weg (Taschen und Körbe nicht vergessen, man gewöhnt sich dann das »Noch eine Plastiktüte bitte« leicht wieder ab), Transportkosten sind auf ein Mindestmaß reduziert, und der Erzeuger erzielt einen besseren Preis. Das animiert ihn, auch in Zukunft sein Angebot auf dem Markt aufrechtzuerhalten. Märkte werden nicht zuletzt auch deshalb wieder beliebter, weil sie im Gegensatz zu dem streßerzeugenden Samstagmorgen-Shopping in den anonymen Masseneinkaufszentren viel menschlicher sind und die Kommunikation unter den Leuten – gerade beim Abwiegen offener Lebensmittel zum Beispiel – ein neugewonnenes Stück Lebensqualität darstellen kann (siehe auch Seite 267 ff.).
- Wenn eine Verpackung – etwa bei Quark und Margarine – unumgänglich ist, kann man unter den angebotenen Größen wählen und sie dem Verbrauch anpassen. Je größer die Familie, desto größer darf der Behälter sein. Marmelade ist so stark konserviert, daß selbst für Alleinstehende die kleinen Portionsdosen nicht interessant sein sollten. Gute Hotels, die Wert auf die »persönliche Note« legen, kommen von diesen Minikonserven wieder ab.
- Sogenannte Luxus- und Geschenkpackungen versprechen in der Regel mehr, als ihr Inhalt halten kann, und wollen nur zum Kauf verlocken.
- Umkartons von Tuben, Dosen, Konserven, Flaschen usw. lieber meiden oder sie im Geschäft liegenlassen. Der Handel führt sie in der Regel gezielt der Wiederverwertung zu.
- Knöpfe, Bänder, Nägel, Stifte und vieles andere mehr kann man im Fachhandel noch in beliebiger Anzahl offen kaufen. In Supermärkten und Einkaufszentren sind sie dage-

gen aufwendig verpackt, und man ist gezwungen, eine bestimmte, meist zu große Menge mitzunehmen.

- Verpackungen sind oft lästig: Erstens lassen sich viele eingeschweißte Waren nur mühsam aus ihnen herauslösen, zweitens muß man sie ja auch bezahlen, und drittens ist die Mülltonne schnell voll. Würden alle Verbraucher die überflüssigen Verpackungen im Geschäft zurücklassen, wären die Verkäufer mit einem riesigen zusätzlichen Abfallproblem konfrontiert und müßten entsprechend reagieren.
- Neben den Verpackungen belasten auch die Wegwerfprodukte Müllhalden und Umwelt. Hier ist jeder dazu aufgerufen, seinen Beitrag zu leisten, indem er langlebige oder leicht wiederverwertbare Waren und Güter bevorzugt. Vermeidbare Wegwerferzeugnisse sind zum Beispiel: Plastik- oder Aluminiumgeschirr und entsprechendes Besteck, Plastikbecher, Kugelschreiber und Taschenlampen ohne auswechselbare Minen bzw. Batterien, Einwegfeuerzeuge, Plastiktücher, Kleider, Servietten und Tischtücher, Einmal-Naßrasierer, Spraydosen, Plastiktüten und vieles andere mehr. Auch Toilettenpapier ist ein Wegwerfprodukt – bei uns allerdings ein unverzichtbares. Weißes tut es aber genausogut wie farbiges und mit Blümchen bedrucktes. Noch umweltfreundlicher sind natürlich WC- und Haushaltspapiere aus Altpapier, die es heute schon ebenfalls in weicher, flauschiger Qualität gibt (mit Umweltzeichen versehen).

Briefkästen werden heute mit immer aufwendigeren Reklamesendungen vollgestopft. Die oft vierfarbig und auf Hochglanzpapier gedruckten »Geschäftsempfehlungen« landen vielfach ungelesen im Abfall, türmen sich schließlich am Müllplatz auf oder belasten bei der Verbrennung nicht unerheblich die Umwelt (Druckerfarben, bei Vierfarbdrucken auch mit Schwermetallen!).

Belästigung, Umweltverschmutzung, Energie- und Rohstoffverschwendung – wie kann man sich dagegen wehren?

- Ein Zettel am Briefkasten, daß Wurfsendungen unerwünscht sind, hilft oft Wunder. Stellt man einen großen Karton im Namen aller Hausbewohner mit entsprechendem Vermerk im Hausflur auf, kann die Papierflut ebenfalls eingedämmt werden, und das gleich mit Breitenwirkung.

● Postalische Sendungen am besten an der Wurzel packen und mit der Bitte um Streichung seines Namens aus der Adressenliste an folgende Stellen schreiben:

▸ Verband der Adressenverleger und Direktwerbeunternehmen
  Postfach 1206, 6370 Oberursel
▸ Deutsche Postreklame GmbH
  Postfach 16245, 6000 Frankfurt/Main 16
▸ Kraftfahrzeugbundesamt
  Postfach 783, 2390 Flensburg

● In alternativen Läden erhält man kleine grüne, bereits gummierte Aufdrucke mit dem Hinweis: »Annahme verweigert. Zurück an Absender. Werbesendungen sind Papierverschwendung. Sie belasten Natur und Umwelt 1. bei der Papierherstellung, 2. als Müll.« Einfach auf adressierte Werbesendungen kleben (neben der eigenen Anschrift) und unfrankiert in den nächsten Briefkasten werfen. Oft hilft's, und langsam stellt sich wieder Ruhe ein.

M. O. Bruker

Über die geistige Umweltverschmutzung in der Medizin

(Dr. med. M. O. Bruker, geboren 1909, ist Chefarzt des überregionalen Zentrums für Ganzheitsmedizin, Krankenhaus Lahnhöhe in Lahnstein. Er konnte in mehr als vier Jahrzehnten und an über 40 000 Patienten die Richtigkeit der Ernährungslehre Professor Werner Kollaths in der Praxis beweisen. Dr. Bruker ist ein vielgelesener Autor zahlreicher alternativmedizinischer Bücher, in denen er sich vor allem mit den ernährungsbedingten Zivilisationskrankheiten auseinandersetzt. Er zählt zu den bekanntesten und bedeutendsten Ganzheitsmedizinern und Ernährungsphysiologen.)

Es gibt kaum ein Gebiet, auf dem die Umweltverschmutzung nicht in ihrer besonderen Weise auftritt, in einer so veränderten Form, daß sie gar nicht als solche erkannt wird. Als Arzt denke ich an die spezifischen Auswirkungen im Krankheitswesen, das als »Gesundheitswesen« getarnt wird. Das lawinenartige Anwachsen der Krankheiten und der davon betroffenen Menschen könnte man als eine besondere Sparte der Umweltverschmutzung sehen.
Einer der ersten, der diese Gefahren für das Leben und Überleben des Lebendigen auf unserer Erde erkannt hat, war Günther Schwab. In seinem Werk »Tanz mit dem Teufel« zeigte er die geistigen Hintergründe, die zur Gefährdung des Lebens führten. Er gründete deshalb den Weltbund zur Rettung des Lebens, der später in Weltbund zum Schutze des Lebens (WSL) umgetauft wurde. Angesichts der inzwischen weit fortgeschrittenen Lebensbedrohung wäre es jedoch angebracht, den Namen wieder in Weltbund zur Rettung des Lebens umzuändern.
Der Lebensschutzbewegung wurde durch die Schaffung des Begriffs »Umweltschutz« ein schwerer Schlag versetzt. Diese

Bewegung hatte zum Ziel, auf die Ursachen der Lebensbedrohung hinzuweisen, um sie abstellen zu können und die Schäden gar nicht erst entstehen zu lassen. Mit der Einführung des Begriffs Umweltschutz vollzog sich eine Wende in der Richtung, daß es nicht mehr in erster Linie um die Beseitigung der Ursachen ging, sondern Methoden entwickelt wurden, um die entstandenen Schäden zu lindern und zu bekämpfen, ohne die Grundursache zu beseitigen.
Am Beispiel der radioaktiven Verseuchung wird dies ganz deutlich: Im Zeitalter des Umweltschutzes und in seinem Namen werden weiter Atomkraftwerke gebaut und gleichzeitig die Bevölkerung mit Unwahrheiten beruhigt, man tue alles, um die schädlichen Folgen klein zu halten und zu bekämpfen. Der Lebensschutz dagegen fordert logischerweise, daß die Atomkernspaltung gar nicht erst stattfindet. Anstatt bleifreies Benzin herzustellen, werden Methoden gesucht, um die Bleivergiftung der Umwelt zu bekämpfen. Statt die Verwendung von Cadmium zu verbieten, weist man lediglich auf seine Gefährlichkeit hin und teilt mit, wo es jetzt schon überall vorkommt.
Die einzige Schlußfolgerung, die daraus gezogen wird, ist die, daß man vor dem Verzehr von cadmiumhaltigen, besonders wichtigen Lebensmitteln, wie etwa den Vollkornprodukten, warnt. Man könnte solche Beispiele unbegrenzt fortsetzen. Allenthalben stößt man auf dieses schizophrene Verhalten.

Auf dem Gebiet der Medizin spielt sich ein paralleler Vorgang ab. An Stelle einer ursächlichen Heilbehandlung wird in der traditionellen Medizin genau dieselbe wirkungslose symptomatische Linderungsbehandlung praktiziert. Man kümmert sich nicht um die eigentlichen Ursachen der Krankheiten, sondern läßt sie ungehindert entstehen und behandelt sie dann mit einem ungeheuren finanziellen, technischen und personellen Aufwand. Dies hat zu der Kostenexplosion im Krankheitswesen geführt. Für jedes Symptom gibt es ein linderndes bzw. unterdrückendes Medikament, das seinerseits wieder andere Krankheitssymptome erzeugt, die wiederum mit anderen Medikamenten bekämpft werden. Es ist heute nichts Besonderes mehr, daß ein Kranker in die Sprechstunde einen ganzen Beutel voll Arzneien mitbringt, eine Pille fürs Herz, eine für den Blutdruck, eine für den Kreislauf, eine für die Nerven, eine für den Stuhlgang, eine für die Bandscheibe, eine für den Schlaf, eine zum Aufbau usw. Aber auch das ist schizophren, wird jedoch als medizinischer Fortschritt angesehen. Ist es nicht wunderbar, daß die pharmazeutische Industrie für jedes Krankheitssymptom ein Medikament entwickelt hat? Die meisten Menschen sehen darin einen Fortschritt und erkennen nicht das Unsinnige dieses Handelns.

Mit einem solchen Vorgehen kann man aber niemals Krankheiten heilen, geschweige denn sie verhüten. Dies ist nur möglich, wenn man die Ursachen kennt und sie abstellt. Es gibt keine Krankheit ohne Ursachen. Da die etablierte Medizin keine echte Ursachenforschung treibt, der Kranke aber wissen möchte, wo seine Krankheit herkommt, und deshalb nach den Ursachen fragt, hat sich ein Phänomen entwickelt, das man auch als geistige Umweltverschmutzung bezeichnen könnte. Es ist das raffinierte System, Krankheitssymptome in Krankheitsursachen umzufälschen. Auf diese Weise kann man das Eingeständnis umgehen, daß man sich um die wahren Ursachen nicht kümmert und sie daher auch nicht kennt. Man sagt dem Kranken, das, worüber er klage, käme vom Blutdruck oder vom Kreislauf, die Beschwerden kämen von der Bandscheibe, den Halswirbeln, von der Leber, vom Herzen, es seien Durchblutungsstörungen oder die Nerven, und andere Ausreden mehr. Der Kranke durchschaut das Spiel nicht und gibt sich mit diesen Erklärungen meist zufrieden. Genügen ihm solche Erläuterungen jedoch nicht und will er mehr über die Ursachen wissen, so stehen noch weitere Ablenkungsmanöver bereit. Man sagt ihm, es handle sich eben um Verschleißerscheinungen oder es käme vom Alter.

Als Beispiele seien zwei Krankheiten genannt, der Herzinfarkt und die Arthrose. Mehr als ein Jahrzehnt hat man den Menschen vorgeredet, der Herzinfarkt habe sieben »Ursachen«. Die erste Ursache sei der hohe Blutdruck. In Wirklichkeit *ist* natürlich der erhöhte Blutdruck keine Ursache des Herzinfarkts, sondern der hohe Blutdruck *hat* Ursachen, die dieselben sein können wie die Ursachen des Herzinfarkts, zum Beispiel gesteigerter Verzehr von tierischem Eiweiß. Diese echten Ursachen werden aber nicht genannt, sondern man verordnet ein Arzneimittel, das den Blutdruck senkt.

Mit der zweiten angeblichen Ursache, dem erhöhten Cholesteringehalt im Blut, der Hypercholesterinämie, liegt es ähnlich. Auch sie ist nicht Ursache des Herzinfarkts, sondern bereits ein Krankheitssymptom, das seinerseits Ursachen haben muß. Es soll hier nicht näher darauf eingegangen werden, daß selbst die Ursachen der Hypercholesterinämie falsch angegeben werden, nämlich mit dem Verzehr von tierischem Fett. Die wirklichen Verursacher, die raffinierten Kohlenhydrate, werden nicht erwähnt.

Auch die dritte Ursache, die genannt wird, ist bereits eine Krankheit, die ihrerseits Ursachen hat, nämlich die Zuckerkrankheit. Man gibt sie als Ursache an, weil die Statistik ergeben hat, daß Zuckerkranke vom Herzinfarkt etwas häufiger betroffen sind als die Nichtzuckerkranken.

Genau dasselbe gilt für die angebliche vierte Ursache, die Fettsucht. Sie *hat* ähnliche Ursachen wie der Herzinfarkt, eben den Verzehr raffinierter Kohlenhydrate, aber sie *ist* nicht die Ursache, sondern bereits Zeichen einer ernsten Stoffwechselstörung.

Als nächste Ursache wird der Bewegungsmangel genannt. Bei genauer wissenschaftlicher Betrachtung stimmt aber auch diese Angabe nicht. Bei richtiger Ernährung eines Tieres im Versuch ist auch bei extremer Bewegungseinschränkung keine Arteriosklerose der Kranzgefäße zu beobachten, während diese krankhaften Veränderungen bei Fehlernährung durch viel Bewegung nicht zu verhindern sind. Dieselben Verhältnisse gelten auch für den Menschen. Ein Hauptgrund, weshalb heute der Bewegungsmangel als Ursache für viele Krankheiten so stark betont wird, liegt darin, daß damit kein finanzmächtiger Industriezweig in seinem Umsatz geschmälert wird. Man kann im Gegenteil noch Gymnastikgeräte, Fahrräder und ähnliches verkaufen. Aber es sei betont, daß trotz Bewegungsmangel bei richtiger Ernährung keine Herzkranzgefäßveränderungen entstehen. Damit soll selbstverständlich nichts gegen sinnvollen Sport und körperliche Bewegung gesagt sein; im Gegenteil, sie sind wichtige Methoden zur Erhaltung der Gesundheit. Es sollen nur die Akzente richtig gesetzt werden.

Selbst die sechste Ursache, das Rauchen, genügt allein nicht, um entsprechende Gefäßveränderungen hervorzurufen, die zu einem Herzinfarkt führen können. Bei der üblichen zivilisatorischen Fehlernährung besteht aber beim Raucher tatsächlich eine erheblich höhere Infarktgefahr als beim Nichtraucher.

Und schließlich erweist sich auch die siebte angebliche Ursache, die seelische Belastung, als keine echte Ursache, sondern häufig als eine Auslösung des Infarkts. Bei einem völlig intakten Gefäßsystem, bedingt durch eine vitalstoffreiche Vollwertkost, ist selbst der schwerste seelische Schock nicht imstande, einen Infarkt auszulösen. Absolute Voraussetzung ist, daß jahrzehntelang eine zivilisatorische Fehlernährung stattgefunden hat. Sie ist die eigentliche und wahre Ursache, die aber verschwiegen wird. Sie wird verschwiegen, weil sie in der medizinischen Wissenschaft unbekannt ist. Sie ist unbekannt, weil die Fabriknahrungsmittel kein medizinisches Forschungsobjekt sind. Diese sind kein Forschungsobjekt und werden fein säuberlich und konsequent aus der Schußlinie gehalten, weil die Nahrungsmittelindustrie die Macht hat, zu bestimmen, was in Massenmedien Verbreitung findet und was unterdrückt wird. Damit schließt sich der Kreis, und wir sind wieder bei der Umweltverschmutzung im weiteren Sinne.

Natürlich hatten die Vertreter der etablierten Medizin, die diese Pseudoursachen dem Volk lange Zeit angeboten haben, dabei kein gutes Gewissen. Denn schließlich konnte ja jeder medizinische Laie durch einfaches logisches Denken erkennen, daß es sich bei den genannten »Ursachen« bereits um Krankheitserscheinungen handelt, die selbst Ursachen haben müssen. Man hat dieses Problem sozusagen über Nacht »gelöst«, indem man einfach das Wort »Ursachen« durch den Begriff »Risikofaktoren« ersetzt hat. Mit diesem simplen Trick hat sich im Prinzip nichts geändert. Es wurde aber dadurch erreicht, daß man die wahren Ursachen weiterhin verschweigen konnte. Die Unlogik der Argumente wurde nur etwas besser verschleiert.

An einem zweiten Beispiel, dem Rheuma, soll noch einmal deutlich werden, wozu es führt, wenn statt einer ursächlichen Heilbehandlung auf eine rein symptomatische Linderung von Beschwerden ausgewichen wird. Man kann alle Erkrankungen im Bewegungsapparat mit dem Sammelbegriff »Rheuma« zusammenfassen. Die Zahl der Rheumakranken in der Bundesrepublik wird mit ca. 18 Millionen angegeben.

In allen Artikeln über Rheuma in den Tageszeitungen und Illustrierten, in allen Fernsehsendungen, aber auch in Abhandlungen in der Fachpresse wird das Ursachenproblem geschickt umgangen, indem man ausweichend erklärt, bei den entzündlichen Formen dieses Leidens handle es sich um Autoimmunaggressionskrankheiten, also um Vorgänge, bei denen der Organismus sich gegen sein eigenes Gewebe aggressiv verhalte. Bei den degenerativen Formen, den Arthrosen, wird erklärt, es handle sich um Verschleiß- und Alterserscheinungen. Stellt in einer Fernsehdiskussion etwa jemand in Frage, ob Rheuma nicht, wie man manchmal höre, etwas mit Ernährung zu tun habe, wird mit größter Entrüstung dieser Zusammenhang als völlig indiskutabel abgelehnt: Man wisse zwar nicht genau, wodurch das Rheuma entstehe, aber eines sei ganz sicher, mit Ernährung habe es nicht das geringste zu tun. Seine Behandlung könne daher nur in drei Methoden bestehen, in lindernden Medikamenten, in physikalischen Maßnahmen wie Bädern, Massage usw. und in operativen Eingriffen.

Es ist kaum glaublich, aber das Heer der an Arthrose, Wirbelsäulenschäden und Bandscheibenschäden Erkrankten schluckt den Unsinn, daß es sich um Verschleiß handeln soll, widerspruchslos. Unter Verschleiß versteht man im allgemeinen Sprachgebrauch, nicht nur in der Technik, eine Abnützung durch Gebrauch. Auf die Arthrose angewandt, würde dies bedeuten, daß das Gelenk durch Gebrauch abgenützt werde. In einem Zeitalter der Maschinen und des Autos, in dem den Menschen Bewegungsmangel vorgeworfen wird, wirkt es besonders absurd, wenn nun im Widerspruch dazu die Gelenkerkrankungen mit zu starker Benützung bis zur Abnützung begründet werden. Noch grotesker ist aber, wenn gleichzeitig bei Arthrosen geraten wird, die Gelenke viel zu benützen und viel zu gehen. Logischerweise müßte sich dann das Gelenk ja noch mehr abnützen. Der falsche Rat, die kranken Gelenke möglichst viel zu benützen, zeigt aber deutlich, daß diejenigen, die von Verschleiß reden, an den Unsinn selbst nicht glauben, ihn aber als Ausrede erfunden haben, da ihnen die wahren Ursachen tatsächlich nicht bekannt sind. Organe erkranken niemals durch ihre Benützung. Der Magen wird nicht krank durch Essen, die Beine nicht durch Gehen, die Augen nicht durch Sehen, und die Ohren nützen sich nicht durch die Anhörung eines Konzertes ab.

Als Ursache für die degenerativen Erkrankungen im Bewegungsapparat wird außer Verschleiß auch oft das Alter angeführt. Es gibt aber keine Alterskrankheiten, das heißt, Krankheiten, die spezifisch aus dem Älterwerden entstehen. Die Krankheiten kommen *im* Alter, aber nicht *durch* das Alter. Im Alter machen sich die Folgen jahrzehntelanger Fehler in der Lebensführung bemerkbar. Bei den ernährungsbedingten Zivilisationskrankheiten, zu denen die Erkrankungen im Bewegungsapparat gehören, dauert es im Durchschnitt 20 bis 40 Jahre, bis die Folgen der Fehlernährung sich auswirken. Es ist daher logisch, daß sie im Alter auftreten.

Aber auch diese Verlegenheitserklärung, daß Krankheiten durch das Alter entstünden, hat böse Folgen. Der Betroffene selbst nimmt die Erkrankung als Schicksal hin, dem er machtlos ausgeliefert ist. Und jüngere Menschen glauben ebenfalls, daß sie im Alter schicksalhaft diese Krankheit erwartet. Die zwangsläufige Folge davon ist, daß nichts unternommen wird, um ihr vorzubeugen. Vorbeugen setzt ja Kenntnis der Ursachen voraus. Hält man aber das Alter für eine Ursache von Krankheit, so wird eine Vorbeugung überhaupt nicht erwogen.

Zu einer solchen grotesken Geistesakrobatik müssen die Vertreter einer sogenannten Wissenschaft, der medizinischen, greifen, um die Wahrheit nicht suchen und sagen zu müssen.

Und so einfach sind die banalen Fakten: Unabhängige Wissenschaftler haben schon längst den unumstößlichen Beweis erbracht, daß die Ursachen dieser und vieler anderer Zivilisationskrankheiten in dem Einbruch der Technik in den Nahrungsmittelsektor liegen. Die industrielle Aufarbeitung unserer Lebensmittel zu minderwertigen Kunstprodukten, die es vor 100 Jahren eben nicht gab, ist schuld an dem Gesundheitsverfall der zivilisierten Völker, und nicht das Alter noch der Verschleiß oder Bewegungsmangel.

Mindestens genauso schlimm ist es aber, daß Millionen von Menschen, ja ganze Völker – gleichgeschaltet – in einer kaum verständlichen Autoritätsgläubigkeit diese Ungereimtheiten widerspruchslos hinnehmen.

Wollen wir aber eine Änderung herbeiführen, so genügt die Aufdeckung der Gründe nicht, wenn nicht der viel wichti-

gere Faktor ins Bewußtsein gebracht wird, wie es angesichts einer hochentwickelten Publizistik, die in Minutenschnelle jede Nachricht weltweit verbreiten kann, möglich ist, daß die Informationen darüber, wie die Volksseuchen zu verhüten wären, Jahrzehnte perfekt unterdrückt werden können. Der Schlüssel für dieses »Geheimnis« liegt ganz einfach darin, daß die Aufklärung der zivilisierten Völker über die Tatsache, daß die Ursachen solcher Krankheiten in der Nahrung liegen und daß es diejenigen Nahrungsmittel sind, die von der Nahrungsmittelindustrie hergestellt werden, eine Beeinträchtigung dieses Industriezweigs zur Folge hätte. Diese Industrie beherrscht den Weltmarkt; sie ist eine Weltmacht. Sie steuert die Information über alles, was Ernährung betrifft. Sie trifft die Auswahl, welche Information im Nahrungsbereich in die medizinische Presse lanciert wird und welche Nachricht tabu ist. Sie entscheidet, was an den Universitäten über Nahrungsmittel an die Ärzte weitergegeben werden darf. Alle Schlüsselstellungen im Ernährungssektor sind von Leuten besetzt, die im Geschäft stehen. Das Machtsystem ist so perfekt, daß es sicher ist, daß der Medizinstudent auf dem Nahrungsgebiet nichts lernt, was der Nahrungsmittelindustrie eine Umsatzschmälerung bringen könnte.
Dies geht so weit, daß selbst die privaten Krankenversicherungen sich dem System angeschlossen haben. Sie bezahlen anstandslos riesige Summen für Krankenbehandlungen, soweit sie der üblichen symptomatischen Linderung dienen. Sie verweigern aber die Kostenerstattung für ursächliche Heilbehandlungen, obwohl sie mit diesen im Endeffekt riesige Summen sparen könnten. Patienten in einem Krankenhaus, das Heilungen durch Ausschalten der Ursachen bewirkt, also durch entsprechende Ernährung und Hilfe bei der Lösung von Lebensproblemen, bekommen die relativ niedrigen Kosten nicht erstattet, während die viel höheren Beträge für die übliche symptomunterdrückende Behandlung, die keine Heilung bringt, anstandslos bezahlt werden.

Dem Krankenhaus Lahnhöhe liegt darüber umfangreiches Material als Beweis vor. Dieses Verhalten der Privaten Krankenversicherungen wird aber nur verständlich, wenn man auch sie als Erfüllungsgehilfen eines umweltfeindlichen Systems erkennt. Es geht ihnen nicht um die Förderung der Gesundheit und die Heilung von Krankheiten, sondern um wirtschaftliche Vorteile durch Erhaltung und Stützung einer Institution, die von Krankheiten lebt. An Gesundheit ist nichts zu verdienen. Der einzelne, der das erkannt hat, kann im Kampf gegen diese versteckte Art der Umweltverschmutzung mithelfen, indem er sich nicht bei einer solchen Institution versichert.
Zum Verständnis, wie eine derartige »Umweltverschmutzung im geistigen Bereich« durch eine perfekte Sperre für umsatzgefährdende Nachrichten möglich ist, eignet sich nichts besser als die Bemerkung von John Swainton, dem langjährigen Herausgeber der »New York Times«. Er äußerte sich seinen Kollegen gegenüber: »Eine freie Presse gibt es nicht. Sie, liebe Freunde, wissen das, und ich weiß es gleichfalls. Nicht ein einziger unter Ihnen würde es wagen, seine Meinung ehrlich und offen zu sagen. Das Gewerbe eines Publizisten ist es vielmehr, die Wahrheit zu zerstören, geradezu zu lügen, zu verdrehen, zu verleumden, zu Füßen des Mammon zu kuschen und sich selbst und sein Land und seine Rasse um des täglichen Brotes willen wieder zu verkaufen. Wir sind Werkzeuge und Hörige der Finanzgewaltigen hinter den Kulissen. Wir sind die Marionetten, die hüpfen und tanzen, wenn sie am Draht ziehen. Unser Können, unsere Fähigkeiten und selbst unser Leben gehören diesen Männern. Wir sind nichts als intellektuelle Prostituierte.«
Ralph Bircher wundert sich in seinem »Geheimarchiv der Ernährungslehre«, daß eine Anzahl neuer Forschungsergebnisse, die in angesehenen Fachzeitschriften erschienen sind, einfach nicht zur Kenntnis genommen und daß sie weder fortgeführt noch widerlegt werden. In der ahnungslosen Harmlosigkeit des Wissenschaftlers meint er, es liege am

Zeitbewußtsein, daß sie seltsamerweise nicht beachtet würden. Wissenschaftliche Forschungsergebnisse finden jedoch häufig nur dann eine weitere Verbreitung, wenn sie gewissen Kreisen der Wirtschaft Gewinn bringen. Stehen bei politischen Entscheidungen wirtschaftliche Interessen gesundheitlichen gegenüber, haben fast immer die wirtschaftlichen den Vorrang.

Um sich der Tragweite dieser sogenannten Gesundheitspolitik bewußt zu werden, braucht man nur in der Bilanz der Krankheitsstatistik zu lesen. In der Bundesrepublik hat das System folgendes fertiggebracht:

- 18 Millionen Rheumakranke
- 3 Millionen Diabetiker
- ca. 350 000 Herz- und Kreislauftote pro Jahr = 48% aller Sterbefälle
- 50 000 Krebstote pro Jahr und 240 000 Neuerkrankungen
- 240 000 Tonnen Übergewicht bei 14,5 Millionen Übergewichtigen
- Ausgaben für Krankheiten pro Einwohner im Jahr 1979: 1807,20 DM (Quelle: Statistisches Amt der EG)

Schon diese kleine Auswahl berechtigt, von einem katastrophalen Gesundheitszustand der zivilisierten Menschen zu sprechen.

Als positives Gegengewicht gegen diese deprimierende Bestandsaufnahme sei ein kurzer Hinweis gegeben, wie der einzelne wenigstens im Nahrungsbereich zur Änderung der Mißstände beitragen kann. Da die Nachfrage das Angebot regelt, bringt die Beachtung folgender Ratschläge nicht nur einen Gesundheitsgewinn für den einzelnen, sondern auch eine positive Rückwirkung im Wirtschaftsbereich und damit auf die Allgemeinheit.

Die einfache Formel zur Vermeidung und Behandlung der ernährungsbedingten Zivilisationskrankheiten liegt in einer vitalstoffreichen Vollwertkost. Dabei sind vier Arten von

Nahrungsmitteln zu meiden, und vier andere müssen täglich gegessen werden.

Die *zu meidenden* Speisen sind:

- Auszugsmehlprodukte
- alle Fabrikzuckerarten
- alle raffinierten Fette (Margarinen, gewöhnliche Öle)
- für Magen-, Darm-, Leber- und Gallenempfindliche gekochtes Obst und Säfte.

Die Speisen, die täglich gegessen werden *müssen*, sind:

- Vollkornbrote
- 3 Eßlöffel eines Frischkornbreis
- eine Frischkostbeilage, bestehend aus rohem Obst und Salaten aus rohem Gemüse,
- naturbelassene Fette, wie Butter und durch Pressung gewonnene Öle.

Alles übrige *kann* gegessen werden.

V. Umweltprobleme sind eine Bewußtseinsfrage

An der ökologischen Ganzheit der naturgegebenen Gesetzmäßigkeiten hat der Mensch zu rütteln vermocht. Nun ist er schon dabei, Gleichgewichte unwiderruflich aus dem Lot zu bringen, an Ästen zu sägen, auf denen er selber sitzt. Viele Menschen sind sich dessen heute bewußt. Wer aber kann wirklich etwas verändern? Sind wir nicht der Politik und den wirtschaftsbestimmenden Faktoren unseres Staatssystems hoffnungslos ausgeliefert? Was kann denn schon der einzelne bewirken? Heute, in einer Zeit, in der man bald den Menschen selbst auf die rote Liste der bedrohten Arten setzen muß, weil er sich seine eigene Lebensgrundlage zerstört? *Umwelt* – was für ein allumfassendes und nichtssagendes Wort zugleich! Vor 50 Jahren noch setzte man Umwelt mit der spezifischen Umgebung, dem Milieu, gleich. Ganz wenige sahen damals die Grundlage des Lebens bedroht – inzwischen weiß man darum! *Mit Umwelt bezeichnen wir heute den gesamten Bereich der mittel- und unmittelbaren Welt, in der wir alle leben und von der wir letztlich abhängig sind.*
Maßstab dafür ist die Ökologie, welche die Beziehungen der Lebewesen zu ihrer Umwelt bestimmt. Diese Gesetze der ökologischen Gesamtheit sind das wunderbare Ergebnis von Milliarden Jahre währenden Anpassungs- und Auswahlprozessen.

Und heute hat der Mensch seinen Verstand so weit mißbraucht, daß er das hochkomplizierte Öko-System der gesamten Erde an vielen Orten bereits für immer aus dem

Gleichgewicht gebracht hat und es an anderen in seinen Grundfesten immer weiter bedroht!
Sich Gedanken um seine Umwelt zu machen, die Auswüchse der Industrialisierung und das ausbeuterische Verhalten vieler Industrienationen auf Kosten der Dritten Welt kritisch zu betrachten, ist heute aber nicht nur das Thema vereinzelter Randgruppierungen von Grünen, Linken und anderen unbequemen Minderheiten, wie es viele Verantwortliche in Politik und Wirtschaft gerne darstellen. Nein! Es sind immer mehr Menschen, die mit offenen Augen unsere Situation betrachten und den Verlauf der schädigenden Einflüsse verfolgen. Sie stammen aus allen Schichten des gesellschaftlichen, politischen und religiösen Lebens.
Wenn zum Beispiel der Zukunftsforscher Robert Jungk sagt: »Nicht nur die Umwelt, auch das politische und gesellschaftliche Klima wird durch die Einführung der Kernenergie zunehmend vergiftet!«, dann meint er mit diesen klaren Worten im übertragenen Sinne nichts anderes als Papst Johannes Paul II., der unter anderem in seiner Antrittsenzyklika die Menschen warnte: »In der Tat besteht schon eine wirkliche, erkennbare Gefahr, daß der Mensch bei dem enormen Fortschritt in der Beherrschung der gegenständlichen Welt die entscheidenden Fäden, durch die er sie beherrscht, aus der Hand verliert und ihnen auf verschiedene Weise sein Menschsein unterordnet und selbst Objekt wird von vielfältigen, wenn auch oft nicht direkt wahrnehmbaren Manipulationen durch die Organisation des gesellschaftlichen Lebens, durch das Produktionssystem und durch den Druck der sozialen Kommunikationsmittel. Der Mensch ... darf nicht Sklave der Dinge, Sklave der Wirtschaftssysteme, Sklave der Produktion, Sklave der eigenen Produkte werden. Eine Zivilisation von rein materialistischem Charakter verurteilt den Menschen zu solcher Sklaverei.«
Und auch Konrad Lorenz, der große Verhaltensforscher, nahm schon Worte in den Mund, die zum Nachdenken, zum

Handeln, zum Verändern anregen: »Die Konkurrenz – vielleicht ein innerer Mechanismus der Großindustrie, den ich nicht durchschaue – hat die moderne Industrie in einen Todeszyklus hineingetrieben, der immer schneller laufen muß, wenn er überhaupt laufen soll; also der sogenannte Zwang zum Wirtschaftswachstum ... Die Kernkraft ist nur eines der Symptome. Der zunehmende Luxus, die zunehmende Verweichlichung, die zunehmende moralische Verflachung der Welt: Das alles sind Symptome des Wirtschaftswachstums.«

Diese drei warnenden Zeugen unterschiedlichster Art mögen als Beweis genügen, daß von Tag zu Tag immer mehr Menschen die Richtigkeit der gegenwärtigen globalen Politik in Frage stellen. Doch wer hört auf solche Stimmen? Was verändern sie?

So hat auch trotz kurz darauf folgendem »Ölschock« der Club of Rome mit seiner 1972 veröffentlichten Studie »Die Grenzen des Wachstums« nichts Wesentliches zu verändern vermocht. Die meisten haben bald wieder ihren Traum einer weltweiten Wohlstandsgesellschaft weitergeträumt, indem sie nach wie vor beispielgebend dem hemmungslosen Konsum frönten, etliche verblieben in aufgeschreckter Ratlosigkeit, einige versuchten durch ihre Mitarbeit in Naturschutzverbänden oder anderen Organisationen umweltzerstörende Einflüsse aktiv zu bekämpfen.

Nichts hat sich bis heute gravierend verändert. Und nun haben wir seit Jimmy Carter »Global 2000«, den aufsehenerregenden Bericht an den amerikanischen Präsidenten.

»Wenn sich die gegenwärtigen Entwicklungstrends fortsetzen, wird die Welt im Jahre 2000 noch überbevölkerter, verschmutzter, ökologisch noch weniger stabil und für Störungen anfälliger sein als die Welt, in der wir heute leben. Ein starker Bevölkerungsdruck, ein starker Druck auf Ressourcen und Umwelt lassen sich deutlich voraussehen. Trotz eines größeren materiellen Ertrags werden die Menschen auf der Welt in vieler Hinsicht ärmer sein, als sie es heute sind.« Mit dieser düsteren Perspektive für die Zukunft beginnt der 1000 Seiten lange Bericht über die globalen Probleme der Bevölkerung, über Ressourcen, Umwelt, Energieversorgung und die Entwicklung des Naturhaushaltes.

Die zahlreichen amerikanischen Behörden, Institute und rund 150 außenstehende Wissenschaftler, die an der Studie beteiligt waren, gingen bei ihren Prognosen davon aus, daß die Menschen auch in Zukunft so handeln würden wie gegenwärtig. (Daß sie es tun werden, zeigt die Handlungsweise von Carters Nachfolger Reagan, der gleich bei seinem Amtseintritt die Mittel des amerikanischen Umweltamtes drastisch kürzte, bereits vorhandene staatliche Umweltauflagen und -kontrollen teilweise beträchtlich lockerte und erklärte Umweltschutzgegner an die Spitze der Umweltbehörde stellte. Und all dies nur für einen fragwürdigen Wirtschaftsaufschwung mit kurzfristigen Erfolgschancen, dafür aber mit nachhaltigen Umweltfolgen.)

Ohne universale Solidarität und eine konsequente Umweltpolitik (siehe auch den Beitrag »Die 12 Gebote einer NATUR-POLITIK« von Heinz Kaminski auf Seite 125 ff.) kommt es nach »Global 2000« bis zur Jahrhundertwende zu folgenden Hauptentwicklungen:

- Die Weltbevölkerung wird von derzeit 4 Milliarden auf mindestens 6,35 Milliarden anwachsen. 92% dieser Zunahme entfallen auf die ärmsten Länder der Erde. Das Einhalten einer 10-Milliarden-Grenze scheint ausgeschlossen. Im Jahre 2030 wird sie voraussichtlich überschritten sein. Die weltweit zu beobachtende Abwanderung in Ballungszentren mit allen sozialen und wirtschaftlichen Folgen der Slumentwicklung wird weiter zunehmen.
- Die Kluft zwischen armen und reichen Ländern und auch innerhalb einzelner Nationen wird sich vertiefen.
- Die Preise für Nahrungsmittel werden sich wegen der

steigenden Energiekosten mehr als verdoppeln. Trotz weiterer Erhöhung der Nahrungsmittelproduktion um etwa 90% wird der Pro-Kopf-Verbrauch in vielen unterentwickelten Ländern unter dem Existenzminimum bleiben. Sie sind weiterhin in zunehmendem Maße von Nahrungsmittelimporten aus den Industrieländern, vor allem den USA, abhängig. Der Hauptteil der Produktionssteigerung wird in den reichen Industrieländern erwirtschaftet und verbraucht, deren Bewohner schon an ihrem relativ hohen Pro-Kopf-Verbrauch an Nahrungsmitteln chronisch krank werden. Die fremdfutterabhängige industrielle Nahrungsmittelproduktion wird sich also auch künftig, wie zum Beispiel in der EG, mit Überproduktionen aus Selbstzweck hervortun.

- Bei einer Fortsetzung der heutigen Trends werden sowohl die Waldflächen als auch der Nutzholzbestand in den unterentwickelten Regionen Lateinamerikas, Afrikas, Asiens und Ozeaniens um 40% schrumpfen. Zu den größten Verlusten wird es in den tropischen Regenwäldern kommen. Dieses hochempfindliche Öko-System wird durch gigantomane Rodungen zerstört. Von ehemals 5,4 Millionen Quadratkilometern existieren bereits 2 Millionen Quadratkilometer nicht mehr. Und das alles nur für eine kurzfristige Nutzung durch Großrinderfarmen, Zellulosefabriken und Holzexport. Nach wenigen Jahren bleibt eine verwüstete, irreversible Landschaft zurück. Nicht nur, daß die Regenwälder 40 bis 50% aller auf der Erde lebenden Tier- und Pflanzenarten beherbergen, diese Gebiete sind auch riesige Sauerstofferzeuger, die man in einer Zeit von zunehmender Kohlendioxydkonzentration und ozonabbauender Chemikalien eher fördern statt vernichten müßte. Bis zum Jahre 2020 wird jedoch praktisch der gesamte zugängliche Wald in den unterentwickelten Ländern abgeholzt sein.
- Auch in Zukunft wird laut »Global 2000« ein Viertel der Menschheit (die Bewohner der Industrieländer) mehr als 75% aller weltweit geförderten Rohstoffe verbrauchen.

- Die Energieprobleme spitzen sich zu. Selbst wenn das prognostizierte Wirtschaftswachstum ausbleibt, was anzunehmen ist, können sich die steigenden Energiepreise nur die reichen Länder leisten – auf Kosten der anderen. Die Verknappung der nicht regenerativen Rohstoffe, vor allem des Erdöls, wird immer bedrohlicher.
- Durch menschlich-technische Einflüsse werden die Wüstengebiete in den nächsten zwei Jahrzehnten um mindestens 20% zunehmen.
- Vor allem in den unterentwickelten Ländern, aber auch in den großen Monokulturen der reichen Industrienationen, kommt es zu einer dramatischen Verschärfung der landwirtschaftlichen Probleme: Bodenerosion, Nährstoffverlust, Bodenverdichtung, Versalzung der künstlich bewässerten Felder, wachsende Ballungszentren, Wassermangel, Luft- und Wasserverschmutzung, Resistenz der Schädlinge gegen chemische Insektengifte, zunehmende Anfälligkeit genetisch einheitlicher Monokulturpflanzen für Schädlinge und Krankheiten. Weil sie preiswerter und in den unterentwickelten Ländern kaum verboten sind, findet dort eine zunehmende Verwendung solcher Pestizide statt, die sich fast nicht abbauen und weltweit verbreiten. Diese chlorierten Kohlenwasserstoffe, wie zum Beispiel das in den meisten Industrieländern verbotene DDT, gelangen dann in die Nahrungskette aller Menschen und reichern sich dort an. Der Einsatz jener Pestizide wird sich in der Dritten Welt um das Vier- bis Sechsfache erhöhen.
- Die Luftverschmutzung mit ihren Folgen für Mensch, Tier, Pflanze und Ozonschicht wird weiter zunehmen und unsere Lebensräume schädigen, teilweise vernichten. Beteiligt sind daran vor allem Schwefeldioxyd, Stickstoffoxyd, Staubteilchen und Kohlenmonoxyd. Die Folgen der steigenden Kohlendioxydbelastungen sind in ihrer Tragweite noch nicht völlig erforscht. Zuständige Wissenschaftler vermuten katastrophale Auswirkungen. Hauptursache der Luftver-

schmutzung sind Verbrennung und Verarbeitung aller fossilen Energieträger. Ihre bekannteste Erscheinungsform ist der saure Regen, der in Deutschland ein verheerendes Waldsterben auslöste und zahlreiche nordamerikanische und skandinavische Seen derart verseuchte, daß darin keine Fische mehr leben. Durch die Luftverschmutzung sind in der Bundesrepublik bis zum Jahr 1982 bereits 560 000 Hektar Wald vernichtet worden, knapp 10 % der gesamten Waldfläche. Weltweit gehen der Menschheit in jeder Minute fast 20 Hektar Waldfläche verloren.
Fluorchlorkohlenwasserstoffe aus Spraydosen und Kühlaggregaten bedrohen die für uns lebensnotwendige Ozonschicht, die in der Stratosphäre schädliche ultraviolette Strahlen abhält. Die Konzentration von Kohlendioxyd und ozonabbauenden Chemikalien in der Atmosphäre nimmt voraussichtlich so zu, daß sich möglicherweise bis zum Jahr 2050 das Klima entscheidend verändern wird.

- Radioaktive und andere gefährliche Stoffe bedrohen in immer mehr Ländern die Gesundheit der Bewohner und werfen zahlreiche, nicht abzuschätzende Sicherheitsprobleme auf.
- Die Vernichtung der Lebensräume wird eine fatale Ausrottung von Tier- und Pflanzenarten zur Folge haben. Schon heute sterben stündlich 3 bis 4 Arten unwiderruflich aus! An die 20% (andere Studien befürchten 25 bis 30%) aller Spezies dieser Erde sollen das Jahr 2000 nicht mehr erleben. Das sind Hunderttausende von Arten, es können nach »Global 2000« aber auch 2 Millionen sein. Von dieser beispiellosen Ausrottung sind die Insekten – darunter sehr viele nützliche Arten – am stärksten betroffen. Die Pflanzen stehen an zweiter Stelle. Im Vergleich zu den ca. 1000 Vogel- und Säugetierarten, die man mittlerweile weltweit als bedroht erkannt hat und zu denen der naturliebende Mensch verständlicherweise eine engere Beziehung knüpfen kann, sind die vorausgesagten Ausrottungen in der gesamten Fauna und

Flora wesentlich größer. Unbekannt bleiben die Verluste der vielen Arten, die bis heute noch nicht klassifiziert und analysiert worden sind.

»Global 2000« stellt dazu fest: »Der potentielle Wert dieses genetischen Reservoirs ist immens. Wenn man sie bewahrt und bei sorgfältigem Umgang könnten die Arten des tropischen Waldes eine dauerhafte Quelle neuer Nahrungsmittel (besonders Nüsse und Früchte), pharmazeutischer Chemikalien, natürlicher Schädlingsvertilger, von Baustoffen, Spezialhölzern, Brennstoffen usw. bilden. Auch eine sorgfältige Pflege der verbleibenden biotischen Ressourcen kann die schnellen, umfangreichen Verluste nicht wieder ausgleichen, zu denen es voraussichtlich kommen wird, wenn die gegenwärtigen Trends anhalten.

Die gegenwärtigen Entwicklungstrends bedrohen auch zahlreiche Süßwasser- und Seefischarten. Physikalische Veränderungen – Deichbau, Kanalisierung, Verschlammung – und Verschmutzung durch Salze, sauren Regen, Pestizide und andere giftige Chemikalien ziehen die Öko-Systeme der Süßwassergebiete weltweit stark in Mitleidenschaft. Gegenwärtig sind 274 Arten von Süßwasserwirbeltieren vom Aussterben bedroht, und wahrscheinlich sind bis zum Jahr 2000 viele von ihnen auf immer verloren.

Einige der wichtigsten genetischen Verluste ergeben sich nicht aus dem Aussterben von Arten, sondern aus dem Verschwinden von Unterarten und Varietäten von Getreidepflanzen. Vier Fünftel der Weltnahrung stammen von weniger als zwei Dutzend Pflanzen- und Tierarten. Wildwachsende lokale Sorten werden benötigt, um den heute vielverwendeten ›Hochertragsvarietäten‹ Resistenz gegen Schädlinge und Krankheitserreger einzukreuzen. Der Bestand an Varietäten nimmt rasch ab, da abgelegene, unberührte Landstriche zunehmend kultiviert werden. Lokale Varietäten, die oft ausschließlich den örtlichen Verhältnissen angepaßt sind, gehen auch deshalb verloren, weil sie durch ertragreichere Varietäten ersetzt werden. Heute setzt sich die Praxis der Monokultur einiger weniger Sorten immer mehr durch, womit die Ernten anfälliger für epidemische Pflanzenkrankheiten und Schädlingsbefall werden, während gleichzeitig die genetischen Ressourcen, die helfen könnten, solchen Katastrophen zu begegnen, verlorengehen.«

Die Verfasser der Studie geben selbst zu, daß ihre Prognosen möglicherweise sogar eine Untertreibung der anstehenden Probleme darstellen.
Viele Menschen, darunter auch einige politisch verantwortliche, mögen durch »Global 2000« aufgerüttelt, für die Belange der Umwelt sensibilisiert worden sein. So hat auch der Deutsche Bundestag am 28. Oktober 1982 die Regierung damit beauftragt (der Großteil der Abgeordneten aller Parteien glänzte bei dieser Debatte allerdings durch Abwesenheit), die sich für uns ergebenden Schlußfolgerungen des amerikanischen Berichts sowie vergleichbarer Studien zu prüfen und darzustellen, was sie für die Bundesrepublik und für ihre Außen- und Entwicklungspolitik bedeuten. Der Bundestag beschloß unter anderem: Das Problembewußtsein der deutschen Bevölkerung sei zu stärken, damit wichtige strukturelle Entscheidungen »in demokratischem Konsens« möglich werden. Bei allen Maßnahmen müsse aber sichergestellt sein, daß keine neuen bürokratischen Organisationen errichtet werden(!).
Es nimmt nicht wunder, daß vor allem die Erst- und Jungwähler den Umweltschutz als zentrales Thema ihrer politischen Vorstellungen betrachten. Sie, die auch die Studie »Global 2000« zu einem Bestseller werden ließen, kehren den etablierten Parteien frustriert und zuhauf den Rücken. Schließlich sind sie an den Lebensgrundlagen im Jahr 2000 und 2030 stärker interessiert als ältere Generationen. Diese wenigen Jahrzehnte sind für sie schon bald Gegenwart. Die jungen Menschen sehen sich von den veränderten Lebens-

und Umweltbedingungen bedroht. Folgende herausgegriffenen Schlagworte werden von ihnen als elementar-existentielle Probleme unseres Landes empfunden, deren Lösungen man nicht mit beschönigenden Worten, Symptombekämpfungsgesetzen und Diskussionen näher kommt:

- *Giftskandal* reiht sich an Giftskandal.
- *Ionisierende Strahlen,* Grundvoraussetzung für die Krebsentstehung, nehmen sehr schnell zu. *Radioaktivität* spielt in Medizin und Energieversorgung eine immer größere Rolle.
- Trotz immer besserer medizinischer Versorgung steigen die Ausgaben für Krankheitsbekämpfung ungehindert an. (Zur Zeit betragen sie bei uns jährlich über 200 Milliarden DM.) Denn die Schulmedizin bekommt die seuchenartig um sich greifenden lebens- und ernährungsbedingten *Zivilisationskrankheiten* nicht in den Griff.
- Die *Entsorgung von radioaktivem Müll* ist noch nirgendwo gelöst.
- *Atom- und Neutronenbombe* bedrohen den Weltfrieden.
- *Rohstoffe* werden ohne Rücksicht auf nachkommende Generationen geplündert. Wir arbeiten unablässig an der eigenen Energiekrise.
- *Luftverschmutzung* und *saurer Regen* lassen unsere Wälder und Seen sterben.
- Die derzeit benutzten *nicht regenerativen Energieträger* zerstören das ökologische Gleichgewicht.
- *Begradigte Flüsse* sowie *überdüngte Gewässer* und *sinkende Grundwasserspiegel* führen zu Trinkwasserknappheit.
- Langlebige *Umweltgifte* gelangen in die Nahrungskette, *Muttermilch* enthält höhere Schadstoffkonzentrationen als Kuhmilch.
- Gewässer und Böden sind zunehmend mit *Schwermetallen* belastet, vor allem mit Blei, Quecksilber und Cadmium.
- Riesige Mengen *Wohlstandsmüll* bereiten Kopfzerbrechen.

- *Chemikalien* werden in der Nordsee verklappt.
- Täglich wird die Bundesrepublik durch Baumaßnahmen, Erschließung von Gewerbegebieten und Trockenlegen von Feuchtgebieten um *120 Hektar Natur* ärmer, jedes Jahr soviel wie die gesamte Bodenseefläche. Die Zubetonierung nimmt kein Ende.
- Ein völlig überdimensionierter *Straßenbau* zerschneidet die letzten zusammenhängenden Naturräume. 40% der Bundesbürger fühlen sich durch *Straßenlärm* belästigt.
- Als reiche Industrienation beuten wir die *Naturschätze der Dritten Welt* aus und exportieren dafür technisches Know-how und westliche Zivilisation mit allen sozialen und wirtschaftlichen Folgen. Mit missionarischem Eifer werden Eigenentwicklungen unterbunden und Abhängigkeit gefördert.
- Laut dem Deutschen Naturschutzring e. V. sind allein von unseren einheimischen *Farn- und Blütenpflanzenarten* heute fast 31%, von den 486 *Wirbeltierarten* 5,78% ausgestorben oder verschollen, 38% mehr oder weniger vom Aussterben bedroht. Jedes Jahr werden 80 bis 90 Arten vernichtet.
- Eine *geistig-seelische Verkümmerung* der späten Industrie- und Konsumgesellschaft wird spürbar. Die Verschwendungswirtschaft hat immer weniger Erfolg beim Verkauf von vermeintlichem Glück und Lebenserfüllung.

Andererseits kaufen immer mehr Menschen angebliche Problemlösungen in der Apotheke. Eines der bei uns am häufigsten verordneten Präparate ist ein Beruhigungsmittel. 1981 haben die Ärzte den 61,7 Millionen Bewohnern Westdeutschlands 44 Millionen Rezepte für Tranquilizer ausgestellt. Rund 1 Milliarde DM (!) wurden bereitwillig dafür ausgegeben, das sind 10% des gesamten Arzneimittelaufwandes.

Ein ganzheitlich-biologisches Bewußtsein, das sich zuerst vornehmlich unter den Nachkriegsgenerationen entwickelt hatte, schließt jetzt immer mehr alle Altersschichten mit ein. Diese Entwicklung ist anscheinend noch nicht zu Ende. Viele Menschen sind auf der Suche nach ewig gültigen Werten, weil der bloße Materialismus, von dem sie gesättigt sind, ihnen weder Halt noch Sinn und Inhalt gibt.

Sie alle sind gezeichnet von einer tiefen Sehnsucht nach Frieden, Liebe, Natur, Harmonie, Ordnung und Ganzheit. Viele Strömungen fließen zusammen. Diese Menschen bilden gemeinsam eine Front gegen eine sinnlose Industrialisierung mit all den verheerenden, oftmals irreparablen Folgen für Mensch, Tier, Pflanze, für die gesamte Natur.

Sie wehren sich nicht grundsätzlich gegen den Fortschritt, sondern gegen die vermeidbaren Auswüchse, gegen die unlogische Maxime der Leistung und des Wachstums nur um der Leistung bzw. des Wachstums willen. Sie wollen nicht länger Teil einer Konsum- und Wegwerfgesellschaft sein, die auf Kosten ihrer Nachkommen die Lebensräume zerstört. Sie wollen nicht zurück, sondern voran zur Natur.

Sie haben einen untrüglichen Instinkt. Mehr als wir glauben, wird unsere Seele von dem berührt, was uns an lebender Natur umgibt. Dies ist den meisten Menschen nur deswegen kaum bewußt, weil nur noch wenig lebende Natur sie umgibt – Materialismus, auch geistiger, ist tot, Beton ist tot.

Biologie, die Wissenschaft vom Lebendigen, wurde in den letzten Jahren bei immer mehr Menschen zu einer Geisteshaltung, zur Bio-Logie, und ist auf diese Weise Basis eines neuen Bewußtseins. Sie ist kein bloßes Lippenbekenntnis, vielmehr handelt es sich um eine vielschichtige Strömung, die unabhängig ist von Alter, Bildung, Geschlecht, Rasse und Nation, von Kapitalismus, Kommunismus, Religion oder irgendeiner Ideologie.

Alles kann und sollte heute bio-logisch sein. Auch sanfte Technologien und gemäßigte, sinnvolle und wirklich notwendige Industrien gehören dazu.

Der ganzheitliche Aspekt der Bio-Logie umfaßt nach Professor Anton Schneider (siehe Seite 193 ff.):

Bios = Leben, Energie, Naturbezogenheit, belebte Welt

Logos = Geist, Schöpfungskraft, Ordnung, Harmonie, Einheit, Ganzheit.

Auch Robert Jungk, der weitgereiste Zukunftsforscher, stellte diese neue Bewegung in allen Ländern der Welt fest, selbst in der DDR und anderen Ostblockstaaten. Er prägte dafür ein neues Wort: »Menschenbeben.« Jungk: »Bei einem Erdbeben gibt es Stöße, und die verebben wieder. Aber der nächste Stoß kommt bestimmt. Dieses Menschenbeben kann die Regierenden aufmerksam machen. Es kann ihnen zeigen, daß es so nicht weitergeht, und es kann sie im besten Fall dazu zwingen, gewisse Reformen zu beginnen oder ihre Haltung zu verändern.«

All diese Menschen beginnen bewußter, umweltbewußter zu leben. Die einen machen bei sich den Anfang mit der biologischen Ganzheitsmedizin und suchen den Weg zur echten Gesundung von Geist, Seele und Körper. Die anderen fühlen die Verantwortung auch fremdem Leben und Unbelebtem gegenüber und richten ihr Handeln danach aus.

Die Bio-Logie verbindet all dieses Streben zu einem ganzheitlichen Bewußtsein. Und noch nie vereinigten sich jene Ströme so wie heute zu einem Ganzen. Die Probleme der Zeit sind erkannt. Nun will man handeln. Für eine gesunde Zukunft – für eine Zukunft schlechthin.

Ökologisches Wirtschaften ist keine Utopie

Die NATUR-POLITIK Professor Kaminskis (siehe Seite 125 ff.) – das einzig Machbare zum Überleben – mögen viele Kritiker als utopisch verwerfen, um eigenes ökologisches Unvermögen von vornherein achselzuckend zu entschuldigen. Kaminski stellt dazu fest: »Dem zu erwartenden

Vorwurf, eine neue Utopie zu schaffen, ist entgegenzuhalten, daß der Begriff Utopie sich aus dem griechischen Wortstamm ou = nicht und topos = Ort, das heißt Nirgendsland, herleitet. Vor dieser Begriffsbildung *Utopie* sind die klassischen gesellschaftlichen Denksysteme utopisch, denn diese gehen nicht von einem bestimmten Ort, dem Lebensraum Planet Erde, aus und berücksichtigen weitgehend nicht Bild, Zustand und die Realität der Ganzheit dieser Welt. Die klassischen Denkmodelle unserer heutigen gesellschaftspolitischen Strukturen sind per Definition Utopien, also utopisch!«
Ich halte es mit dem Weltraum-, Zukunfts- und Umweltforscher Kaminski: Praktizierte NATUR-POLITIK, also ökologisches Wirtschaften in allen Bereichen des sicht- und greifbaren Lebens, ist keine Utopie, sondern liegt in der Entscheidungsbefugnis aller Menschen. Ist die Umweltproblematik erst einmal als Bewußtseinsfrage erkannt, liegen auch die Lösungen auf der Hand.
Mit anderen Worten: Solange bei uns das wirtschaftliche Prinzip »Profit vor Gesundheit« entscheidenden Vorrang hat, solange kann keine qualitative Veränderung unseres äußeren Lebens eintreten. Wirtschaft ist nicht gleich Wirtschaft – oder detaillierter: Wachstum ist nicht gleich Wachstum! Im Rahmen einer ökologischen Technologie, die aus einem minimierten Verbrauch von Rohstoffen, Energie, Material und Abfällen einen maximalen Gewinn und Nutzen (die Betonung liegt auf wirklich nachgefragtem Nutzen) erzielt, kann ohne weiteres ein technischer Fortschritt, verbunden mit einem wirtschaftlichen Wachstum, verwirklicht werden. Denn letztlich führen auch ökonomische Gründe (steigende Energie- und Rohstoffpreise) zu ökologischer Einsicht; auch wenn diese Einsicht aus solchem Blickwinkel eher zwangsweise erfolgt, als daß sie wirklich begriffen wird.
Alternative Technologien bergen ungeahnte Möglichkeiten für eine sanfte Industrie. Diese könnte dann selbst zu einem qualitativen Wertzuwachs führen, der Arbeitsplätze schafft

bzw. sichert und eine Brücke zwischen den zwei abgegrenzten Welten von Wachstumsfetischismus und Nullwachstum schlägt.
In einer so hochindustrialisierten und zivilisierten Welt wie der unseren dürfen sich Ökologie und Industrie nicht länger ausschließen. Dies wäre wirklich utopisch. Aber: Nicht die Ökologie muß industrialisiert werden – das wäre widersinnig –, sondern die Industrie bedarf einer ökologischen Wende. Solch eine intelligente Wendung zu einer öko-technischen Industrie hat Zukunft.

Beispiel Japan: Dieses typische hoch-, um nicht zu sagen überindustrialisierte Land des 20. Jahrhunderts kam schon vor Jahrzehnten in eine ökologische Krise, von der wir in Europa in diesem Ausmaß bislang verschont geblieben sind. Kein Land der Erde ist auf so kleinem Raum so übermäßig technisiert wie Japan. Die Folgen blieben nicht aus.
Die unmittelbare Umweltverschmutzung forderte dort schon Tausende von Toten, eine Großteil dieser Opfer ging an qualvollen Krankheiten zugrunde. Die tödliche Dosis von Quecksilber und Cadmium in japanischen Industrieabwässern verursachte die Minamata- und die Itai-Krankheit, die weltweites Aufsehen erregten. Die Industriestadt Yokkaichi wurde ungewollt zum Namensgeber einer weitverbreiteten Erkrankung der Atemwege. Das Yokkaichi-Asthma trat aufgrund eines überhöhten Schwefeldioxydgehaltes der Luft hier zum ersten Male auf.
Japan war auf dem Weg zum ökologischen Harakiri. Weder Politiker noch Industrielle konnten das qualvolle Leiden und Sterben Tausender Japaner noch länger als Randproblem bagatellisieren.
Nicht, daß Japan nun als Muster-Industriestaat aus den gezogenen Konsequenzen hervorgegangen ist – das wirklich nicht. Auch dieses Land ist noch weit entfernt davon. Doch die Japaner haben bereits gehandelt. Zwar haben sie die im

Zuge der Industrialisierung entstandenen Schäden vielfach aufzuhalten, hier und da sogar zu beseitigen vermocht – die zwingende Devise »Vermeidung statt Beseitigung« konnten jedoch auch sie nur vereinzelt realisieren. Ihre Erfolge sind aber Ansätze guten – oder erzwungenen – Willens, die beispielgebend sind:

1. Die Schwefeldioxydemissionen sanken in den letzten Jahren kontinuierlich auf ein Drittel der Werte, die noch 1970 gemessen wurden. Das war allein der Erfolg einer raffinierten Reinigungstechnologie von knapp 1500 installierten Rauchgas-Entschwefelungsanlagen. Daß dieses technische Know-how ursprünglich von deutschen Technikern stammt, bei uns aber mangels Druck, sprich entsprechender Gesetzgebung, kaum weiterentwickelt wurde, sei nur am Rande vermerkt.

2. Laut VCS (Verkehrsclub der Schweiz) baut Japan heute die saubersten Autos. Während im Mutterland nur fast schadstofffreie Automotoren zugelassen werden, gehen die billigeren umweltverschmutzenden Maschinen nach Europa und Amerika. Tokios Bürger können den Erfolg mit eigenen Augen sehen: Während sie früher ihren höchsten und heiligen Berg Fudschijama durchschnittlich nur 14 Tage im Jahr sehen konnten, dürfen sie den schneebedeckten, 100 km entfernten Vulkankegel heute bereits wieder 81 Tage im Jahr in Augenschein nehmen. Die Abgas- und Lärmbelästigung ist in Tokio weitaus geringer als in europäischen Großstädten, deren Emissionsverordnungen bei weitem nicht an die japanischen heranreichen.

3. Viele der zahlreichen Flüsse – früher eher offene Abwasserkanäle – sind wieder zu ansehnlichen Gewässern geworden.

4. Auch die Bodenabsenkung, verursacht durch übermäßige Grundwasserentnahmen, konnte verlangsamt, vielfach sogar gänzlich gestoppt werden.

5. Energiesparen wird im Land der aufgehenden Sonne be-

lohnt! Während bei uns zum Beispiel eindeutig der Stromverbrauch gefördert und durch Stromvergeudungsrabatte sogar belohnt wird, um eine Rechtfertigung für noch mehr Atomkraftwerke in der Hand zu haben, wird in Japan durch eine umgekehrte Tarifgestaltung überhöhter Stromverbrauch »bestraft«. In der Bundesrepublik zur Zeit noch eine völlig indiskutable Maßnahme, gegen die sich die Elektrizitätsmonopolgesellschaften erfolgreich wehren.

Die Liste des uns bereits vorgelebten industriell-ökologisch Machbaren ließe sich beliebig ausweiten. Abgesehen davon, daß man *kurz- bis mittelfristig* mit dem Export einer speziellen Umwelttechnologie zur Beseitigung von schädlichen Einflüssen Arbeitsplätze und Wirtschaftswachstum sichern könnte (Rauchgas-Entschwefelungsanlagen, Industriefilter usw.), ließe sich *langfristig* mit sanften Technologien (etwa zur Nutzung von regenerativen Energien) eine solche positive Tendenz auch erhalten.
Der französisch-schweizerische Schriftsteller Denis de Rougement brachte die hier dargestellte (lösbare) Problematik auf einen einfachen Nenner: »Der Verfall einer Gesellschaft beginnt, wenn der Mensch sich fragt: ›Was wird geschehen?‹, anstatt sich zu fragen: ›Was kann ich tun?‹ «

Die Spreu vom Weizen unterscheiden

Praktiziertes Umweltbewußtsein läßt sich am leichtesten beim Einkauf beginnen. Während einerseits die Einsicht zu kritischerem Konsumverhalten führt – man will weniger und überlegter kaufen –, ist man andererseits der Qual der Wahl ausgesetzt, welches spezielle der vielen angebotenen Produkte nun im Sinne folgender Kriterien umweltfreundlich ist: Rohstoffverbrauch, Energieeinsatz und Umweltbelastung bei der Herstellung, biologische Abbaubarkeit bzw.

Wiederverwertbarkeit (Recycling und vor allem Mehrfachgebrauch), Langlebigkeit von nicht konsumierbaren Gütern (kein Wegwerfprodukt), Verpackung.
Selbst der Einkauf als solcher ist ja heute schon zu einem Problem geworden. Sowohl auf dem Land als auch in den Ballungszentren der Großstädte gibt es immer weniger Einkaufsmöglichkeiten, die zu Fuß erreichbar sind (»Tante-Emma-Läden«). Auch den Milchmann und den Bäcker, die ihre Waren in einem bestimmten Umkreis ihres Betriebes direkt den Kunden zuliefern, gibt es immer seltener.
Die Fahrt zum Einkaufszentrum wird selbst da schon zum Zwang, wo ein oder mehrere Glieder in der Einzelhandelsversorgungskette fehlen. Angenommen, es gibt noch ein Lebensmittelgeschäft und einen Bäcker um die Ecke, der nahe Haushaltswarenladen hat aber wegen zu starkem Konkurrenzdruck der großen Zentren und Kaufhäuser schließen müssen, dann ist der Verbraucher gezwungen, zum Beispiel wegen ein paar Schrauben das nächste Einkaufszentrum anzusteuern. Weil er aber schon den weiten Weg gemacht hat und sich das Schlangestehen an den Kassen nur wegen der Schrauben nicht lohnt, kauft er – das leuchtet jedem ein – auch noch schnell die Lebensmittel fürs Wochenende, das Fahrrad für das Kind, ein paar nützliche oder unnütze Utensilien fürs Auto und viele andere Dinge gleich mit ein. Er stellt fest:

- Hier bekomme ich alles unter einem Dach.
- Die Grundnahrungsmittel sind zum Teil erheblich billiger als in dem Laden um die Ecke.
- Und da ich wegen bestimmter Dinge sowieso hierherfahren muß, ist es sinnvoll, das Ganze am nächsten Wochenende gleich zu wiederholen.

Der unabhängige Beobachter jedoch bemerkt:

- Der »Tante-Emma-Laden« im Wohnbezirk ist nun ebenfalls in seiner Existenz gefährdet.
- Unser bereitwilliger Käufer hat erheblich mehr einge-

kauft, als er ursprünglich wollte. Raffinierte Verkaufspsychologie hat wieder einmal Erfolg gehabt.

- Einkaufszentren liegen meist weit außerhalb oder an der Peripherie der Wohnsiedlungen. Der Verbraucher ist gezwungen, lange Anfahrten mit dem Auto oder mit einem öffentlichen Verkehrsmittel in Kauf zu nehmen. Zeit und Kosten – nicht eingerechnet der Ärger zu bestimmten Stoßzeiten – sind bei der »billigen« Einkaufsfahrt zu berücksichtigen.
- Eine andere Kostenart, die selbstverständlich auf die Kunden abgewälzt wird, sind die speziellen Infrastrukturkosten, die durch die Errichtung eines großen Einkaufszentrums zwangsläufig entstehen. Dazu zählen die Errichtung von Großparkplätzen für mehrere tausend Autos, Zu- und Abfahrten, Zubringerstraßen, Beleuchtung und sicherheitstechnische Vorkehrungen, zu denen auch Polizei, Feuerwehr, Sanitätsdienste usw. gehören. Ein Teil dieser Kosten, die nicht vom Einkaufszentrum aufzubringen sind, wird mit öffentlichen Geldern, Steuern also, bezahlt.
- Auf die Umwelt abgewälzt werden die ökologischen Kosten, die nicht in Geld zu bezahlen sind: Abgase, Bleibelastung und Lärm von Zigtausenden an- und abfahrenden Autos, Emissionen der gigantischen Heizungsanlagen, der riesige Energie- und Frischwasserverbrauch (künstliche Beleuchtung, künstliche Belüftung, Heizung, Klimatisierung, Kühlung usw.), Verlust von natürlichen Flächen durch das großzügige Zubetonieren und Asphaltieren auf dem Gelände des Einkaufszentrums und der nahen Umgebung.
- Und schließlich hat unser Käufer nicht so billig eingekauft, wie ihm die Werbestrategen weisgemacht haben. Denn alle Gemeinkosten des Einkaufszentrums müssen zwangsläufig auf die Preise umgeschlagen werden. Der Trick dabei: Diese Kosten kommen nicht durch sehr hohe, also unmittelbar ersichtliche Preisaufschläge wieder herein, sondern durch einen außergewöhnlich hohen Warenumsatz.

Verkaufen um des Absatzes willen ist aber niemals ökologisch. Zu viele Wegwerfprodukte und eigentlich sinnlose Konsumartikel reizen ihres geringen Preises wegen den Kunden zum Kauf.

- Viele angebotene Waren können nur deswegen so preisgünstig sein, weil sie von minderer Qualität sind. Die kürzere Lebensdauer kommt somit dem Käufer letztlich doch teuer zu stehen. Eine qualifizierte Beratung findet selten statt. Viele sind dem Konsumzwang einfach ausgeliefert.
- Qualitätsprodukte für weniger Geld sind meist nur Köder, die zu Dumping-Preisen (der Verkaufspreis enthält keinen Gewinn, liegt unter Umständen sogar unter dem Einkaufspreis) angeboten werden. Die damit angelockten Kunden kaufen dann häufig viel mehr ein, als sie ursprünglich wollten.
- Die Mehrheit der Bundesbürger gibt für ihre Grundnahrungsmittel wenig Geld aus. Man glaubt, hier am meisten sparen zu müssen. Große Einkaufszentren und Billigwaren-Ketten kommen einer solchen Haltung entgegen. Die Tendenz zum Kauf von billigen Grundnahrungsmitteln ist übrigens ein Kennzeichen aller Völker der Industrienationen. Erstens werden aber die hier eingesparten Kosten in der Regel sofort für andere Waren wieder ausgegeben, zweitens führen billige Grundnahrungsmittel zu einer minderwertigen, einseitigen Ernährung mit den Folgen der dadurch bedingten Zivilisationskrankheiten. Diese modernen Volksseuchen bescheren nie dagewesene Ausgaben für die medizinische Versorgung, die natürlich auf jeden einzelnen umgeschlagen werden.

Eingesparte Kosten für Grundnahrungsmittel kommen also nicht nur wie ein Bumerang in Form von ständig steigenden Krankenkassenbeiträgen auf den Konsumenten zurück, sondern führen auch noch zu mannigfachen Krankheiten, die mit der Verzögerung eines bestimmten Zeitfaktors eintreten. Dazu zählen laut Professor Werner Kollath und Dr. M.O.

Bruker in erster Linie folgende symptomatischen Krankheitsbilder (siehe auch Seite 238 ff.):
Gebißverfall durch Zahnkaries und Parodontose, Krankheiten der Bewegungsorgane bzw. des Bindegewebs- und Stützapparates (Arthrosen, Arthritiden, Wirbelsäulenschäden, Muskelrheumatismus), die meisten Stoffwechselkrankheiten (Lebererkrankungen, Gallensteine, Nierensteine, Diabetes, Fettsucht, Gicht), viele Erkrankungen des Verdauungsapparates (die Stuhlverstopfung zählt zusammen mit dem Gebißverfall zu den klassischen Anfangssymptomen der ernährungsbedingten Zivilisationskrankheiten), die Gefäßerkrankungen Arteriosklerose und Thrombose sowie als deren gemeinsame Begleiterscheinung der Herzinfarkt, verschiedene Erkrankungen des Nervensystems und zu einem gewissen Teil auch Krebs (einerseits vermehrter Verzehr von krebsfördernden Nahrungsbestandteilen wie zum Beispiel Nitrit in Pökelfleisch und Wurstwaren und die daraus entstehenden Nitrosamine, andererseits verminderter Genuß von Lebensmitteln mit krebshemmenden Eigenschaften wie zum Beispiel saure Milchprodukte mit rechtsdrehender Milchsäure, Gärgemüse, Schafmilch und Schafmilchprodukte mit ihrem außergewöhnlich hohen Gehalt an Orotsäure und Amygdalin).

- Als letzten Punkt möchte ich die soziologischen und psychologischen Umweltprobleme nennen, die ich hier jedoch nur andeuten kann. Die Enge der Ballungszentren führt zu immer größerer Anonymität. Aus einem früheren *Miteinanderleben* wird zusehends ein *Nebeneinanderwohnen.* Gemeinschaftseinrichtungen, wie zum Beispiel die an der Peripherie gelegenen Einkaufszentren, können wegen ihrer Größenordnung und Struktur nicht mehr Ort von Kommunikation und zwischenmenschlicher Beziehung sein. Im Gegenteil, die Konsumtempel erzeugen zu Stoßzeiten eher Platzangst als angenehme Mitmenschlichkeit, Kassenstehen und Parkplatzsuchen führen zu aggressivem Verhalten, Imbißstände und Selbstbedienungs-»Restaurants« können und wollen auch nicht zum gemütlichen Verweilen einladen. Konsum ist alles!

In diesen heute üblichen Konsumzentren fällt umweltgerechtes und gezieltes Einkaufen schwer. Schon der Ort des Geschehens und das Ziel der Betreiber sind überhaupt nicht umweltbewußt ein- und ausgerichtet.
Umweltverträglichen, sinnvollen Produkten haftet aber immer noch ein elitärer und/oder alternativer Hauch an. Noch sind solche Waren oft teurer als die billigen Massenkonsumgüter. Das muß aber nicht sein. Gerade hier hat der mündige, aufgeklärte, bewußt lebende Verbraucher eine gewaltige Waffe in der Hand. Er muß sie nur erkennen und anwenden lernen.
Charakteristisches Merkmal unserer freien Marktwirtschaft ist das Gesetz der gegenseitigen Abhängigkeit von Angebot, Nachfrage und Preis. Es kommt dabei jedoch auf die Reihenfolge bzw. Betonung an.
Seit Anfang der fünfziger Jahre bis heute haben Werbepsychologen mit konsumfreudigen Wohlstandsbürgern ein leichtes Spiel gehabt. Zwecks Wirtschaftswachstum wurde ein nicht vorhandener Bedarf für ein Produkt künstlich erzeugt, eine Nachfrage also vom grünen Tisch aus geschaffen. In der Wirtschaftsform einer NATUR-POLITIK dagegen (siehe Seite 125 ff.) ist das Angebot wirklich von der Nachfrage abhängig. Das heißt, daß aufgrund eines echten Bedarfs die entsprechenden Güter produziert und angeboten werden. Für den Verbraucher ist dies aber der Schlüssel für die Beherrschung des ganz bedeutenden Prinzips unserer freien Marktwirtschaft: Er kann durch seine gezielte Nachfrage das Angebot steuern.
Ginge man zum Beispiel davon aus, daß von heute auf morgen aus blinden, konsumfreudigen Verbrauchern, die bislang von der Werbung stark beeinflußt oder gar abhängig waren,

sehende, bewußt kaufende Umweltschützer würden, dann wären Wirtschaft und Handel sehr rasch bemüht, der neuen Nachfrage gerecht zu werden.

Beispiel Waschmittel (siehe auch Seite 140 ff.): Nur weil die Hausfrau oder der Hausmann dazu »erzogen« wurde, von Jahr zu Jahr noch weißere Wäsche zu tragen, und man ihnen bei Nichtbefolgen außerdem erfolgreich ein schlechtes Gewissen eingeredet hat, ist der Verbrauch der umwelt- und gesundheitsschädigenden Vollwaschmittel ungeheuerlich gestiegen. Schon 1977 benötigten Deutschlands Sauberfrauen und -männer 1 285 000 Tonnen Wasch- und Reinigungsmittel, deren Inhaltsstoffe dann zusammen mit dem harmlosen »Schmutz« in die Abwässer gelangen. Bislang brauchten sich die Hersteller über stagnierenden oder gar sinkenden Umsatz keine Sorgen zu machen.
Es ist wirklich ein Phänomen, daß hier am wenigsten gespart wird. Lieber im blütenweißen Hemd nur einen Hamburger im Stehen essen ...
Nun gibt es jedoch bereits seit langem sehr gute umweltschonende, phosphatfreie Wasch- und Reinigungsmittel ohne aggressive Chemikalien wie optische Aufheller, Bleichmittel usw. Sie sind auch besonders hautverträglich und kommen somit nicht nur der Umwelt, sondern auch dem Verbraucher unmittelbar zugute.
Diese alternativen Produkte findet man nicht in Massenmärkten und Einkaufszentren. Und noch sind sie zum Teil verhältnismäßig teuer und werden nur in Bioläden, Naturkost- und Reformhäusern oder per Direktversand unter die umweltschützenden Verbraucher gebracht.
Die Höhe eines Preises hängt natürlich nicht nur von der Qualität der Ware ab, sondern ganz entscheidend von der produzierten Stückzahl. Würden also alle Verbraucher nur noch biologisch abbaubare Waschmittel verlangen ... ich garantiere: Dann wäre das verlangte Produkt nicht nur bald

überall auf dem Markt, sondern auch noch zu einem Preis, der den heute üblichen Waschmitteln entspräche, wenn er nicht sogar darunter bliebe.
Der Verbraucher hat heute in unserer Konsum-, Überfluß- und Wegwerfgesellschaft die Qual der Wahl – als umweltbewußter Bürger besitzt er morgen die Macht über das Angebot.

Läßt sich denn mit dem neuen *Umweltzeichen* die Spreu vom Weizen unterscheiden? Das Umweltzeichen wurde auf Initiative des Bundesministers des Innern 1977 eingeführt, erste Produkte 1978 damit ausgezeichnet. Es besteht aus dem Umweltemblem der Vereinten Nationen (dem sogenannten Blauen Umweltengel) und ist mit einer Umschrift versehen, welche auf die Umweltfreundlichkeit des jeweiligen Produktes hinweist; zum Beispiel umweltfreundlich, weil

- überwiegend aus Altpapier
- Mehrwegflasche
- sprüht ohne Fluorchlorkohlenwasserstoffe
- salzfrei
- Altglasverwertung
- lärmarm
- lärmarm und energiesparend
- weniger Lärm, weniger Ruß
- gute Abgaswerte, hoher Wirkungsgrad
- asbestfrei
- schadstoffarm

Die »Jury Umweltzeichen« wird von unabhängigen Persönlichkeiten aus verschiedenen Bereichen des gesellschaftlichen Lebens gebildet. Ihre Mitglieder werden mit Ausnahme der Ländervertreter für die Dauer von drei Jahren durch den Bundesinnenminister im Einvernehmen mit dem Vorsitzenden der Umweltministerkonferenz berufen.

Die Jury trifft Entscheidungen über

- die Auszeichnung von Produkten mit dem Umweltzeichen
- Neuvorschläge, die einer näheren Prüfung unterzogen werden sollen

Die »Jury Umweltzeichen« tagt zweimal im Jahr (Mai und Dezember). Im Anschluß an die Sitzungen werden die Entscheidungen der Presse mitgeteilt.

Bisher haben folgende Produktgruppen das Umweltzeichen erhalten:

Kraftfahrzeuge und Zubehör:

- Lärm- und rußemissionsarme Omnibusse und LKWs
- asbestfreie Bremsbeläge
- runderneuerte Reifen

Geplant:

- lärmarme Straßenkehrmaschinen
- langlebige Schalldämpferanlagen für Kraftfahrzeuge

Haus- und Gartengeräte:

- emissionsarme Ölzerstäubungsbrenner
- lärmarme Motorrasenmäher
- lärmarme Staubsauger

Geplant:

- lärmarme Toilettenspülungen
- alternative Energien zur Raumheizung und Warmwasserbereitung
- mechanische Unkrautbekämpfungsgeräte
- biologische Schädlingsbekämpfungsmethoden

Haushalts- und Bedarfsartikel:

- Spraydosen ohne Fluorchlorkohlenwasserstoffe in den Verwendungsbereichen Körperpflegemittel (einschließlich Haarsprays), Pflege-, Imprägnierungs- und sonstige Ausrüstungsmittel, Desinfektionsmittel, Raumsprays und frei verkäufliche Arzneimittel.

Geplant:

- phosphatarme Wasch- und Reinigungsmittel
- Zink-Luft-Batterien

Heimwerker- und Handwerkerartikel:

- schadstoffarme Lacke
- asbestfreie Bodenbeläge

Geplant:

- blei- und chromatarme Rostschutzfarben
- Maschinenputztücher aus Abfallstoffen im Mehrwegsystem
- lösemittelfreie Handwerkerartikel
- umweltfreundliche Baustoffe

Recycling-Produkte:

- Hygienekrepp aus Altpapier

Geplant:

- Umweltschutzpapier
- recyclingfreundliche graphische Erzeugnisse
- verrottbare Pflanzentöpfe

Verpackungen:

- Mehrwegflaschen aus Glas
- Altglas-Sammelcontainer

Geplant:

- Substitution von Kunststoffen durch natürliche Rohstoffe

Sonstiges:

- salzfreies abstumpfendes Streugut

Geplant:

- umweltfreundliche Auftaumittel für den Winterdienst
- Schwermetallminderung bei der Herstellung von Gebrauchs- und Verbrauchsgütern

Das Umweltzeichen ist das Ergebnis einer politischen Maßnahme. Als solche ist sie wirklich zu begrüßen, möchte doch das Bundesministerium des Innern mit seinem Berliner Umweltbundesamt dem Verbraucher damit eine Entscheidungshilfe für gute, langlebige, unschädliche und umweltfreundliche Produkte geben. Andererseits soll die Wirtschaft mit diesem Gütesiegel zur Herstellung von umweltfreundlichen Produkten ohne gesetzliche Verpflichtung angeregt werden. Hersteller und Werbefachleute erkennen aber auch die Chance, das wachsende Umweltbewußtsein zur Steigerung ihres Absatzes zu nutzen.

Hier können Probleme und Mißverständnisse auftreten. Ein Beispiel: »Moderne« Lacke enthalten heute giftige Lösemittel und Schwermetalle. Die toxische und umweltgefährdende Wirkung ist bewiesen und anerkannt. Folgerichtige Maßnahme einer NATUR-POLITIK wäre der Erlaß von Gesetzen, die vorschreiben, daß nur noch schadstoffarme, besser: schadstofffreie Lacke produziert und auf den Markt gebracht werden dürfen. Damit wäre dieses eine Umweltproblem in kürzester Zeit aus dem Weg geschafft, denn schadstofffreie Lacke und Farben sind kein technisches Problem, sie bedürfen keiner Entwicklung.
Die Situation heute ist aber die, daß Lack- und Farbenhersteller von schädlichen Produkten nun *zusätzlich* schadstoffarme Lacke anbieten, die mit dem Umweltengel ausgezeichnet sind. Man verfährt also zweigleisig. Hier geht es dem Hersteller doch nicht um die Beseitigung der Umweltprobleme, sondern allein um die Steigerung seines Absatzes. Sicher würde er nur noch die umwelt- und gesundheitsverträglichen Produkte produzieren, wenn ausschließlich diese nachgefragt würden. Doch dieser Macht des Verbrauchers muß erst eine umfangreiche Information und Aufklärung vorausgehen. Und diese wird nicht im möglichen und notwendigen Umfang betrieben, sie ist in absehbarer Zeit von den Verantwortlichen auch nicht zu erwarten.
Das Umweltzeichen muß aber nicht zwangsläufig zu solchem egobezogenen, gewinnsüchtigen Opportunismus führen. Diese Nebenerscheinung ist sicher nicht gewollt, war eher nicht im voraus abzusehen. Mit umweltpolitischen Gesetzen könnte man jedoch schneller und wirkungsvoller handeln, die umweltbezogene Auszeichnung wäre überflüssig, weil dann eben schädliche Konkurrenzprodukte nicht mehr zur Wahl stünden.
Es kommt erschwerend hinzu, daß gerade viele jener Firmen, die den konsequenten Umweltschutz auf ihre Fahnen geschrieben haben und seit Jahren und Jahrzehnten *aus-*

schließlich umweltfreundliche Produkte herstellen und verkaufen, ihre Waren nicht mit dem Umweltzeichen versehen. Warum sollen sie sich auch den langwierigen bürokratischen Überprüfungsverfahren unterziehen und eine jährliche Gebühr entrichten? Der erste Hersteller von biologisch abbaubaren unschädlichen Wasch- und Reinigungsmitteln schilderte mir, daß er das Umweltzeichen vor mehr als zwei Jahren beantragt habe, aber noch heute darauf warte.
Es ist für den Verbraucher letztlich wenig hilfreich, wenn nicht *alle* in unserem Land angebotenen Produkte aufgrund des Umweltzeichens als kaufwürdig erkennbar sind. Und bis heute ist es nur ein Bruchteil der Waren, die sich mit dem staatlich angebotenen Zeichen schmücken.
Im wesentlichen ist die Initiative jedoch zu begrüßen, man muß sich nur der damit verbundenen Problematik bewußt sein.

Nachwort

Die Qualität des Glücklichseins hängt unter anderem vom Gegensätzlichen in unserer Welt ab. Bewußt empfundener Unterschied zeigt sich zwar als Kontrast, schafft aber auch Gefühlstiefe. Nur weil es die Nacht gibt, wird der Tag erst richtig schön; der Lärm einer Stadt gibt der Stille draußen Form und Gestalt, sie wird tiefer und größer. Nur der Mensch, der auch einsam gelebt hat, kann die Schönheit einer menschlichen Beziehung ermessen. Und wie anders könnte man den Gipfel eines hohen Berges genießen, gäbe es nicht die Täler zu seinen Füßen . . .

Das Bewußtsein, daß wir in einer Welt leben, die um uns herum geschieht, ist Motiv und Antrieb für die Gestaltung unseres eigenen inneren und äußeren Lebens. Und was in uns steht nicht im Kontrast zu dem Draußen?

Wenn wir uns heute gegen die chemische und physikalische Zerstörung unserer Erde auflehnen, dann doch nur deshalb, weil wir das Schöne, Erhabene, Harmonische, die Natürlichkeit – die Schöpfung selbst als Wahrheit in uns bewußt oder unbewußt erahnen bzw. erspüren. Dieser Kontrast in unserem Sein läßt die einen auf die Barrikaden gehen, die anderen stumm-nachdenklich verharren. Alle suchen aber wieder nach Werten, die allgemein gültig sind und wirklich zufrieden machen.

Es geht voran. Immer mehr Menschen haben diesen Kontrast, dieses wunderbar Gegensätzliche in ihrem Leben als Gesetz erkannt. Sie träumen einen Traum, der nur deswegen

der Anfang einer neuen Wirklichkeit werden darf, weil viele ihn gemeinsam träumen. Sie handeln im Kleinen wie im Großen, als einzelne für sich selbst oder in Gruppen.
Heute wissen wir, daß es materielle Grenzen des Wachstums gibt – aber keine geistigen. Das ist wichtig und gut so. Denn wachsen müssen nicht Materie und Konsum, sondern allein die Solidarität mit allem Lebendigen.
Nur dann wird sich der visionäre Spruch der Hopi-Indianer nicht bewahrheiten können:

»Erst wenn
der letzte Baum gerodet
der letzte Fisch gefangen
der letzte Fluß vergiftet
werdet ihr feststellen
daß man Geld
nicht essen kann.«

Nützliche Adressen von Bürgerinitiativen, Verbänden und anderen Institutionen

Arbeitsgemeinschaft Dritte-Welt-Läden
Elisabethenstr. 51
6100 Darmstadt
(versendet auf Anfrage ein Verzeichnis der Dritte-Welt-Läden in der Bundesrepublik, bitte Rückporto beilegen)

Bremer Umwelt-Institut
Colmarer Straße 22a
2800 Bremen 1

Bund für Umwelt und Naturschutz Deutschland e. V. (BUND)
Bundesgeschäftsstelle:
In der Raste 2
5300 Bonn

Anschriften der Landesverbände

Baden-Württemberg:	Bund für Umwelt und Naturschutz Deutschland e. V. – LV Baden-Württemberg Erbprinzenstr. 18 7800 Freiburg i. Br.
Bayern:	Bund Naturschutz in Bayern e. V. Schönfeldstr. 8 8000 München 22
Berlin:	Bund für Umwelt und Naturschutz Deutschland e. V. – LV Berlin Theodor-Heuss-Platz 7 1000 Berlin 19
Bremen:	Bund für Umwelt und Naturschutz Rembrandtstr. 18 2800 Bremen 1
Hessen:	Bund für Umwelt und Naturschutz Deutschland e. V. – LV Hessen Gemündenerstr. 34 6000 Frankfurt 70

Niedersachsen:	Bund für Umwelt und Naturschutz Deutschland e. V. – LV Niedersachsen Oeltzenstr. 6 3000 Hannover 1
Nordrhein-Westfalen:	Bund für Umwelt und Naturschutz Deutschland e. V. – LV Nordrhein-Westfalen Drususallee 66 4040 Neuss
Rheinland-Pfalz:	Bund Natur- und Umweltschutz Rheinland-Pfalz (BNR) Friedrich-Ebert-Str. 9 6522 Osthofen
Saarland:	Bund für Umweltschutz e. V. Saarland Prof. Dr. Paul Müller Universität des Saarlandes 6600 Saarbrücken
Schleswig-Holstein:	Bund für Umwelt und Naturschutz Deutschland e. V. – LV Schleswig-Holstein Lerchenstr. 22 2300 Kiel
Hamburg:	Bund für Umwelt und Naturschutz Deutschland e. V. – LV Hamburg Fuhlsbütteler Str. 756 2000 Hamburg 63

Bundesverband Bürgerinitiativen Umweltschutz e. V. (BBU)
Hellbergstr. 6
7500 Karlsruhe 21

Bundesverband Solarenergie (BSE)
Kruppstr. 5
4300 Essen 1

Deutsche Gesellschaft für Sonnenenergie e. V.
Goethestr. 28
8000 München 2

Deutscher Alpenverein
Hauptgeschäftsstelle:
Praterinsel 5
8000 München 22

Deutscher Bund für Vogelschutz e.V.
Bundesgeschäftsstelle:
Achalmstr. 33 a
7014 Kornwestheim

Deutscher Naturschutzring e.V.
Bundesverband für Umweltschutz
Kalkuhlstr. 24
5300 Bonn 3

Deutscher Tierschutzbund e.V.
Bundesgeschäftsstelle:
Baumschulallee 15
5300 Bonn 1

Greenpeace Deutschland
Hohe Brücke 1
2000 Hamburg 11

Institut für Baubiologie und Oekologie
Holzham 25
8201 Neubeuern (Chiemgau)

Öko-Institut – Institut für angewandte Ökologie e.V.
Schönauer Str. 3
7800 Freiburg i. Br.

Schutzgemeinschaft Deutsche Nordseeküste e.V.
Landschaftshaus
Postfach 1580
2960 Aurich

Umweltbundesamt
Bismarckplatz 1
1000 Berlin 33
(Vom UBA kann man das über 300 Seiten starke Adressenverzeichnis »Bürger im Umweltschutz« beziehen, das die wichtigsten Anschriften der

nichtstaatlichen Umweltschutzorganisationen und zahlreicher Bürgerinitiativen beinhaltet.)

Umweltstiftung WWF – Deutschland
Sophienstr. 44
6000 Frankfurt am Main 90

Verein zum Schutze der Bergwelt e. V.
Praterinsel 5
8000 München 22

Weiterführende Literatur

(Aus der Fülle der angebotenen Literatur zu einzelnen Bereichen der Umweltproblematik ist hier nur eine kleine Auswahl genannt.)

1. Allgemein

Der Fischer Öko-Almanach, Daten, Fakten, Trends der Umweltdiskussion, Fischer Taschenbuch Verlag, Frankfurt am Main 1982

Global 2000, Der Bericht an den Präsidenten, Verlag Zweitausendeins, Frankfurt am Main 1981

Klaus Renken: *Umweltfreundliche Produkte,* Fischer Taschenbuch Verlag, Frankfurt am Main 1982

2. Energie (Atomkraftwerke)

Autorengruppe des Projekts SAIU an der Universität Bremen: *Zum richtigen Verständnis der Kernindustrie,* Obstbaumverlag, Berlin 1979

Robert Jungk: *Der Atomstaat,* Kindler Verlag, München 1977

Holger Strohm: *Friedlich in die Katastrophe,* Eine Dokumentation über Kernkraftwerke, Verlag Association, Hamburg 1978

3. Energie (Alternativen)

Pitter Gräff/Alexander Rauh: *Unabhängig mit Sonnenenergie,* Was heute schon möglich ist. Eine Anleitung zur Selbsthilfe, Kindler Verlag, München 1980

Felix von König: *Windenergie in praktischer Nutzung,* Udo Pfriemer Verlag, München 1979

Claudia Lorenz-Ladener: *Wohnen im Gewächshaus,* Theorie und Praxis der passiven Sonnenenergienutzung, Konstruktion und Selbstbau von Sonnenräumen und Gewächshäusern, Öko-Buchversand, Gut Kressenbrunnen, 3523 Grebenstein

Claudia Lorenz-Ladener: *Solaranlagen im Selbstbau,* Ein Handbuch für die Praxis, Öko-Buchversand, Gut Kressenbrunnen, 3523 Grebenstein

Amory B. Lovins: *Sanfte Energie,* Das Programm für die energie- und industriepolitische Umrüstung unserer Gesellschaft, Rowohlt Verlag, Reinbek bei Hamburg 1978

Barbara Ruske/Dieter Teufel: *Das sanfte Energie-Handbuch,* Wege aus der Unvernunft der Energieplanung in der Bundesrepublik, Rowohlt Taschenbuch Verlag, Reinbek bei Hamburg 1980

David Wright: *Sonne, Natur, Architektur,* Anleitung zum energiesparenden Bauen, Verlag C. F. Müller/Deutsche Verlags-Anstalt, Karlsruhe/Stuttgart 1980

Bio-Energie, Unerschöpfliche Quelle aus lebenden Systemen, Fischer Taschenbuch Verlag, Frankfurt am Main 1978

Dauerhafte Energiequellen, Thomas Rotarius Verlag, Lahntal 1981

So baue ich meine Solaranlage, Theoretische Grundlagen, Planung und Montage, zu beziehen bei: Wagner & Co GmbH, Solar-Energie-Technik, Afföllerstr. 30, 3550 Marburg

4. Chemie

Eva Kapfelsberger/Udo Pollmer: *Iß und stirb,* Chemie in unserer Nahrung, Verlag Kiepenheuer & Witsch, Köln 1982

Katalyse-Umweltgruppe Köln e. V. (Hrsg.): *Chemie in Lebensmitteln,* Verlag Zweitausendeins, Frankfurt am Main 1982

Egmont R. Koch/Fritz Vahrenholt: *Seveso ist überall,* Die tödlichen Risiken der Chemie, Verlag Kiepenheuer & Witsch, Köln 1979

Was Sie schon immer über Umweltchemikalien wissen wollten (hrsg. vom Bundesministerium des Innern), Verlag W. Kohlhammer, Stuttgart und Berlin 1980

5. Baubiologie

Hubert Palm: *Das gesunde Haus,* Ordo-Verlag, Konstanz 1977

Pierre Robert Sabady: *Biologischer Sonnenhausbau,* Die Kunst, naturgerecht und energiesparend zu bauen, Helion Verlag, Zürich 1981

Gesundes Wohnen, Schriftenreihe des Instituts für Baubiologie und Oekologie (Broschüren), zu beziehen bei: Verlag Gesundheit und Wohnumwelt GmbH, Bernauer Str. 5, 8210 Prien am Chiemsee

6. Wasser

Marie-Luise Kübler (Hrsg.): *Ohne Wasser läuft es nicht,* Ein Lesebuch zur Lage bundesdeutscher Gewässer, Kübler Verlag Michael Akselrad, Heidelberg 1981

Uwe Lahl/Barbara Zeschmar: *Wie krank ist unser Wasser?* (BUND-Information), Dreisam Verlag, Freiburg i. Br. 1981

Regenwassernutzung – Ein Beitrag zur Einsparung von Trinkwasser (Broschüre), Vertrieb: Wagner & Co GmbH, Solar-Energie-Technik, Afföllerstr. 30, 3550 Marburg

7. Müll & Recycling

Rolf Breitenstein: *Sind Scherben nur Scherben?,* Glas im Umweltschutz, Econ Verlag, Düsseldorf 1979

Christoph Schweizer: *Goldgräber im Müll-Berg,* Was bringt Recycling?, AT Verlag, Aarau (Schweiz) 1982

Was Sie schon immer über Abfall und Umwelt wissen wollten (hrsg. vom Bundesministerium des Innern), Verlag W. Kohlhammer, Stuttgart und Berlin 1981

Ökologische Zeitschriften

Boden und Gesundheit – Nachrichtenblatt für angewandte Ökologie, Hrsg.: Gemeinnützige Gesellschaft Boden und Gesundheit e.V. Postfach 19, 7183 Langenburg

Nachbarschaft – Wege zur Ökologie (mit *Sanfter Weg*) pala-verlag, Schloßgraben 21, 6117 Schaafheim

natur – Horst Sterns Umweltmagazin
Ringier Verlag GmbH, Ortlerstr. 8, 8000 München 70

Natur & Umwelt – Zeitschrift für Ökologie und Umweltpolitik

Vierteljahreszeitschrift des Bundes für Umwelt und Naturschutz Deutschland e.V. (BUND), In der Raste 2, 5300 Bonn 1

Naturgemäßer Land- und Gartenbau – Zeitschrift für biologischen Anbau, Ökologie, Lebensschutz, Verbraucherschutz
Waerland-Verlag, Postfach 2530, 6800 Mannheim 1

Sonnenenergie – Zeitschrift für regenerative Energiequellen und Energieeinsparung
DGS – Sonnenenergie Verlags GmbH, Gabelsbergerstr. 36, 8000 München 2

Sonnenenergie und Wärmepumpe – Erste deutsche Zeitschrift für alle regenerativen Energiequellen
Hrsg.: Axel Urbanek, Postfach 12 08, 8032 Gräfelfing

Umweltmagazin – Zeitschrift des Bundesverbandes Bürgerinitiativen Umweltschutz e.V. (BBU)
Umweltmagazin-Verlag für Bürgerinitiativen GmbH, Flemmingstr. 9, 1000 Berlin 41

Wind-Energie – Monatszeitschrift für Energiefragen
Hrsg.: Walter Schönball, Gielsdorferstr. 16, 5300 Bonn 1

Windkraft-Journal – Fachzeitschrift für natürliche Energie
Offizielles Mitteilungsblatt des Deutschen-Windenergie-Vereins e.V.
Redaktion: Luise Junge, Niewark 12, 2330 Eckernförde

Wohnung und Gesundheit – Fachorgan des Instituts für Baubiologie und Oekologie, Neubeuern (Chiemgau)
Verlag Gesundheit und Wohnumwelt GmbH, Bernauer Str. 5, 8210 Prien am Chiemsee